戦略的投資法と
オプション

ウイニングエッジ

WINNING EDGE

著 増田丞美

Pan Rolling

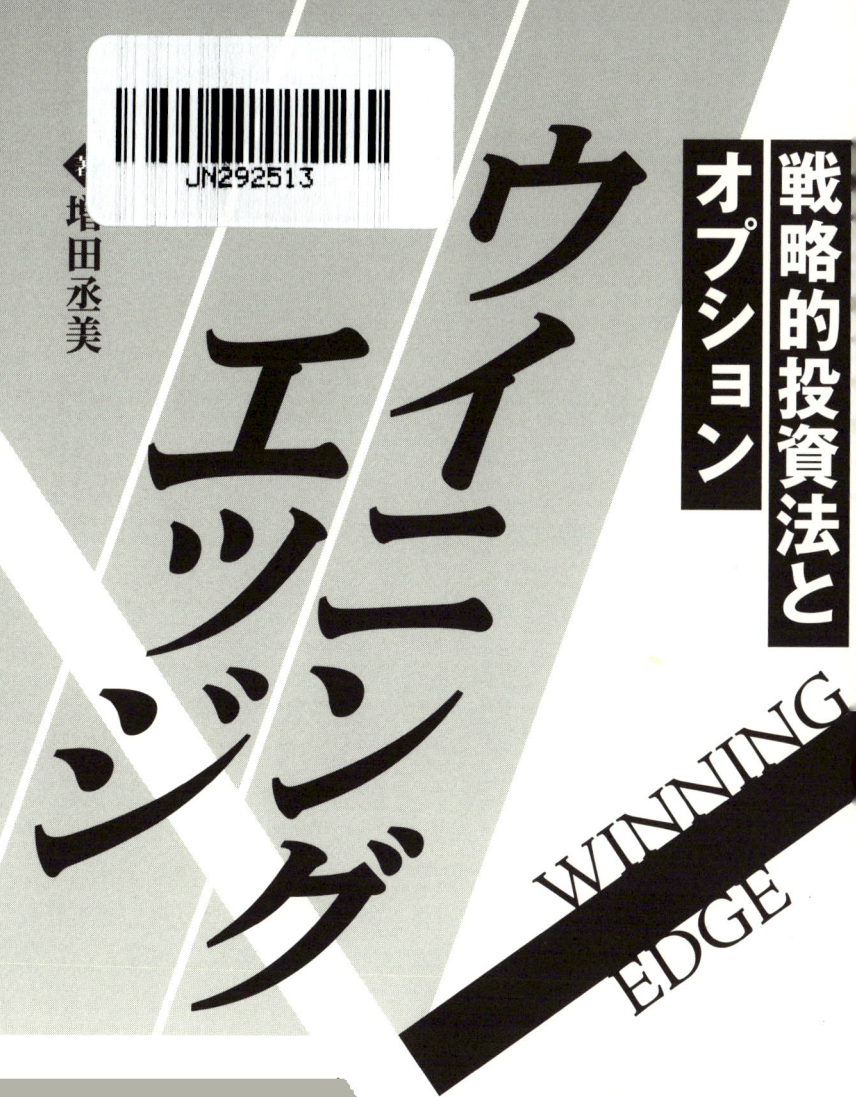

序章　360度の回転軸

マーケットに勝つ方法は、けっしてひとつではない。私は2001年まで長年にわたって米国株式市場を代表する株価指数「S&P500」を基にした「S&P500先物オプション」のデルタニュートラルの戦略で利益を上げていた。ときどき株式オプションやTボンド（米長期債）先物オプションをトレードする程度で、ほとんどこれ一本といっていいくらいだった。

2001年から2005年はS&P500先物オプションのほかに、欧州株価指数オプションや日経225オプション、さらに株式オプション、ETFオプション、LEAPSを取引するようになった。

2005〜2007年はコモディティオプション（原油、天然ガス、金、銀、コーヒー、大豆、コーン）に集中した。

そして2008年には、S&P500先物オプションと株式オプションに戻った。

ただし、取引戦略の内容は、以前と比べて大きく変わった。詳細は本書でお話するが、ストラングルスワップなどのボラティリティスプレッドが取引の主軸となったのだ。

さらに2009年の暮れからは通貨オプションが加わった。

マーケットは生き物である。日々変化している。

インターネットと電子市場の発達によって24時間取引制度の導入が加わり、情報は一瞬で世界中を駆け巡る。そして世界中のマーケットを翻弄させる。

そのために「ボラティリティ」が通常以上に押し上げられる傾向が強くなった。そして株価指数、債券、通貨、コモディティのすべてのマーケットの関連性が強まった。

ほとんどS&P500先物オプション一本でやっていた2001年までは、電子市場はまだそれほど発達していなかった。まだフロア取引（取引所の立会場での取引）が中心だったのだ。

だから今ほどのインパクトはなかった。今では世界のどこかでちょっとした異変が起きると、株価指数先物、債券先物、通貨、コモディティ市場がすべて連鎖的に反応し、ボラティリティが必要以上に押し上げられる。この10年間でマーケットは大きな変貌を遂げたといえるだろう。

日々変化するマーケットにうまく対処するには、強い〝軸〟を持たなければならないと考えるようになった。私の考えをうまく表現するのは難しいが、偶然手にした桜井章一氏の著書に、私が考えていたことを的確に表現している箇所を見つけたのでそれを引用したい。

> 自分の軸をもつことは大切なことだ。軸がしっかりしている人は強い。反対に脆い人は軸がぐらついていたり、なかったりする。ところで軸というと、中心をすっと一つのものが通っているイメージがあるが、本当はもっとたくさんあっていいものなのだ。1本の軸を360度回転させると球体になるが、強い軸というのはその球体の中で自在に動くものである。360度くるくる縦になったり横になったり斜めになったり回転している。本当にしっかりした軸とはこのようなものである。こう自在に動く軸をもっている人はスポーツでも仕事でも生き方でもしなやかな強さを発揮する。
>
> （中略）
>
> そのような「勝利の方程式」とは一本軸のようなものだ。あるパターンにはまれば強さを発揮するが、それ以外のパターンになってしまうといろいろな弱点が現れてしまう。「勝利の方程式」などのような決まったパターンがなく、いろいろな形で勝てるのが360度の軸をもっているということである
>
> （桜井章一著『努力しない生き方』集英社新書132〜133頁）

以上は、マーケットに携わるわれわれにも当てはまることだ。

ウイニングエッジ　【目次】

第2章　オプションならではの優位性と戦略性 ──── 38

パート2　ウイニングエッジ──オプション取引の実践

パート1

戦略的投資としてのオプション

WINNING
EDGE
WINNING
EDGE
WINNING
EDGE

第1章　オプションの本質とは

オプションは、その仕組みだけを見れば、とても複雑だ。一般投資家が敬遠したいと思う気持ちはよく分かる。

しかし、実際は複雑な仕組みばかりが表面に出すぎているために本質が見えてこないにすぎない。突き詰めてみると「オプション取引とはボラティリティの売買である」といっても過言ではないのだ。

より具体的にいえば〝市場参加者の感情を売買〟すること、ともいえるだろう。

この市場参加者の感情（＝ボラティリティ）には一定の特徴がある。これを知るところに大きな収益機会が存在するわけだ。

本書ではボラティリティについて、それぞれの局面で何度でも説明していく。〝オプション取引の本質〟であるボラティリティの概念を確かなものにして、成功へつなげてほしい。

1．ボラティリティとは何か？

「ボラティリティとは何か？」――。これを理解することが、オプション取引での成功への道である。

なお、ボラティリティには「ヒストリカルボラティリティ（ＨＶ）」と「インプライドボラティリティ（ＩＶ）」がある。本書では特に断りがないかぎり、単にボラティリティと表記したものはインプライドボラティリティを指すものとする。

◆インプライドボラティリティ（ＩＶ）

ＨＶが過去の原資産市場（オプションの対象となる株式や先物市場など）価格の平均変動率であるのに対し、ＩＶはオプション市場参加者の感情が含まれた数値である。

「プレミアム」と呼ばれるオプション価格が、株価や先物価格と大きく異なるのは、〝正常な範囲〟（理論値）から大きく逸脱した価格で取引されることが頻繁に発生する点にある。

このプレミアムは「原資産価格」「残存期間」「権利行使価格」「金利」等の要素で機械的に算出できる。ただし、算出不可能な要素がある。それがＩＶだ。

数学的には、ＩＶは市場で取引されているプレミアムから逆算して出すことができる。だが、市場参加者の感情だけで算出は不可能なのだ。

このようにＩＶは数学的な算出とは別に、市場参加者の感情が反映されているため、プレミアムはしばしば合理的な数値から大きく逸脱して取引されるというわけである。

◆ボラティリティチャートを読み解く

時間が許すかぎり、ボラティリティチャートを見ていただきたい。オプションは金融商品としての仕組みの煩雑性・複雑性ゆえに本質が見えにくい。

〝オプションに詳しい〟という人たちのほとんどは、金融商品としてのオプションの仕組みに詳しいにすぎない。しかし、仕組みに詳しいというだけではオプションを知っていることにはならないのだ。

私はこう豪語することもできる。「オプション価格決定理論やモデルを編み出したノーベル賞学者でさえ、オプションの本質を知らない」と……。

１９９８年に破綻したヘッジファンド「ＬＴＣＭ」にはノーベル賞学者が２人いた。ＬＴＣＭは債券のアービトラージだけではなく、オプション取引でもばく大な損失を計上していたのである。彼らが実行していた手法や戦略を見るかぎり、どう控えめにいっても、彼らがオプションの本質を理解していたとは思えないのだ。

私の勝手な言い方であるが、〝オプション〟という言葉そのものが、この取引の本質を隠しているといえるのではないか。

私はオプションを売買しているのではない。〝ボラティリティ〟を売買しているのだ。そして成功といえる域に達したのである。

オプションを売るというとき、表面上は金融商品として〝オプション〟を売る。だが、本質的にはボラティリティを売っているのである。つまり、私はオプションではなくボラティリティを売ることで、大いなる利益を手中にしてきたのだ。

ボラティリティを売るということは、必ずしも「ネイキッド売り（単純なオプションの売り）」を指しているわけではない。もちろんボラティリティを買って成功したトレーダーも数多くいる。株式トレーダーの延長線上にいない真のオプショントレーダーは、表面的な金融商品としてのオプションをトレードするのではなく、ボラティリティをトレードすることで利益を得ているのである。

◆ボラティリティチャート研究①

次ページにある**図表1・1～図表1・5**を見てほしい。

原市場に長く携わっている人は、これらのボラティリティの動きを見てもピンとこないはずだ。また株価の動きに慣れているので、これらのボラティリティの動きに違和感を覚えるかもしれない。

私が相手にするのは、このボラティリティの動きである。これらの動きから利益を得る。

図表1.1

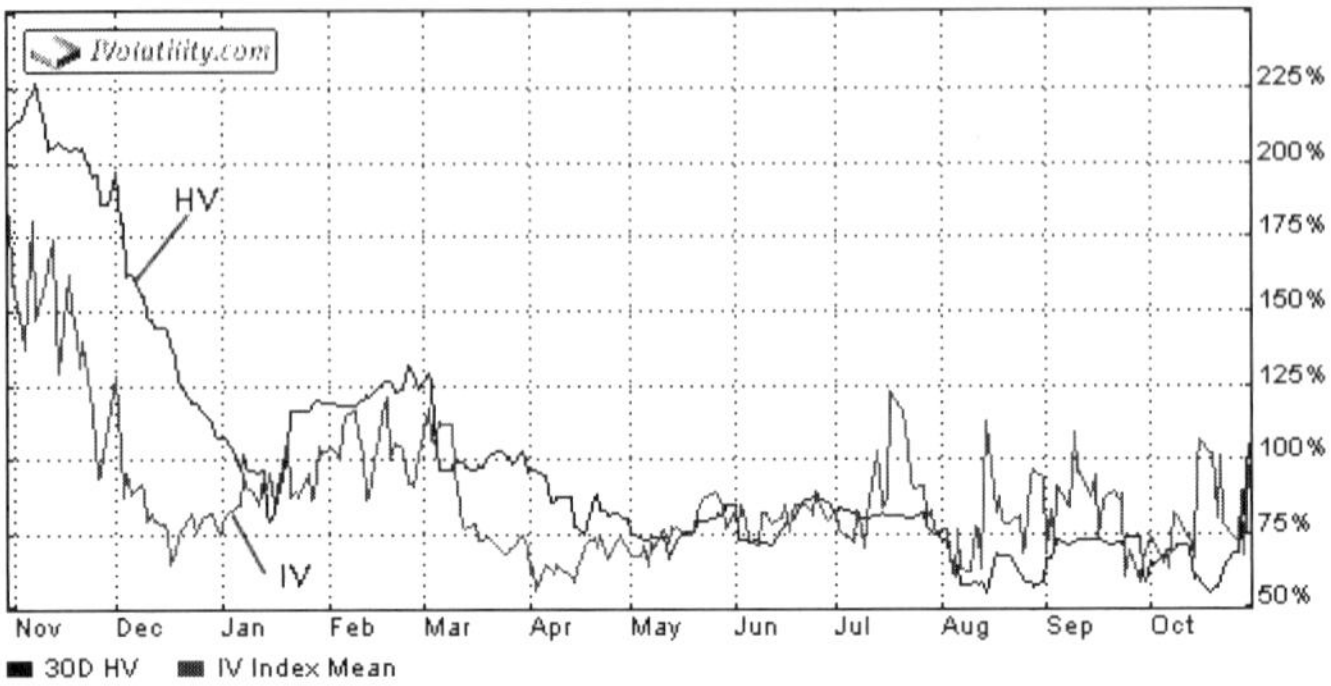

（www.ivolatility.com より。以下、特別な断りがないかぎり同じ）

図表1.2

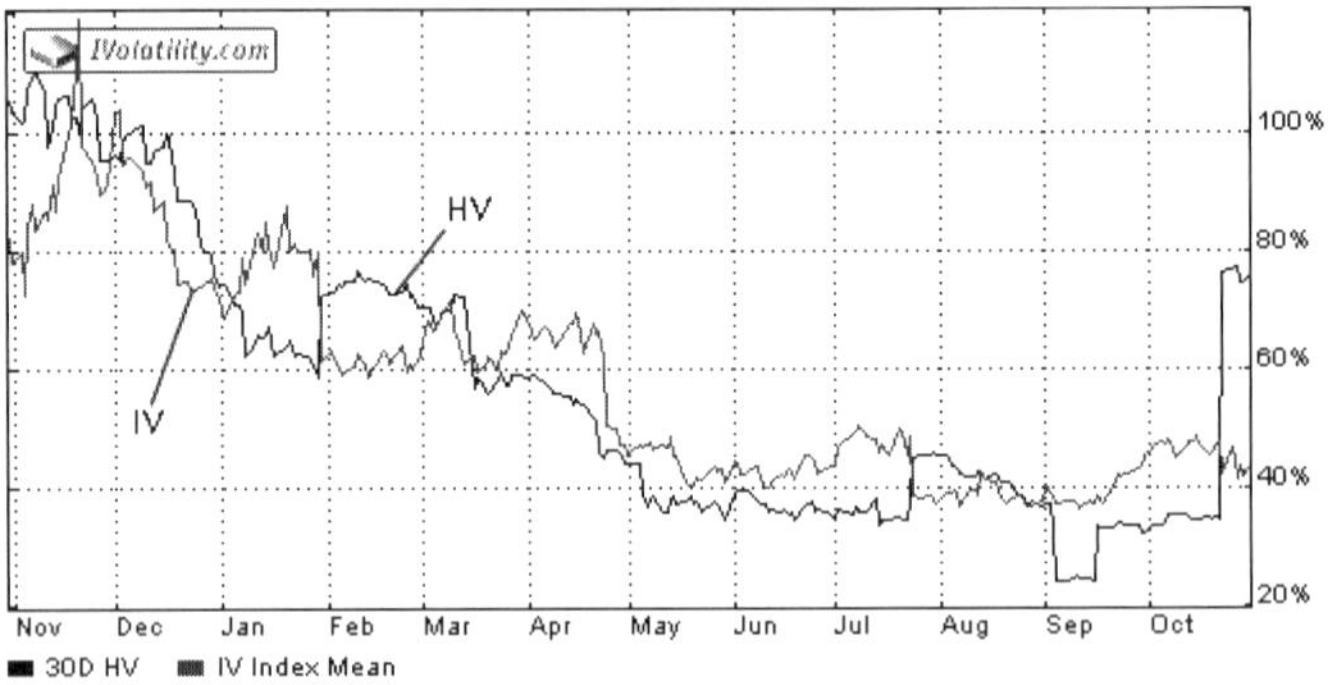

図表1.3

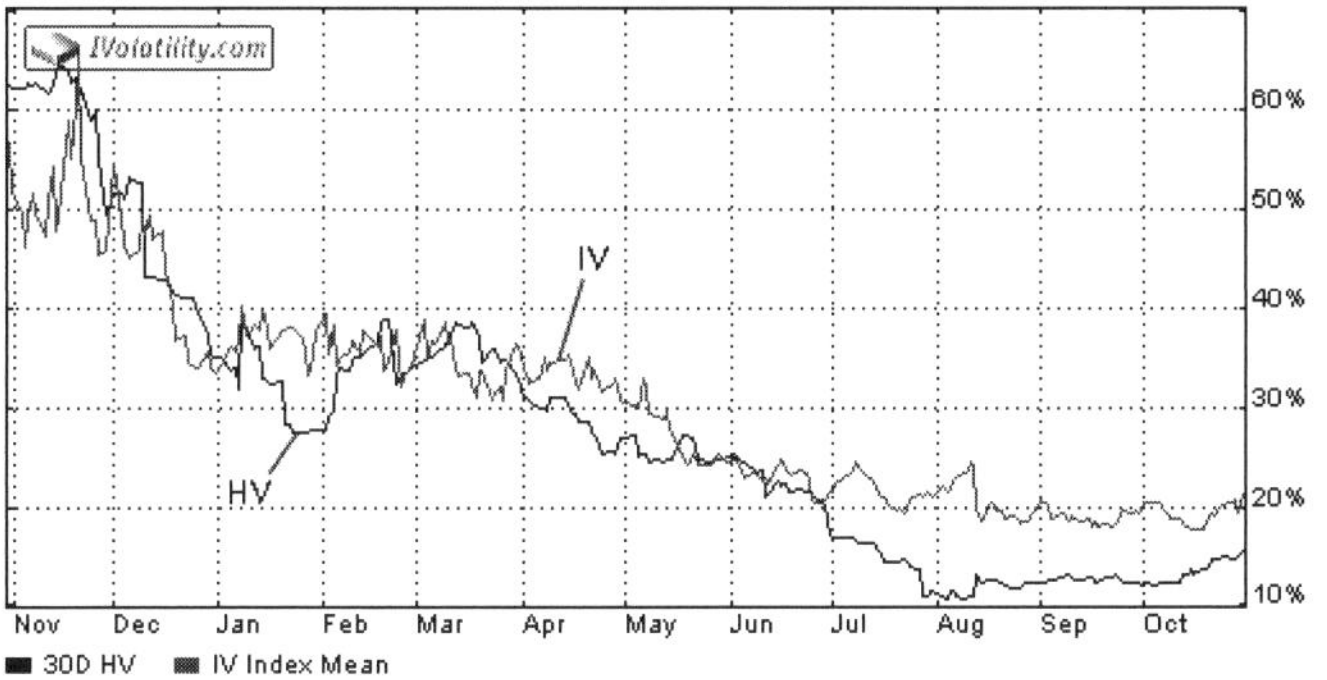
IVolatility.com
IV
HV
60%
50%
40%
30%
20%
10%
Nov
Dec
Jan
Feb
Mar
Apr
May
Jun
Jul
Aug
Sep
Oct
30D HV
IV Index Mean

図表1.4

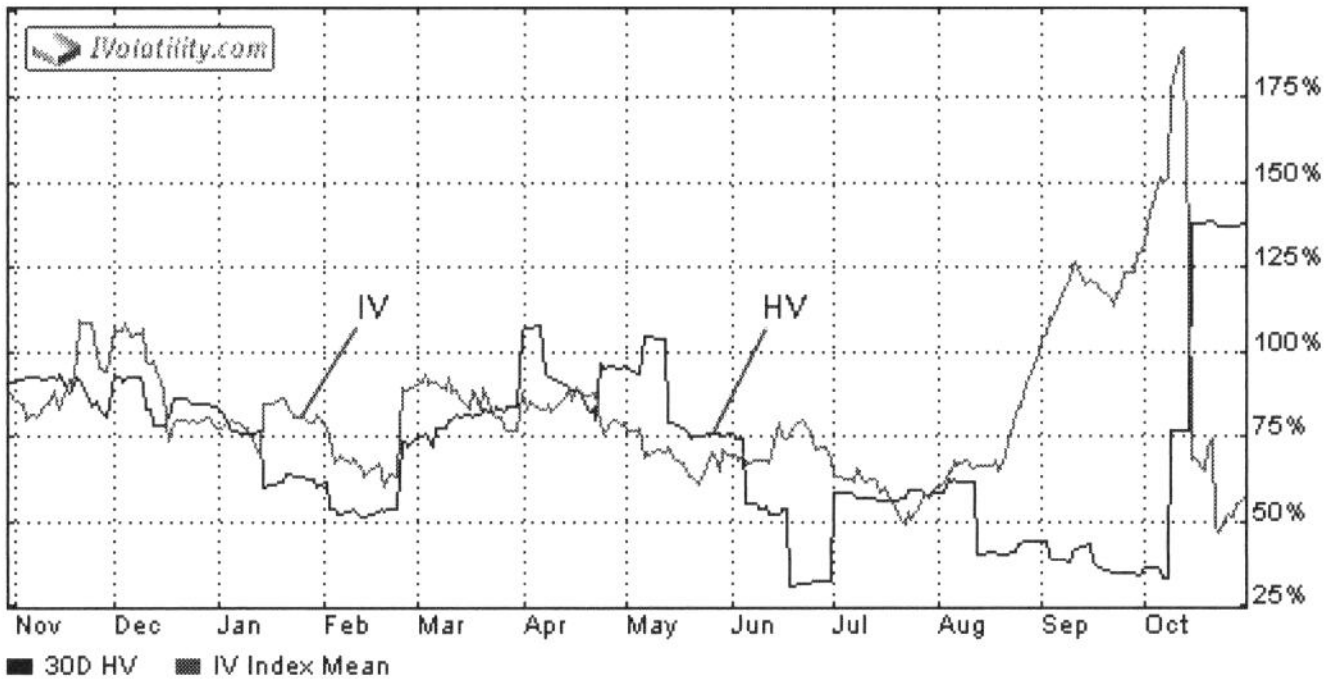
IVolatility.com
IV
HV
175%
150%
125%
100%
75%
50%
25%
Nov
Dec
Jan
Feb
Mar
Apr
May
Jun
Jul
Aug
Sep
Oct
30D HV
IV Index Mean

図表1.5

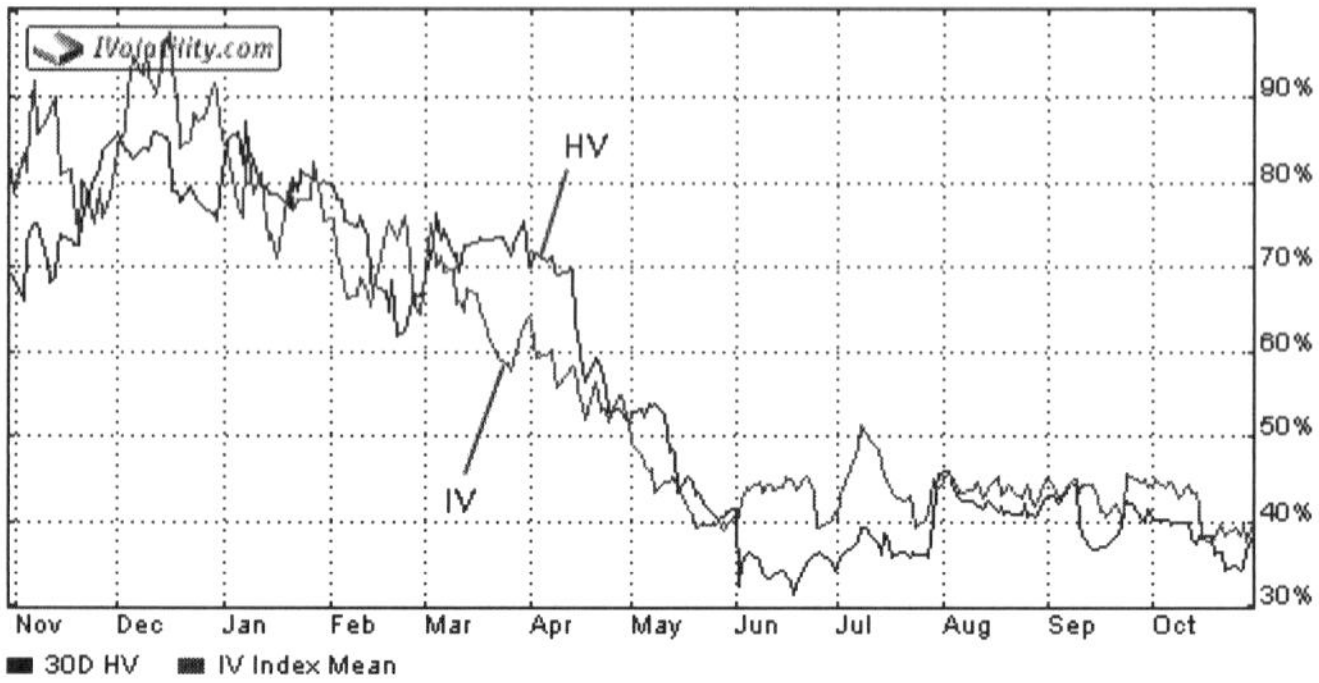

株価の動きではなく、ボラティリティの動きに慣れてほしい。ボラティリティの動きに慣れてしまいさえすれば、株価を追うよりもボラティリティを追うがほうが、ずっと易しいと気づくだろう。

これらのボラティリティチャートは、銘柄が異なり、ボラティリティの水準も違う。

一見、株価の動きと同じ特徴をもっているように見える。しかし、決定的に異なることがある。

それはボラティリティが上下に限界をもつことだ。株価には限界がない。

これは実践上利益を上げるためにとても大切なことだ。さらにボラティリティの特性として、いずれにも共通の特徴があるのが分かるだろうか。

①異常に高い水準まで上昇したボラティリティはやがて〝正常〟（その銘柄の本来のボラティリティ水準）に戻る。
②〝正常な〟（その銘柄本来のボラティリティ水準）ボラティリティは一定の水準を往来する。

これらが理解できると、オプションとは何かということが本当の意味で分かってくる。これは拙著『最新版オプション売買入門』（パンローリング）でも述べていない〝オプションの本質〟であるといえる。

ただ、オプション取引を実践するうえでオプションの基本を理解することは必須である。その基本を理解するには『最新版オプション売買入門』は優れた教本だ。

オプション取引の何たるかを知ったうえで〝オプションの本質〟を知ることこそ、オプション取引で成功する秘訣なのだ。

◆ボラティリティチャート研究②

次ページに掲載した**図表1・6**～**図表1・10**のボラティリティチャートをよく観察してほしい。ボラティリティがとるべき戦略を教えてくれるはずだ。
図表1・6と**図表1・7**は株価指数であり、ほとんど同じ動きをする。株式市場が急落するとボラティリティは上昇し、市場が上昇するとボラティリティは減少する。

図表1.6　S&P500

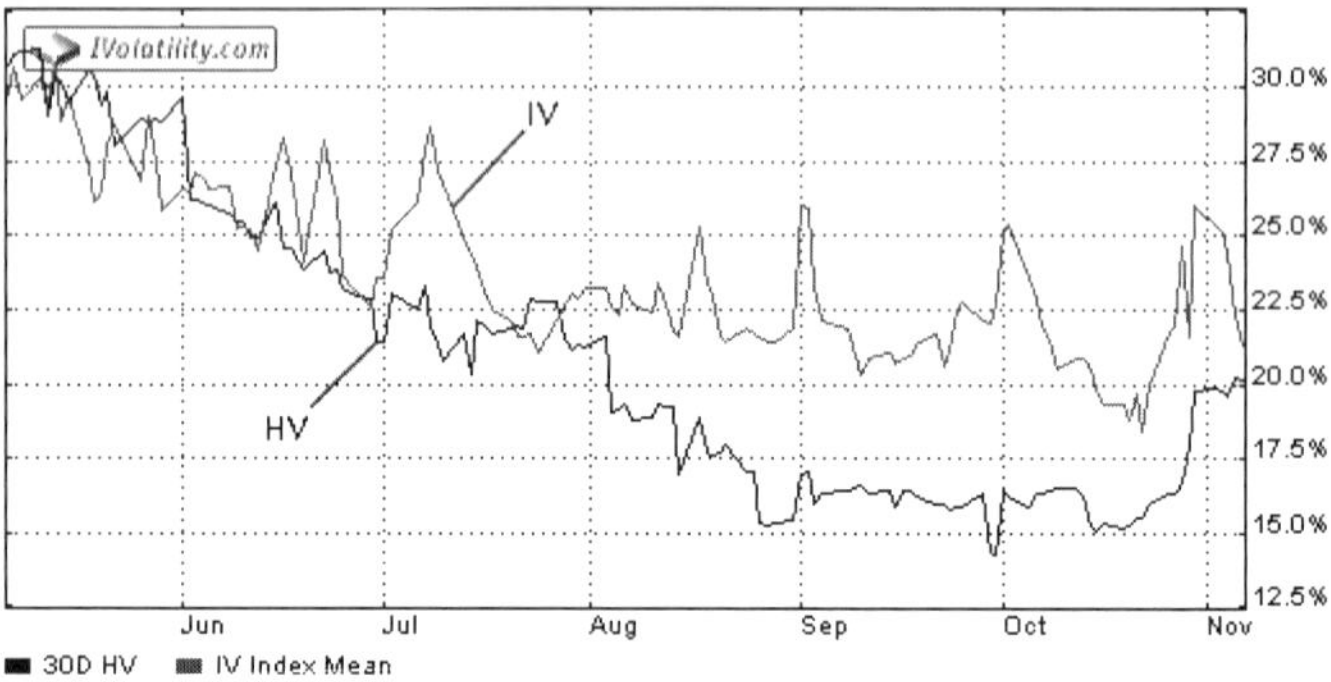

図表1.7　QQQQ

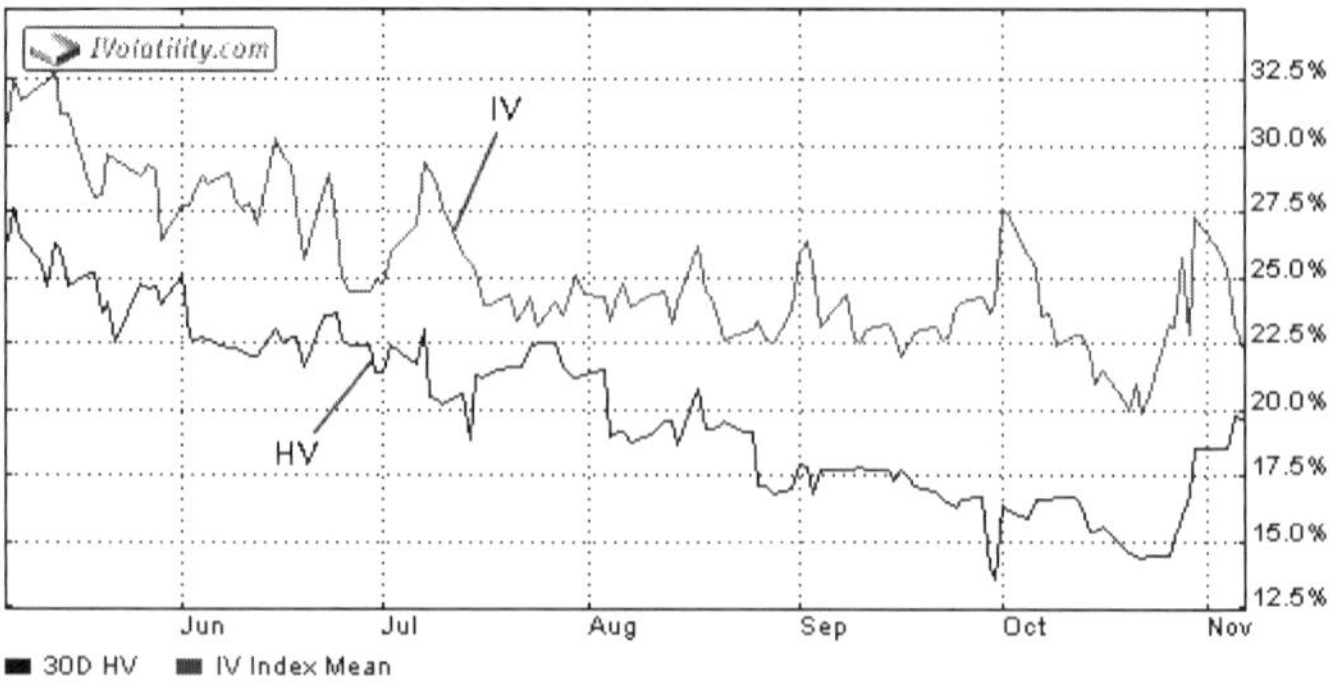

図表1.8　IOC

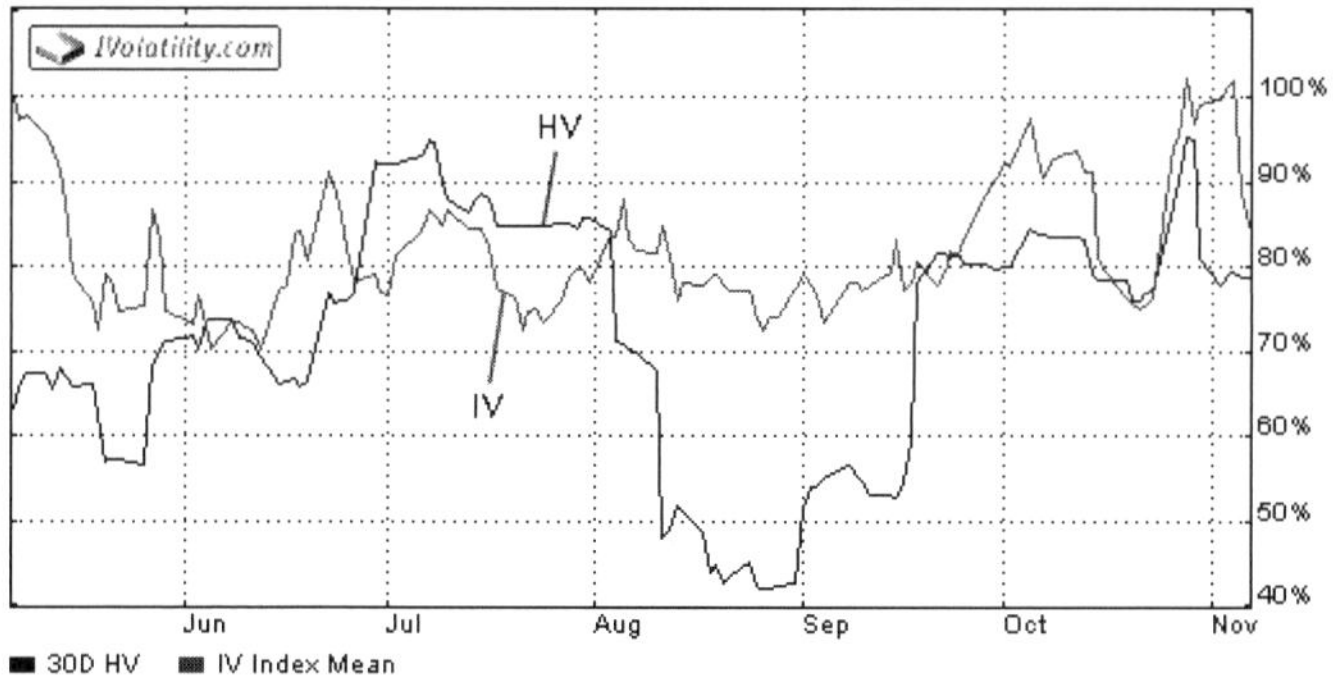

図表1.9　USO

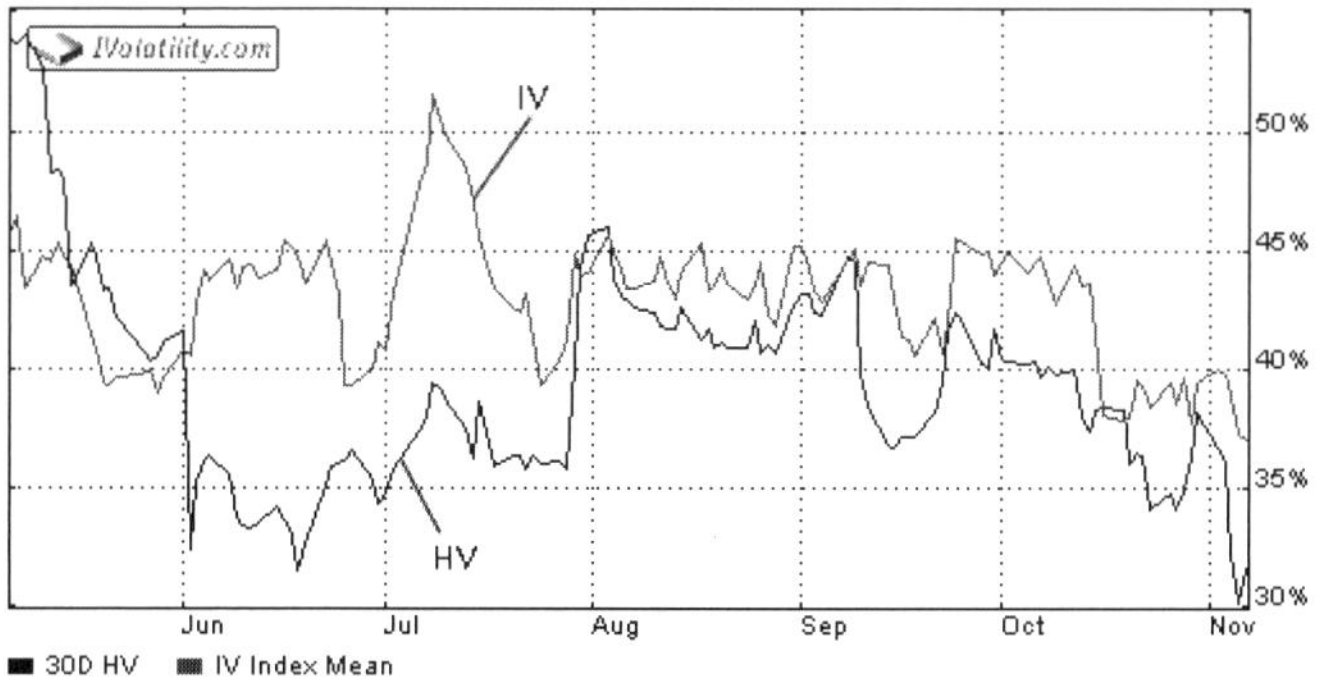

図表1.10　AMZN

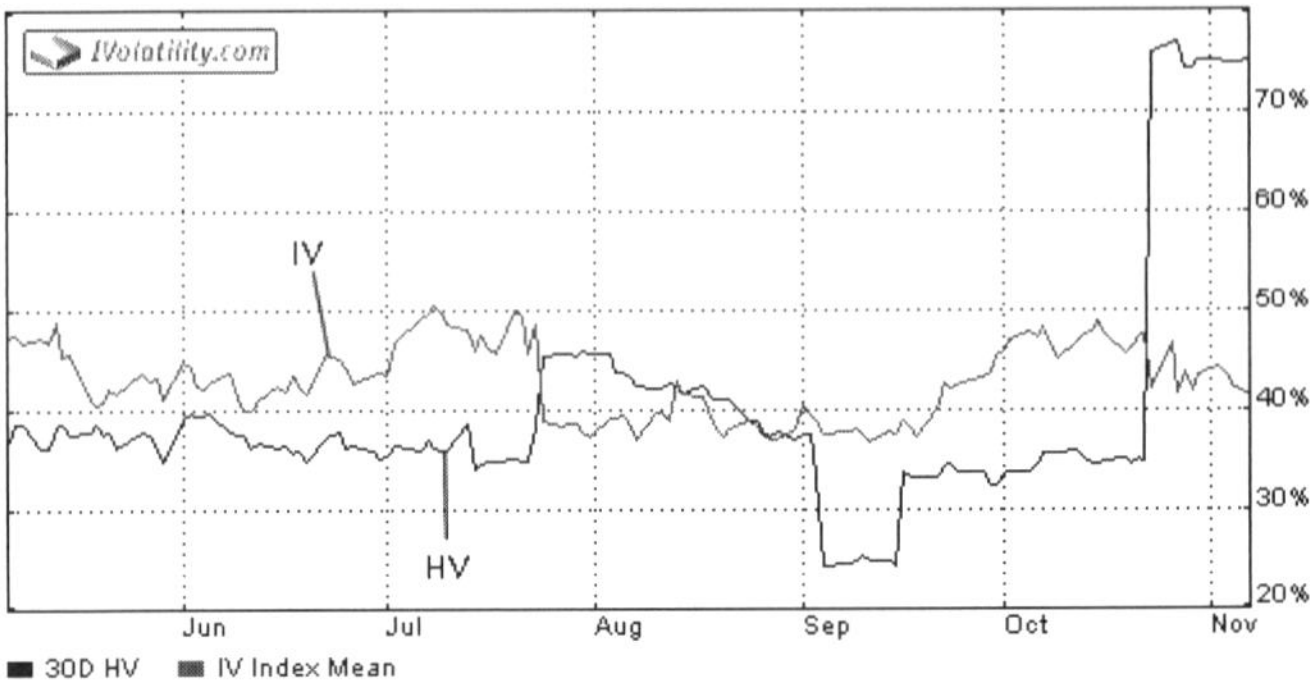

図表1・8は異常に高かったオプションが急落したところである。

図表1・9は原油相場連動型のＥＴＦで、ボラティリティは減少傾向にある。

図表1・10のＡＭＺＮは、株価が急上昇しＨＶが高いがＩＶが低い。今後株価の動きが穏やかになることを示唆しているのかもしれない。

　ボラティリティチャートは株価チャートよりもずっと分かりやすいはずである。

　ボラティリティの水準自体は銘柄によって異なり、それぞれの銘柄には歴史的に（過去と照らして）あるべき水準がある。それから大きく逸脱していれば、現時点では高すぎるか低すぎるかのいずれかだ。

　これを株価に当てはめることはできない。銘柄によっては一定の株価水準を往来しているが、それはまれで、往来であっても、より長い時間をかけている。

ボラティリティはまったく異なる。ボラティリティの増加と減少は永久運動なのだ。

HVは現実の姿を反映し、IVは感情ラインであり市場参加者の心理が反映されている。したがって、両者の間にはしばしば大きな乖離が生じる。心理状態というものは、時として理論から大きく乖離するものなのだ。

◆ボラティリティチャート研究③

図表1・11～図表1・15を見てみよう。ボラティリティチャートは一見して株価チャートと変わらないように見えるので、ボラティリティをトレードすることも株式をトレードすることも同じだと考えがちである。

これが皆さんを混乱に落とし入れる。そしてオプション取引での成功から遠ざける。

ボラティリティと株価を同じ相場だと思ってはいけない。株式相場とボラティリティ相場は次元が違うのだ。

ボラティリティチャートにテクニカル分析を適用すれば失敗する。必ず失敗する。

例えば、ボラティリティのブレイクアウトを、株価のブレイクと同じように順張りでポジションをとると失敗に終わるだろう。一度や二度はうまくいくかもしれない。しかしそれは偶然であって、最終的に失敗する。

図表1.11

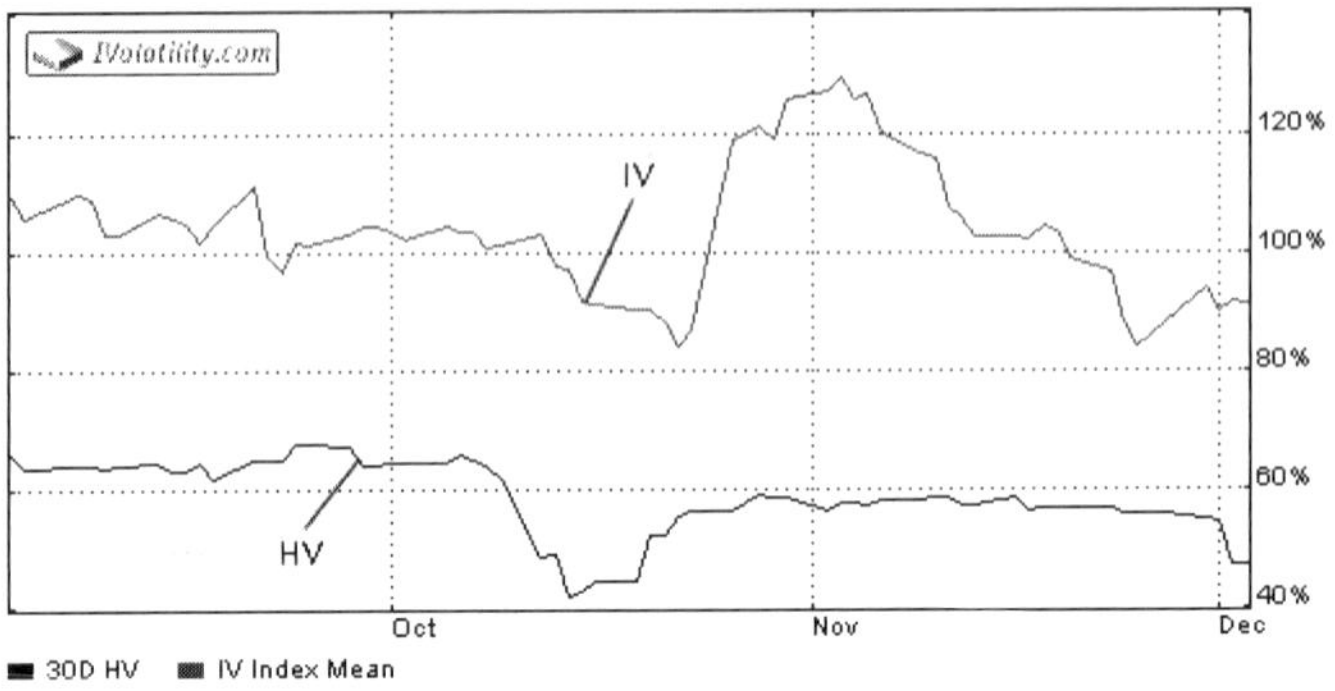
IVolatility.com
IV
HV
120%
100%
80%
60%
40%
Oct
Nov
Dec
30D HV
IV Index Mean

図表1.12

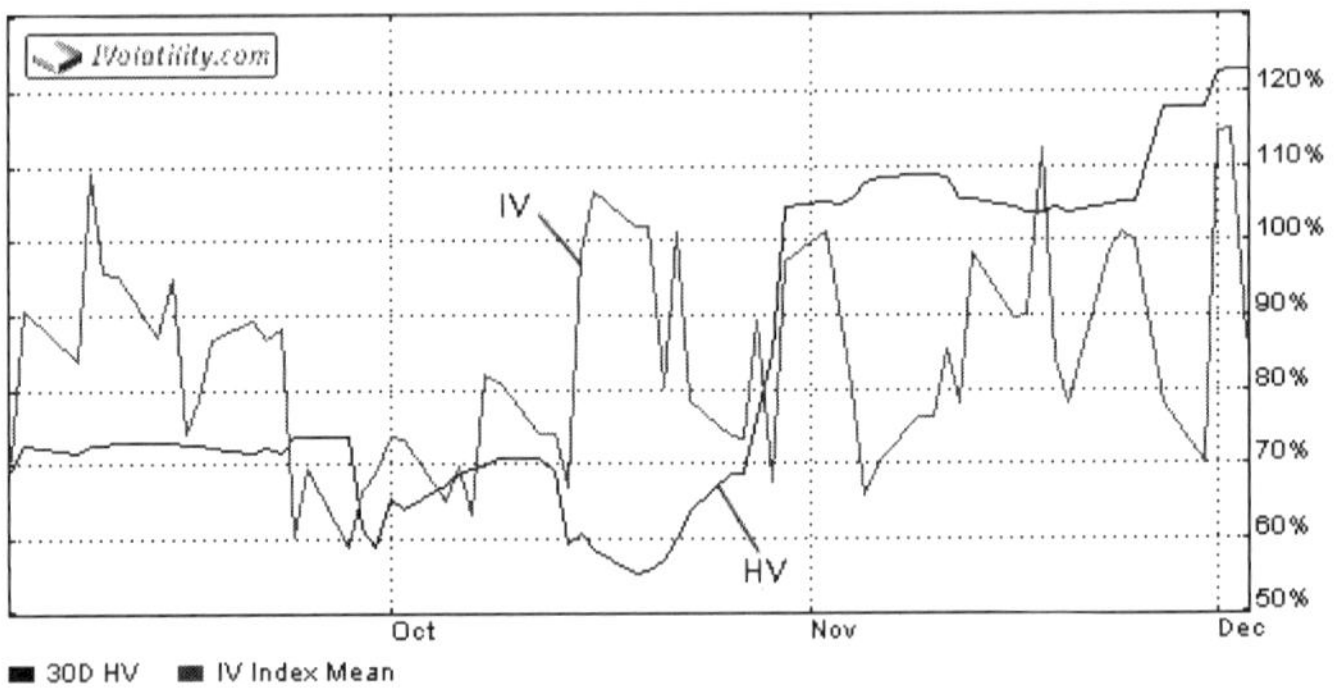
IVolatility.com
IV
HV
120%
110%
100%
90%
80%
70%
60%
50%
Oct
Nov
Dec
30D HV
IV Index Mean

図表1.13

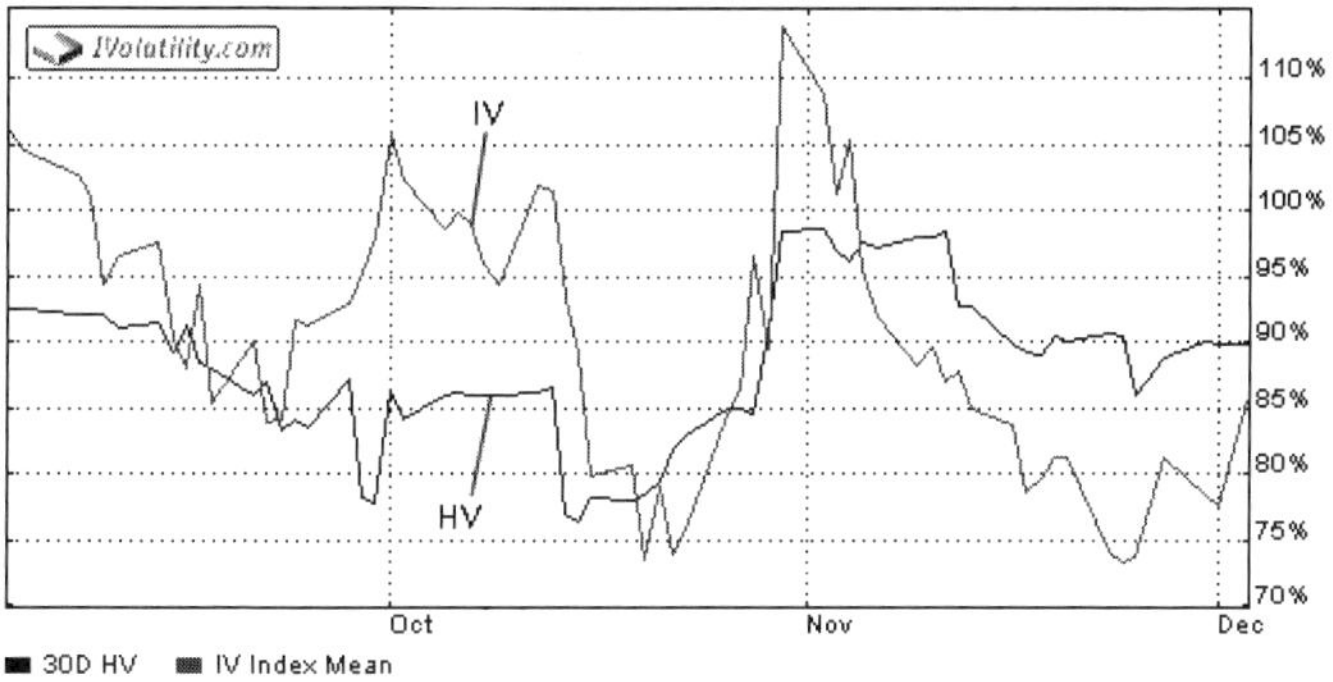
IVolatility.com
IV
HV
110%
105%
100%
95%
90%
85%
80%
75%
70%
Oct
Nov
Dec
30D HV
IV Index Mean

図表1.14

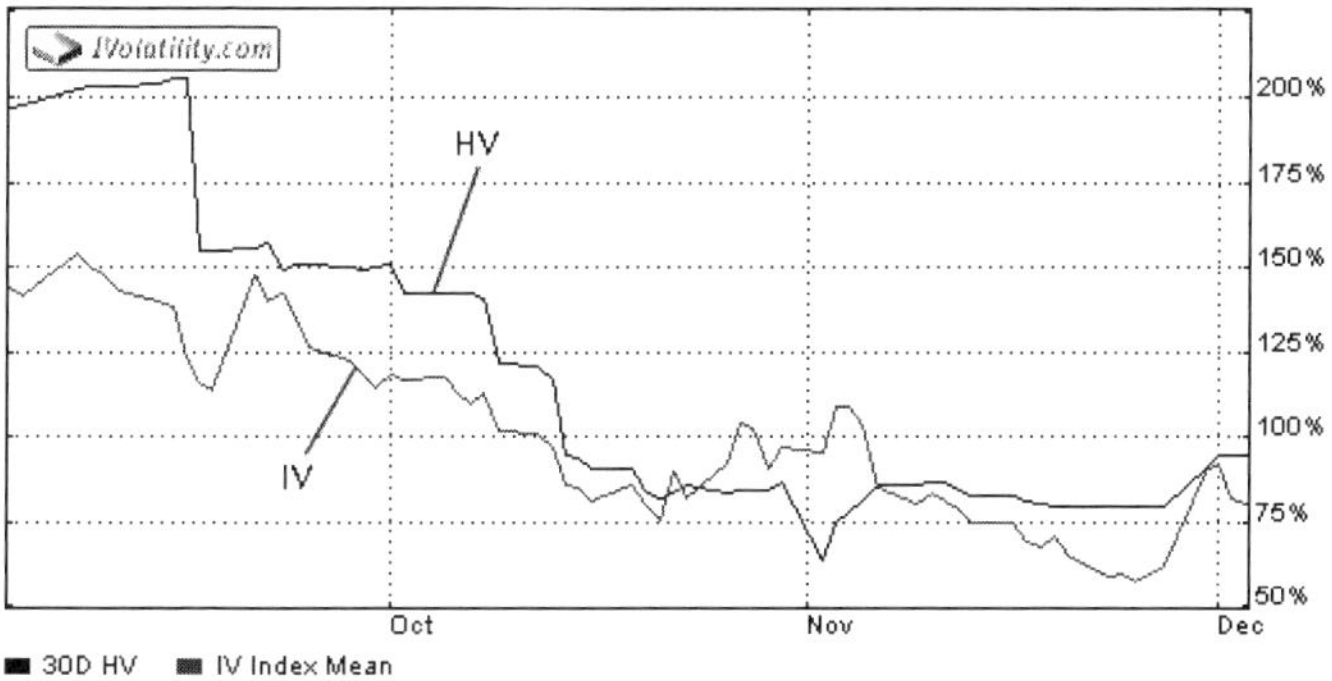
IVolatility.com
HV
IV
200%
175%
150%
125%
100%
75%
50%
Oct
Nov
Dec
30D HV
IV Index Mean

図表1.15

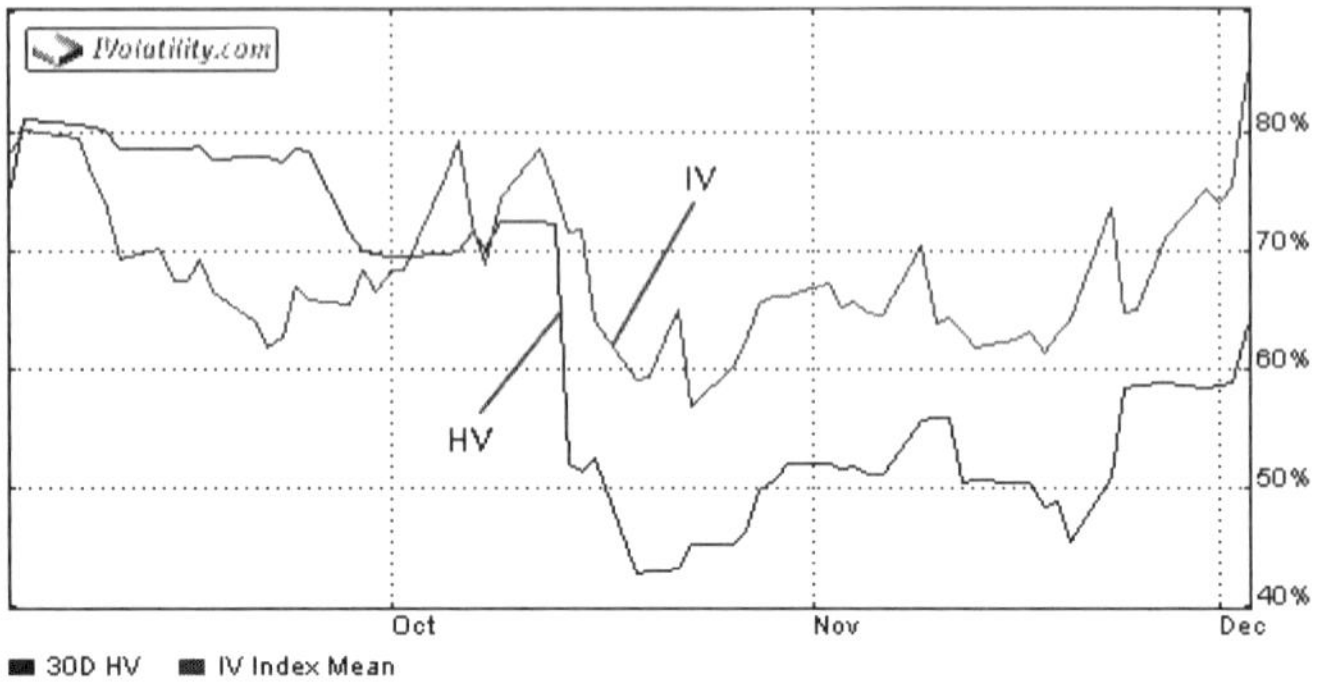

ボラティリティはレンジの往復の永久運動である。これには例外がひとつもないのだ。ボラティリティが長期間下げ続けている銘柄も例外ではない。過去にボラティリティが大きく上昇した反動が出ているにすぎない。

ボラティリティを見るうえで大切なことは、大きく上昇したボラティリティは常に減少するということだ。

ここまで聞けば、株式トレードで失敗続きだった方も、ボラティリティトレードでは利益を得られるという自信がわいてくるだろう。ボラティリティは、けっして難しくないのだ。

◆ボラティリティチャート研究④

図表1・16～図表1・24までのチャートを見てみよう。

図表1.16　GMCR

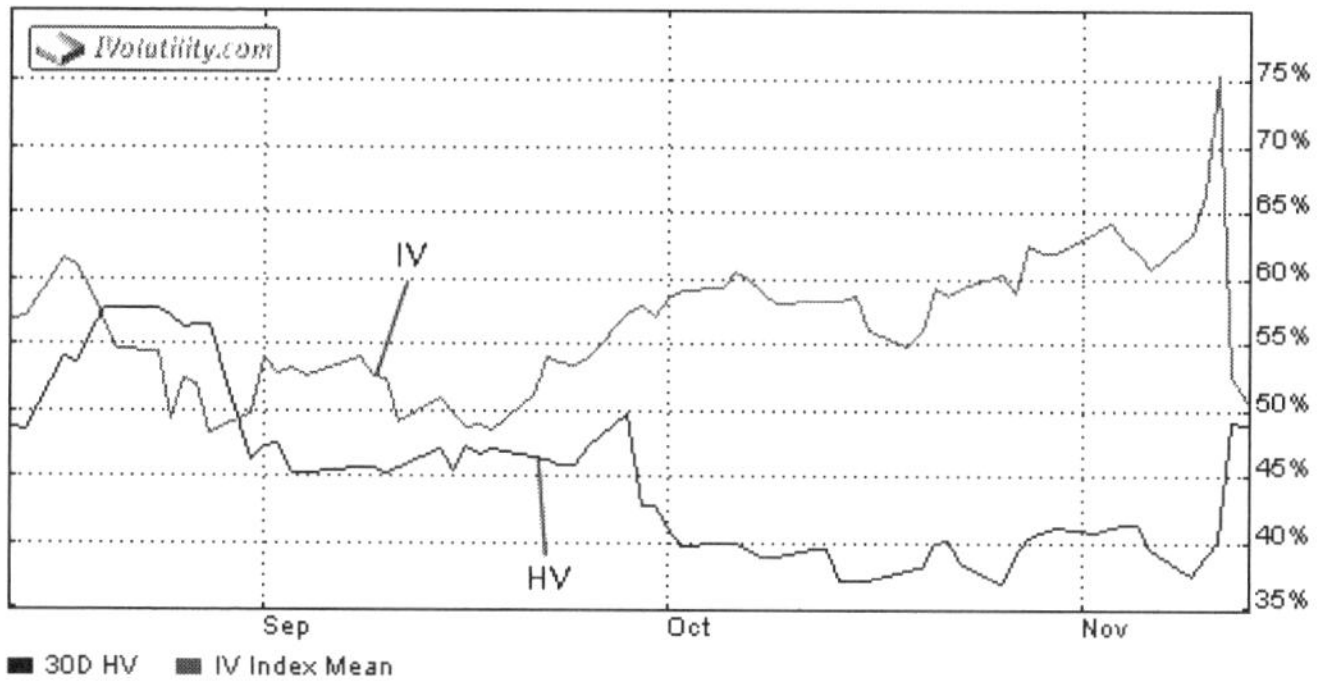

図表1.17　SPY

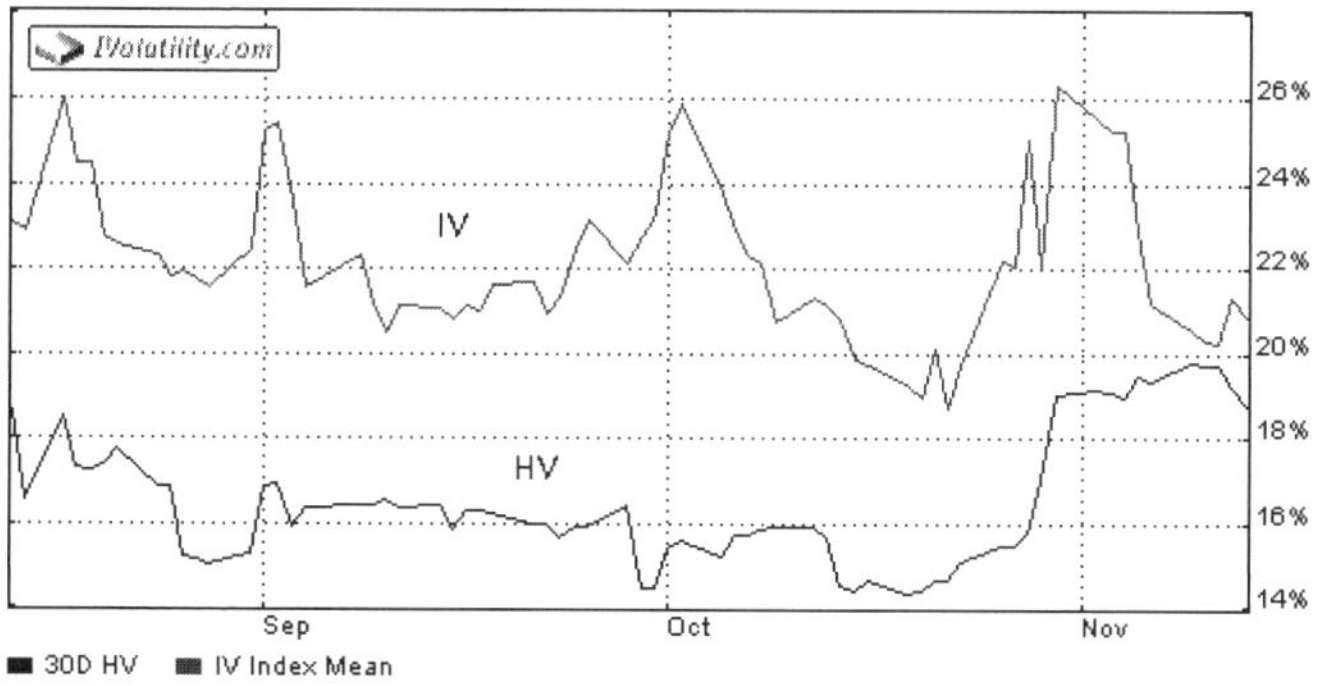

図表1.18　FAS

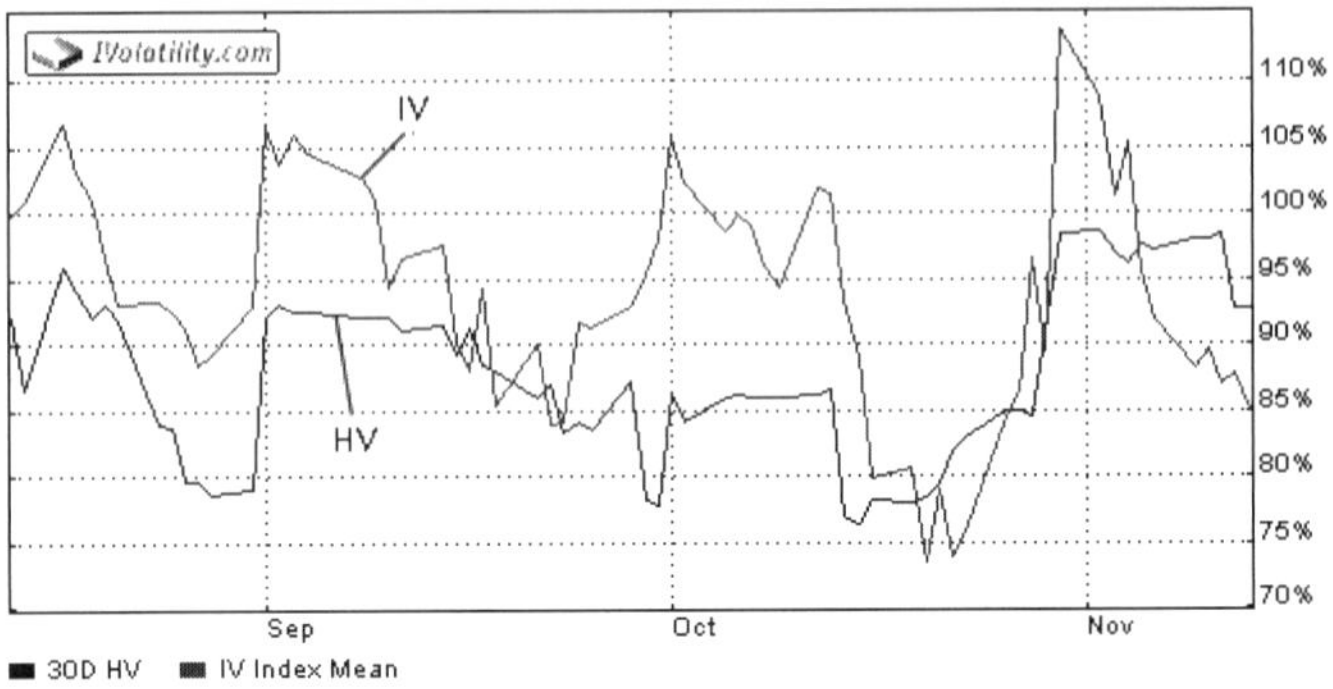

図表1.19

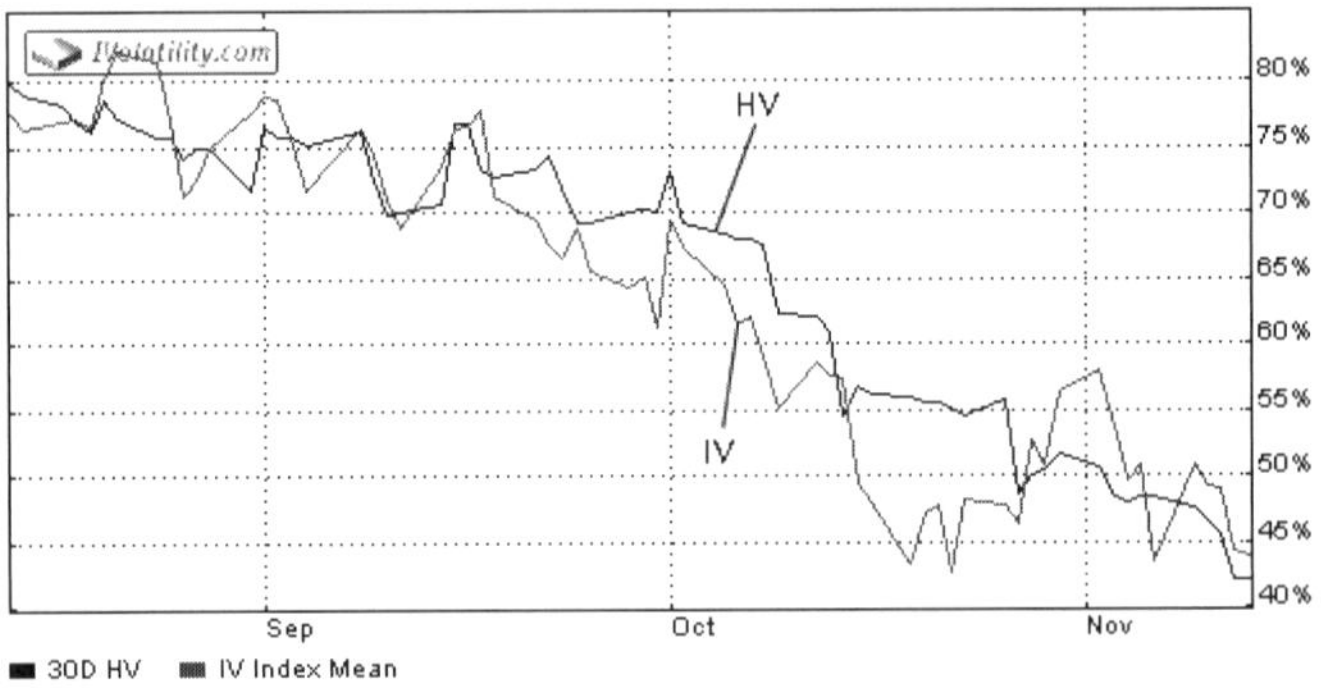

図表1.20　IOC

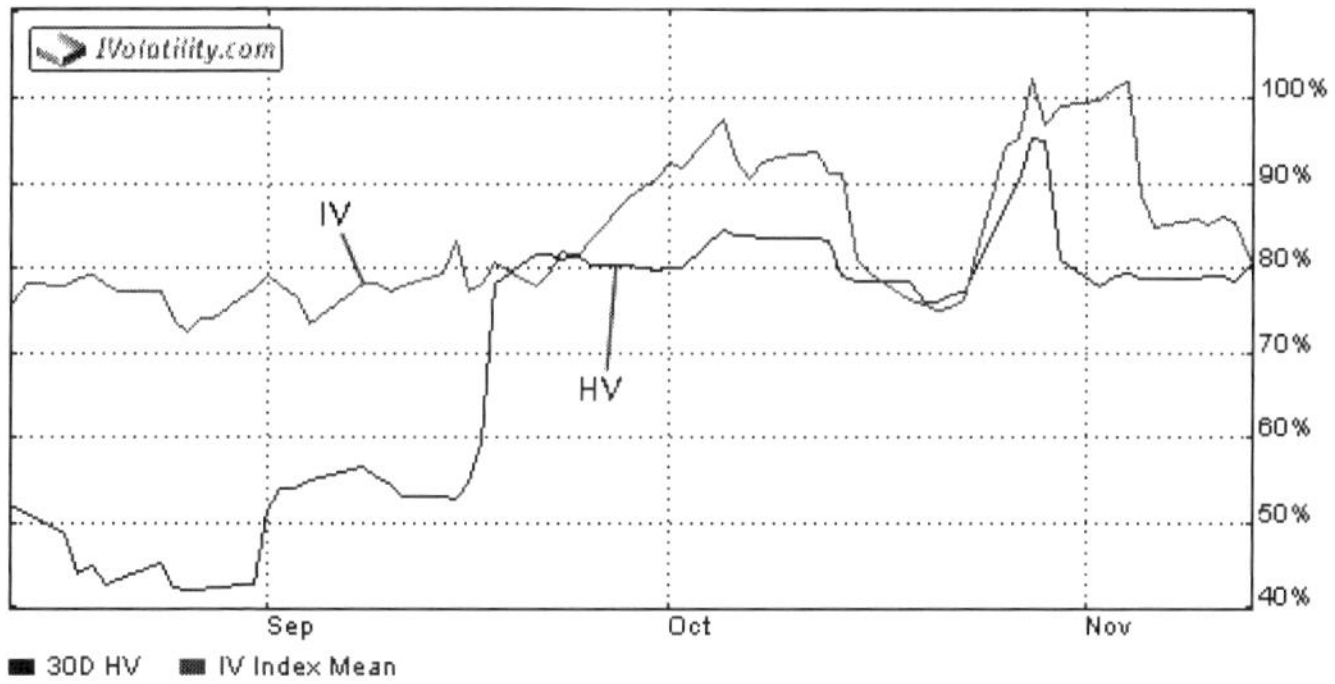

図表1.21　AMZN

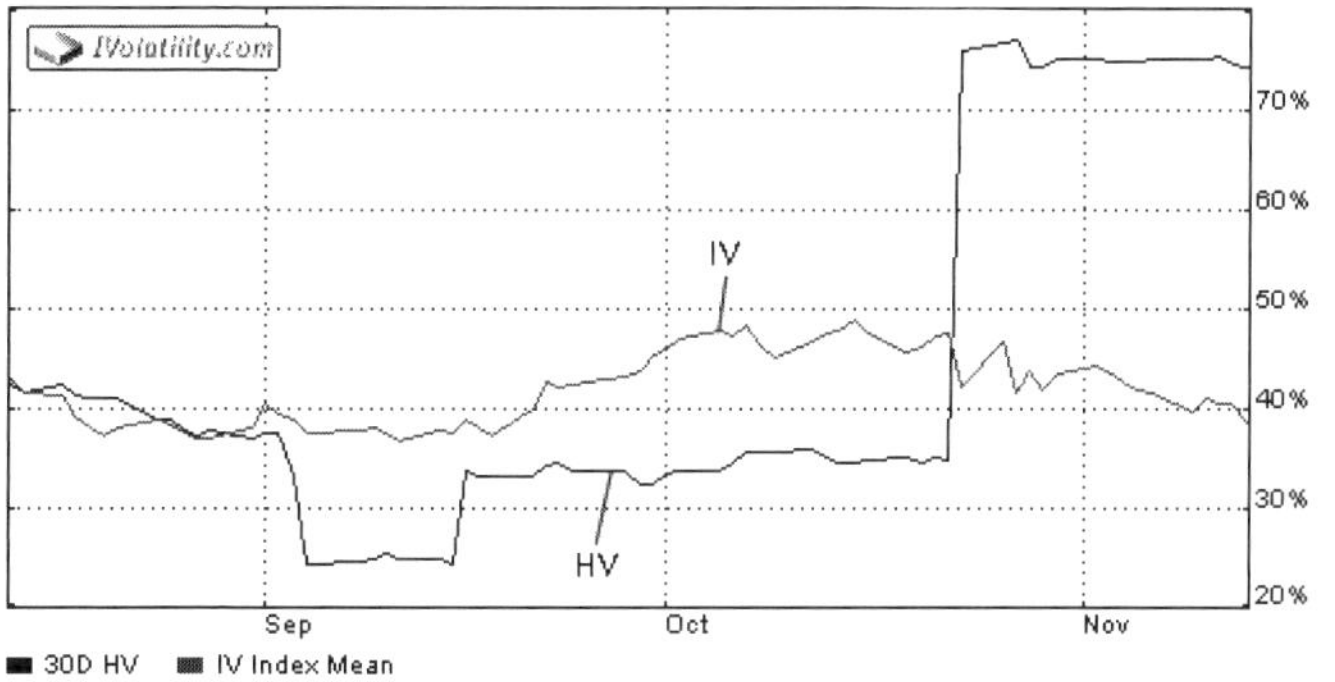

図表1.22　UNG

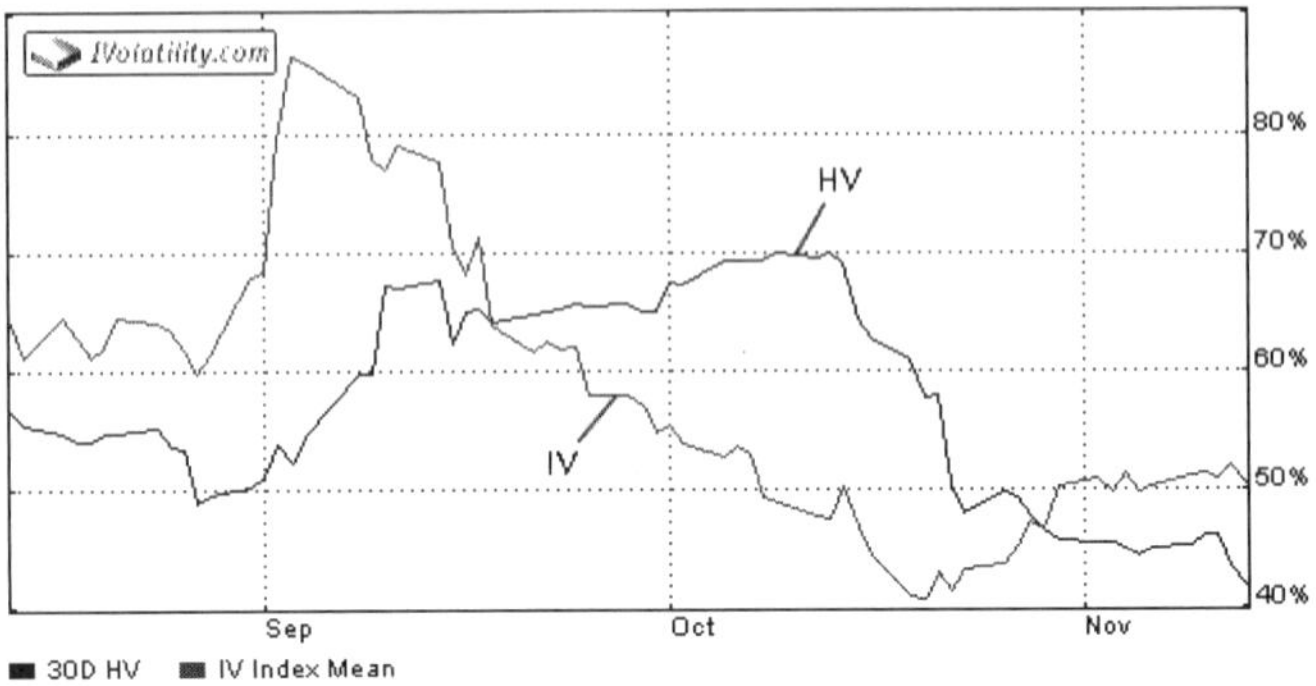

図表1.23　GLD

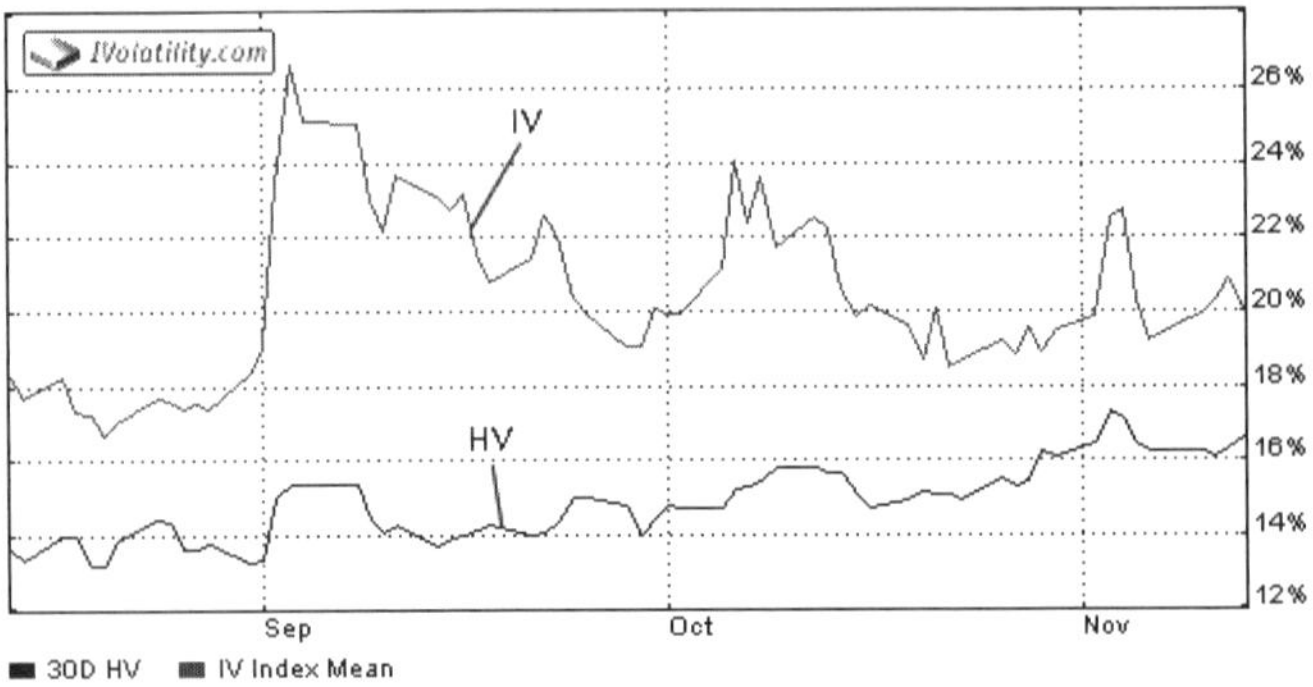

図表1.24　FUQI

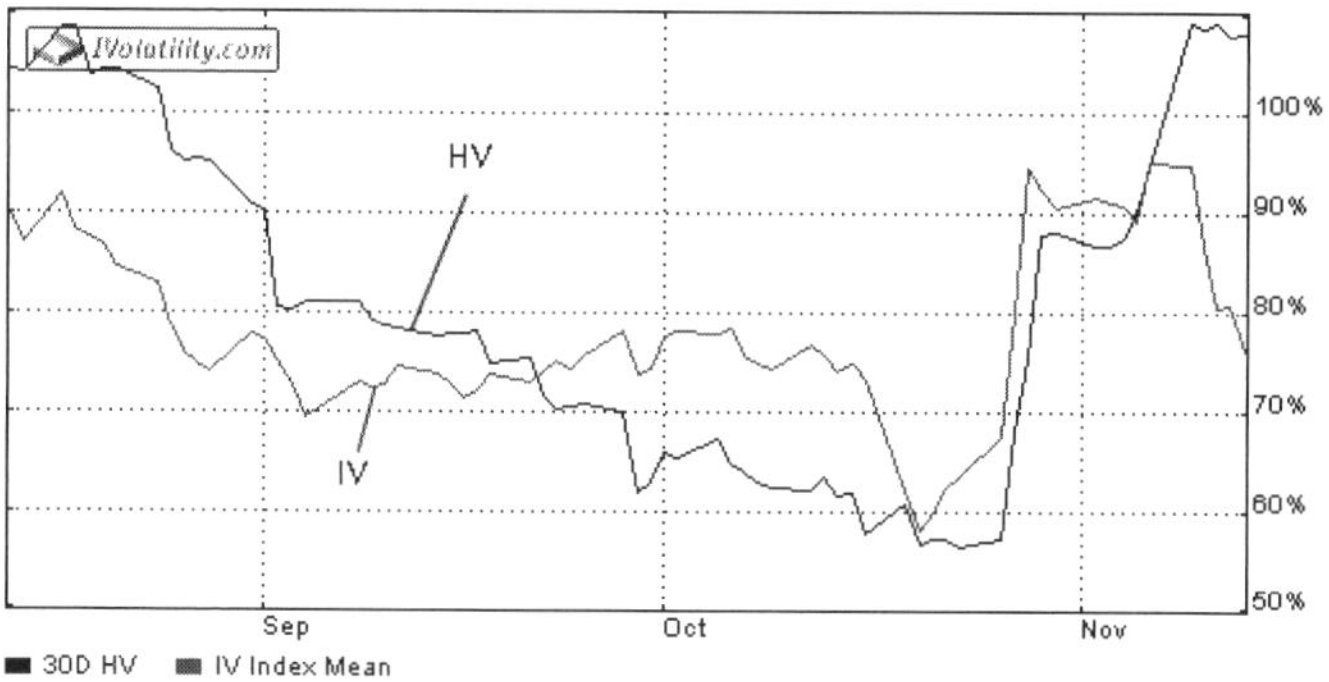

　ボラティリティチャートを見ることを習慣にしてほしい。ボラティリティチャートを観察し、場帳に書き込んだ数字を見続けることが大事なのである。

　ボラティリティは銘柄によって水準が著しく異なる。

　ボラティリティは上下の限界が見えるものとそうでないものがある。

　ボラティリティはレンジを形成する。

　ボラティリティはトレンドを形成する。

　株価の動きと似ているように見えるが、前述したように決定的に異なる点がある。ボラティリティは上下に限界をもっている。

　チャートはいずれも3カ月間のボラティリティの動きを表している。これ以外に6カ月と1年のボラティリティチャートを同時に見ることが大事だ（www.ivolatility.com参照）。

2. オプションを複雑にしている2つの要因

オプション取引の難しさは、オプションの仕組みとして、オプション価格に原資産である株価の動きが強く関わっているからである。さらにタイムディケイなど他の要素が関わっており、より複雑性を増している。

だからオプションを取引するといっても、オプション市場そのものより、原資産である株式市場を重視せざるを得ないのが実情なのだろう。これがオプション取引の難しさへ拍車をかけている。

〝マーケットの魔術師〟ウィリアム・オニールは「株式売買だけでも十分難しいのに、なぜオプションなのか」と言った。彼の言うことは正しい。あくまで、株式トレーダーとしての主張であれば……。

オプション取引を易しくするためには、原資産の要素を極力排除し、純粋にオプションだけに立ち向かうことだ。私は長い間オプションを取引してきて、その複雑性を排除することに成功し、たどり着いたのが「ボラティリティを売買すること」なのである。

では、オプション取引の複雑要素の排除について詳しく解説していこう。

①複雑な2つの相場

オプション市場は、株式相場とオプションとしての相場（＝ボラティリティ相場）という2つの相場が絡み合っているからややこしい。現在オプション取引をしている人の99％は、原市場の延長線上でトレードをしている。したがってオプション取引での成功者のほとんどは、原市場のトレードでも成功できた人だ。

例えば、株式オプションの成功者のほとんどは、株式トレードでも成功できていただろう。オプションを株式トレードの代替として、つまり〝ツール〟として用いただけなのだから。この論理でいえば、株式トレードで成功できない人がオプションで成功できるはずがないということになる。株式相場だけでも成功できないのに、相場が2つ絡み合うオプション市場で成功できるわけがないと思うのだろう。確かにそのとおりだ。

◆複雑性の排除（＝株式相場の排除）

そこで、オプション市場で成功するために第一にやるべきことは、その複雑性を排除することだ。それは株式相場の影響を排除することにほかならない。

つまりオプション市場のもつもうひとつの側面、いやもうひとつの側面というよりも、これこそが本質である〝ボラティリティ相場〟に集中することだ。ひと言でいえば、ボラティリティを売買することである。

ボラティリティを売買するという意味は、株価変動の方向性に賭けるのではなく、「変動の規模に対する期待が将来大きくなるか小さくなるかに賭ける」ということだ。「変動の規模に対する期待」とは、インプライドボラティリティのことだ。〝期待〟とは人間の感情で、これは上昇・下降を繰り返している。われわれ誰もが経験している〝感情の起伏〟と同じだ。この動きを追うのは、株価変動を追うよりずっと簡単で、予想もしやすいのである。

②複雑なオプション価格（プレミアム）

株式は株価を基に取引を行う。先物は先物価格を基に取引を行う。そしてオプションは〝プレミアム〟と呼ばれるオプション価格を基に取引を行う。

問題はこのプレミアムである。プレミアムも株価や先物価格と同じく上昇したり下落したりする。だが、その上昇下落は株式や先物の相場変動とはまったく異なるものだ。プレミアムの変動には、株価や先物価格（原資産の価格）の変動以外に、〝ボラティリティの変動〟〝時間の経過〟〝金利〟〝配当〟といった他の要素が影響を与える。このプレミアムが形成される構造が、オプションをより複雑なものにしているといえるだろう。

◆複雑性の排除（＝〝ボラティリティ変動〟以外の要素を排除）

ではプレミアムをシンプルにするために、プレミアム変動に影響を与える要素をひとつに絞ってみたらどうだろう？　そう考えたとき、即座に着目したのが〝ボラティリティ〟である。プレミアムに最も大きな影響を与え、オプションを最もオプションらしくしている要素だ。

そこで改めて自問してみた。長い間オプションに関わってきた私が、改めて「オプション取引とは何か？」と自問してみたのである。それは、私に関するかぎり〝ボラティリティの売買〟であり、そしてボラティリティこそが〝オプションをオプションたらしめている要因〟であることを再確認したのである。

つまり、プレミアムを構成するさまざまな要素を排除し、ボラティリティだけに着目することにしたのである。

第2章　オプションならではの優位性と戦略性

オプション取引を始めてから長い時間が経ち、ここ数年は株価変動を研究するよりもずっと多くの時間をボラティリティ変動の検証に使うようになった。純粋に「ボラティリティ相場」だけを追求することにしたのである。

２００９年前半は、特にボラティリティが非常に高かったという好条件も加わり、従来以上の成果を上げることができた。そしてそれはあらゆる意味で大きな自信となった。この自信の根拠となる私の哲学を紹介していきたいと思う。

1．投資でも投機でもない〝戦略的投資〟

オプション取引は、一般的には〝投資〟といわれない。〝投機〟であり〝トレード〟である。一般論に即していえば、投資は対象の価値に基づいた行為であり、投機やトレードは対象の価格の変化から値ザヤを稼ぐ行為といえる。つまり一般論でいえば、オプション取引は後者となる。

しかし、私の〝投資法〟は後者ではない。価値に基づく行為という点では株式投資と似ているかもしれない。

ただし、株式投資とは質的に異なる。具体的にいえば、オプションの市場構造やオプションの商品構造が生む「オプションの価値の変化」を利用しているのである。私は株式投資のような投資と区別して、これを「戦略的投資」と呼んでいる。

ウォーレン・バフェットの師匠といわれるベンジャミン・グレアムは、自著『賢明なる投資家』（パンローリング）の中で投資と投機の定義的な区別を試みた。しかし、投機家であるジョージ・ソロスも述べているように、投資と投機を区別することは容易ではない。

最近では、投機という言葉の代わりにトレードという言葉が使われるようになり、日本ではこの言葉が個人投資家の間で人気のＦＸの影響もあって定着してしまっている。

言葉などどうでもいい……と思われるかもしれない。しかし、私は言葉を重視する。言葉は人の考えや行動に大きく影響を与えるからだ。そして、受け手の主観によっては、その言葉本来がもつ意味から大きく乖離してしまうことがあるからだ。

私の投資法の根幹には〝哲学〟があり、投資法はその哲学を反映している。その哲学を正しく伝えるためにも、言葉を大事にしたい。

◆戦略が利益を生む

オプションを株式投資などとは別の次元でとらえ、オプションがもつ優位性を深く知ることが成功への近道だ。このことを読者の皆さんに完璧に理解してもらうために、大胆にも私が実行しているオプション取引やボラティリティ取引については「トレード」という言葉を用いないほうがいいのではないかとさえ思うことがある。

なぜなら今日本で使われているトレードという言葉は、先物や株式の短期売買で価格変動から値ザヤを稼ぐことと定義づけされているかのような印象を受けるからだ。多くの投資家はトレードと聞くと、そのように連想してしまうだろう。便宜上トレードという言葉を使わざるを得ないが、この違いを理解してほしい。

私が実行しているオプションは、取引技術への依存度を極力小さくしている。つまり多くの技術を必要としない。

相場を予測することは目的ではなく、個々のオプション価格構造やオプションの市場構造を日々分析し、構造的な歪みや状況がもたらす個々の局面における価格の歪みから利益を得るべく取引を行う。チャートを見て相場変動を予測して、さらにトレードの技術を駆使して利益を上げる手法とは、ゲームのやり方がまったく異なるのである。

2. 戦略的投資への移行（2009年1月～）

　2009年1月から、オプションをツールとして用いる株式トレードや、株価（原資産価格）変動の影響を受けるネイキッド売りの割合を10％以下にまで下げ、純粋にボラティリティ変動から利益を上げるトレード戦略に本格的に移行した。そして現在、私のポジションはほぼ100％ボラティリティトレードが占めている。

　具体的には、S&P500オプション・ボラティリティインデックスの先物およびオプション、SPYおよびSPYオプションのスプレッド、さらに多数の米国株式オプションのストラングルスワップ、リバース・ストラングルスワップである。

　以前はボラティリティを売る戦略（IVが異常な水準の銘柄のコールを売る戦略）で相当な利益を上げた。しかし、これは株価変動リスクの高い戦略だったことから、現在はこの戦略がストラングルスワップにとって代わった。これまで従来のオプション取引でも長年にわたってかなりの成果を出してきたが、2009年にボラティリティトレードに完全に移行したことは、私にとって素晴らしい転機となった。

◆転機となるに至った経緯

　私は現在自ら設計した投資パートナーシップ（いわゆる〝ヘッジファンド〟）を運用して

いる。非常に傲慢ながら、かのロスチャイルド家の資産運用のミニ版といえば、その規模をある程度想像していただけるだろうか。

運用するにあたっての目標は、特定の株価指数のパフォーマンス（ベンチマーク）と比べることではない。市場に何が起ころうと、相場の上昇・下降に関わりなく、1年間のトータルでプラス収益を上げることである。

私は2008年に引き続き、2009年もかなりの成績を収めることができた。おおよそではあるが、2009年1月～12月において〝3ケタのパーセンテージ〟を達成している。取引内容はボラティリティトレードである。

S&P500オプション・ボラティリティインデックスを用いたスプレッド、米個別株オプションのストラングルスプレッド、SPXとボラティリティインデックスのサヤ取り、SPYのストラングルスワップとボラティリティインデックスのスプレッド、Tボンド&Tノート、ミニS&P500、ボラティリティインデックス先物のサヤ取りなどによって全収益のほとんどを稼ぎ出した。

2009年といえば、リーマンショックに始まった不況の波に多くの投資家が苦難を強いられたときである。その年に私はまだ景気が良かった2008年よりも、さらに大きな収益を上げることができたのである。

けっして自慢しているわけではない。私の投資法は好不況の波に影響されることがないということを言いたいのだ。それどころか、大きな波はチャンスとなると言いたいのである。

振り返ってみると、２００８年の取引と２００９年のそれとは大きく異なる。２００８年の利益は〝ボラティリティが異常に高い個別株のコールのネイキッド売り〟と〝ストラングルスワップ〟によるものが大半を占めていた。

リーマンショックの起きた9月以降は、収益は毎月のように膨れ上がっていった。２００９年度では大半を占めたS&P５００オプション・ボラティリティインデックスを利用したスプレッド取引は、前年も実行し非常にうまくいったが、全トレードに占める割合は２００９年と比べるとそれほど大きくはなかった。

「ボラティリティが異常に高いコール売り」がかなり有効だったからだ。しかし２００９年に入ってからは、前年度のボラティリティトレードの成功体験に基づいて、オプション取引でのポジションの割合を大きく変更したのである。

つまり相場の変動性に影響を受ける「個別株コールのネイキッド売り」を停止したのだ。これでリスクを大いに軽減できる。そして精神的にもかなり楽になる。

ボラティリティの高い個別株コールのネイキッド売りは、大きな利益をもたらしたものの、精神的負担は相当なものだった。それに完全にとって代わったのがストラングルスワップだ。

株価変動に大きく依存するオプション取引割合を10％以下に減らし、ポジションの90％以上をボラティリティトレードにしたのである。この割合は２００９年11月には、ほぼ１００％になった。

◆使用資金割合

２００９年度の全資金に対する使用資金の割合については、10％から１００％とバリエーションの幅に相当の開きがあった。つまりいつでも同じ大きさや割合のポジションをとっているわけではないのである。

好機であると判断したときには、ポジションを徐々に膨らませフルに資金を使うこともある。一方で、チャンスが小さい、あるいはまったくないと判断したときは、ポジションを極力小さくする。

ときにはポジションをゼロにして休むことも必要だと思っているが、２００９年に関していえばポジションをゼロにした時期はまったくなかった。特にボラティリティがまだ非常に高い水準にあった1月から3月終わりまでは、ポジションの数量は大きく、資金もほとんどフルに使っていた。

この時期、私には大きな自信があったのだ。ボラティリティがすでに低い水準に達していた9月にも、使用資金のギアを相当に上げた。そのようにした根拠は、後述するが〝ボラティリティ・サイクル〟に賭けたのである。

◆株式相場で成果を上げられなかった人でも成功へ導ける

従来のオプションで成功するタイプの大半の方々は、オプションだから成功できたというよりも、もともと株式や先物トレードにおいても優れた能力をもっていたと思われる。

その意味では「普通のトレーダー（一般投資家）が従来のオプション取引で成功するのは非常に大変だった」と改めて気づいた。買い戦略にせよ売り戦略にせよ株価変動の影響を大きく受けるので、オプションを取引するために株価変動の研究・検証に多くの労力を必要とするからだ。つまり、株式市場の攻略研究が、オプションの攻略研究よりも優先されてしまうわけだ。

別の見方をすると、オプションを取引する人は株式相場を知りつくし成果を上げ、さらに上を目指す相場としてオプション取引に入っているといえるかもしれない。とするなら、オプション取引とは〝極めて敷居の高い世界〟と映っていたことだろう。

しかし、ボラティリティ取引に特化すれば、仮に株式トレードでうまくいかなかった人でも、ボラティリティトレーダーとして成功への階段を登っていくことができる。そのように導いていくことができるという自信がついた。

従来のやり方では、オプション取引の戦略と同時に株式相場についても解説が必要だった。将来を予想しながら指導するということは、そこにリスクが加わることで相当な苦痛である。さらにポジションを利益にもっていくためには、その状況に応じた対応が必要となる。

やり方次第で利益にもっていけると私自身は分かっていても、経験の浅い人にとっては、それを機敏に適切に実行していくことは難しいことだったろう。その意味でもボラティリティ取引との出合いは、成功への大きな足がかりとなるはずである。

3. 株式投資とオプションの決定的な違い

①未来を予想しない

相場の世界に長く携わっていると、相場の方向性を当てることをいつも考えがちである。「相場を予測せずに、動き（トレンド）についていくだけだ」と主張するトレーダーも同じだ。テクニカル分析（チャート分析）に基づいてさまざまな指標や移動平均線などのツールを使い、相場のトレンドに乗ろうと躍起になっているのが実情ではないだろうか。

オプションを用いてもそのようなトレードは可能だ。しかし、皆さんがオプションをそのような〝トレーディングツール〟として用いるなら、私のオプション投資戦略を学ぶ必要はないと考えている。「相場の上げ下げをとらえて利益を上げる商売なら、ほかに行ってやってくれ！」というのが本音である。なぜならそういう目的の人に、私が言うことは役に立たないからだ。

私が伝えようとしている手法・戦略は、そのようなやり方と完全に異なる。先ほども述べたように私の手法の基本は〝ボラティリティ取引〟である。それには相場（原市場）変動の方向性を予測することはまったく不要なのだ。いや不要というより、弊害となるのである。

ただ、誤解がないように申し上げておきたいが、これはけっして読者の方々の経験を否定するものではない。単に私の投資哲学や原理が、従来のやり方とは根本的に異なるということとなのだ。もし私の哲学に興味をもち、オプション取引で成功したいと考えるなら、ぜひこの概念を理解してほしい。

②あなたならどちらのチャートで取引するか

図表2・1と**図表2・2**のチャートをご覧いただきたい。いずれも同時期（直近3カ月間）の動きを示したもので、同じ銘柄である。あなたはどちらのチャートを見て、取引をしようと考えるだろうか？

図表2・1を見て取引するのが株式トレーダーあるいは株式投資家であり、**図表2・2**を見て取引するのがオプショントレーダーである。

図表2・1は株価の推移を示し、**図表2・2**はボラティリティの推移を示している。言葉でどんなに説明してもピンと来ないことが、これらの異なる2つのチャートを見れば一目瞭然だろう。

繰り返すが、これらは同じ銘柄である。10月半ばから11月にかけての動きを見比べてほしい。**図表2・1**では上昇し、**図表2・2**では下落（IVが対象）している。ウィリアム・オニールやジム・ロジャーズなら**図表2・1**を買ったであろう。私は**図表2・2**を売ったのである。つまり彼らは株式を買い、私はボラティリティを売ったのだ。

ウィリアム・オニールやジム・ロジャーズがオプションについて語るとき、実際には**図表**

図表2.1

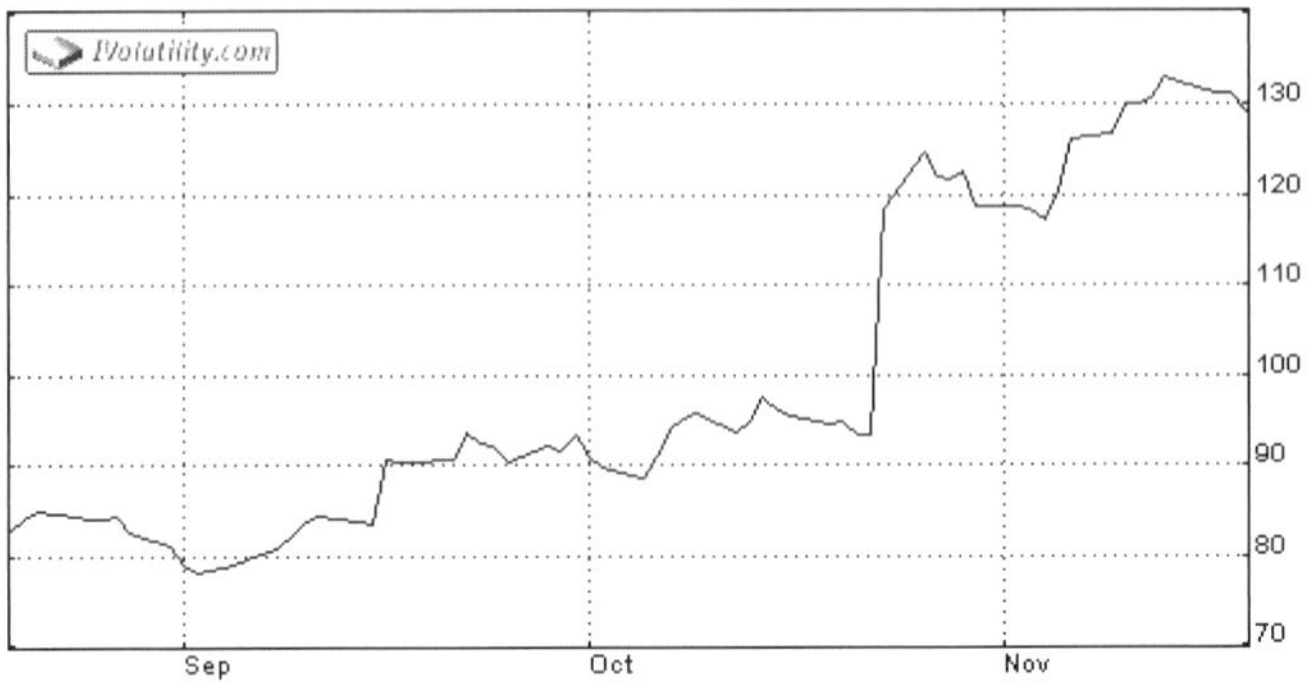
IVolatility.com
130
120
110
100
90
80
70
Sep
Oct
Nov

図表2.2

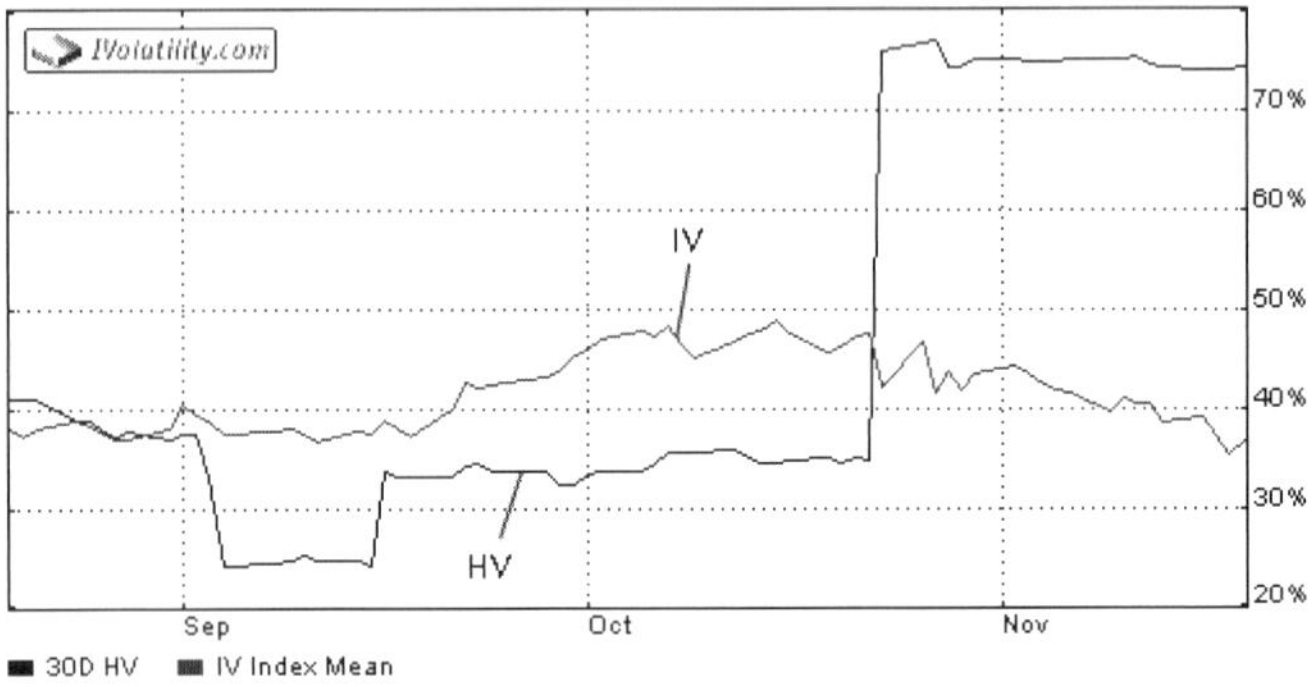
IVolatility.com
IV
HV
70%
60%
50%
40%
30%
20%
Sep
Oct
Nov
30D HV
IV Index Mean

図表2.3

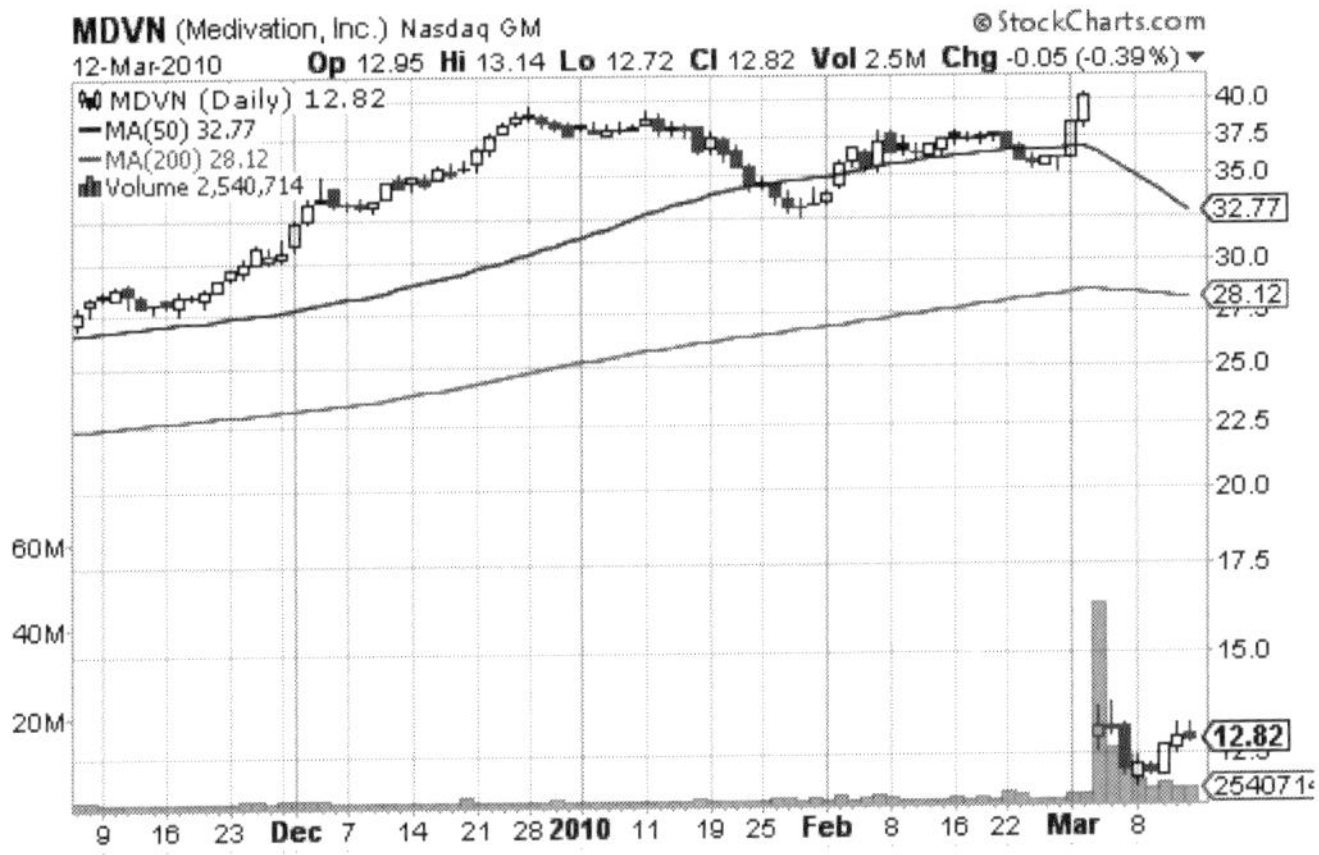

2・1（＝株式）について語っていたのだ。

どうだろうか。ここまで理解できれば、オプション取引での成功が見えてくるはずだ。株式トレードや株式投資での成功ではない。オプショントレードでの成功である。

◆テクニカル分析の怖さ

図表2・3のチャートを見てほしい。

株価は40ドルに達して過去12カ月の高値を超え、上昇トレンドを形成している。その時点で50日および200日移動平均線を上回っていた。さらに、ローソク足（日足）は2日にわたって長い陽線を見せた。

しかし翌日、株価は大きなギャップをつけて13ドル以下へと暴落したのである。

テクニカル分析からこの事態を予測できただろうか？「このような状況はそう頻繁に

起きるわけではない」と反論する人もいるだろう。

しかしそうだろうか。確かに頻繁には起きないだろう。しかし実際に起きている。このとき大きなポジションをもっていたら……。一夜にして財産を失うことさえあり得る。

翌日に何が起こるか分からないので、デイトレードしかしないという人もいるだろう。それは一理ある。私が言いたいことは、未来を予想するのは非常に難しいということだ。そしてこのようなリスクが潜在する運用方法は、回避するに越したことはないということなのだ。

私がお伝えする手法・戦略（あくまで私の手法・戦略）では〝未来の相場変動の方向〟ではなく、

●現在のボラティリティが高いか低いか
●将来ボラティリティが大きくなるかどうか、あるいは一定のままか

ということだけを注視してほしいのである。

③不労所得を目指せ（時間のレバレッジを効かせる）

多くの方が株式や先物あるいはＦＸなどで、デイトレードに代表される短期のキャピタル

ゲインを狙った〝トレード〟を実践された経験があるだろう。いや、今なお実践中の方も多くいるだろう。そのような短期のキャピタルゲインを狙ったトレードでは、例外はあるものの、ほとんどの方は豊かにはなれないと考えている。

「自分はその例外トレーダーの仲間に入れる」などと夢を見ることはやめよう。短期のキャピタルゲインを狙ったトレードは、技術的に難しいから……というのが理由ではない。「儲かる儲からない」という問題とは別にレバレッジの効かない〝労働〟だからだ。

ここでいう「レバレッジ」とは、少ない証拠金で大きな資産を動かすというFXや先物、株の信用取引に代表される仕組みを意味しているのではない。

誤解を招く言葉だが、資産運用では〝不労所得〟であることが望ましい。前述のトレードは労働なのだ。英語で言えば「labor-intensive（労働集約型）」である。そしてその労働は所得を保証するものではなく、大きなリスクを伴う。

例えば、不動産所得は完全な不労所得である。働かなくとも自分の所有する土地建物を賃貸に回すことでキャッシュフローを生む。この場合は〝労力〟を省くことで時間のレバレッジが効いていると考える。

本来なら時間を費やして働くことによって得る収入を何もせずに得ることができるのだから、その時間を別のことに費やすことができる。これが〝レバレッジ〟の本質なのだ。

お金持ちは、実は時間に余裕があるのである。このレバレッジの考え方は、他にも応用が効くので覚えておくとよいだろう。

〝金持ち父さん〟シリーズで有名なロバート・キヨサキも著書『Retire Young Retire Rich』で同じようなことを言っている（※翻訳書は『金持ち父さんの若くして豊かに引退する方法』筑摩書房）。その箇所を引用してみよう。

He also invested for a thing called 〝phantom cash flow〟 aka depreciation. An example of depreciation of a building was given in an earlier chapter. He loved immediate cash flow and depreciation because he did not have to wait for his investment to appreciate in order for him to make money. He would say, 〝Waiting for a stock or piece of real estate to appreciate in value was too slow and too risky.〟

【著者訳】 今すぐ手に入るキャッシュフローを好んだ。利益を上げるのに自分の投資対象物の価値が上がるのを待つ必要がない、というのがその理由だった。株価や不動産価格が上がるのを待つのでは、あまりにも時間がかかり、そしてリスクが高すぎるのだ。

キーワードは「depreciation（減価償却）」と「immediate cash flow（即手に入るキャッシュフロー）」である。私はこの文章を目にしたとき、「オプションこそ、うってつけの金融商品だ」と思った。株価が上がるか下がるかに賭けて資産を増やそうなどと考えなくてよいのだ。

不動産投資はそれなりに魅力があるが、私の投資法（LEAPSとボラティリティ、商品のコールのローリングなど）は、それよりも魅力的だと思う。相場の上げ下げではなく、不動産投資のようにキャッシュフローを管理すればよいだけなのだから。

不動産よりもずっと大きな収入を「immediate cash flow」として手にすることが可能であるし、そのキャッシュフローを引き出して使うことも再投資に回すこともできる。そして〝レバレッジ〟さえも効くのだから……。

◆プレッシャーからの解放

さらにこれはトレードと違い、労働集約型な仕事ではない。この原理をよく理解してちょっとした技術を向上させれば、資産運用としては十分すぎるほどだ。

トレードの売買益で生活していこうと志向されている人も、頭を切り替えればそれが可能だ。短期トレードで「日々、毎週、毎月利益を上げなければならない」というプレッシャーから解放され、目的を達することができるようになるはずだ。

そのようなトレーダーにとっても、最大の難関は「頭の切り替え」だろう。私が提案する投資法で成功するための最大の壁は、それぞれの過去のトレードや投資経験であると思う。

それが長ければ長いだけ壁は厚いかもしれない。

しかし、けっして不可能ではない。オプションの市場構造や商品構造を、より良く、そしてより深く理解すれば〝不労所得による資産運用〟はあなたの生涯の運用手段となるはずだ。

④株式相場の危機＝オプションにとってのチャンス

ギリシャショックに端を発した欧州経済危機に絡んで、株価は大幅に下落した。特に２０１０年5月6日の米株式市場の下落は凄まじく、ダウジョーンズは日本時間明け方近い午前3時ごろに、わずか15分で７００ドルも暴落した。

Ｓ＆Ｐ５００は瞬間的に２０１０年2月の安値近辺にまで達した。私はこれをリアルタイムで見ていた。

欧州はすでに夜だったので、そのときは何が起きたのか想像ができなかった。機関投資家の売りプログラムが作動したのかと推察したが、真意はなお不明だ。

一説には、ある株式ディーラーが株数の「million《ミリオン》＝百万」を「billion《ビリオン》＝十億」と間違って売り発注したという。これによってボラティリティは大幅に上昇した。ＶＩＸが40ポイントを超えたのは、リーマンショックのあった２００８年以来のことだ。

ボラティリティは市場参加者の感情の反映なのだから、十億の売りとなったら、それは大きく跳ね上がるだろう。間違いであろうとなかろうと、ボラティリティが跳ね上がった状況、つまり世の中の人が不安に駆られる状況というのは、実はオプション取引にとってはチャンスである。

ただ、だからといってやみくもに飛び込んではいけない。一気に仕掛けてはいけないという意味である。

市場に何が起きてもいいように構えることが大事なのである。もしポジションをとった後、不安で夜も眠れないようなら、それは大きく仕掛けすぎているということだ。そのようなときは躊躇することなくポジションを減らそう。

これはリングの外にいる傍観者の意見ではない。現役のオプショントレーダーの意見である。

⑤株式相場とは異なるオプション取引道具

もうご存じとは思うが、オプションに必要な道具の解説をしたい。実はこの道具をどのように使いこなすかで成果は大きく違ってくる。

●場帳

古い日本の相場師が使う言葉のようだが、要は「価格の記録ノート」のことだ。原資産の価格（株価やＥＴＦあるいは通貨、商品先物などオプションの銘柄の原資産価格）やボラテイリティ（ＩＶ・ＨＶ）を日々記録する。またストラングルスワップなどオプションのスプレッドポジションをもつ売買は、限月と権利行使価格ごとのプレミアムとスプレッド（プレミアムのサヤ）を記録する。

Ｓ＆Ｐ５００のボラティリティインデックスを取引する場合は、ＳＰＸ（Ｓ＆Ｐ５００）の日々の指数とＡＴＭのＩＶの平均値（コールとプット）、そしてボラティリティインデックスの数値を記録する。

●玉帳

これも古い日本の相場師の言葉のようだが、要は「売買の記録ノート」のことだ。英語では「Trade《トレード》 Journal《ジャーナル》」という。場帳と同じく必須で、ポジションを管理するうえで必要である。

さらに過去の自分の取引を分析して自分が成長しているかどうかを記すことで、成功・失敗の原因を分析する。これはとても大事なことだ。これを作成しないなら、取引を実践する資格はないともいえる。

●チャート

これは必須ではない。本人のお好み次第だ。

本書でも説明目的でチャートを掲げるが、必要だからではない。数字だけで説明するよりも解説しやすいからなのだ。

皆さんがアナログ派で、チャートを見ないと市場の状況が分かりにくく、トレードをするのが不安だと感じるのであれば、チャートを利用してもかまわない。しかし、チャートを利用する目的は、今後の相場の行方を予想するためではなく、原資産の価格水準、レンジ、トレンドを確認するため、ということを忘れないでほしい。

●ポジション表

玉帳とは別に、手書きでよいのでポジション表を作成し常時携帯する。自分が現在もっているポジションを把握するためだ。

◆場帳が利益を運ぶ

私は過去を振り返ったとき、「場帳なくしては利益を上げられなかった」と断言できる。場帳で数字の変化を確認することで、相場変動に対して感情的になることなく、いつも冷静でいられた。これはひとえに場帳のおかげである。

場帳で数字の変化を確認していると、今後の相場展開が見えてくる。そしてヘッジなどの玉操作のタイミングを教えてくれる。株式市場やＦＸの激しい世界からは離れて、オプショントレードを〝世界で最も知的なマネーゲーム〟にしてくれるのも場帳なのだ。

そう、この世界は数字の世界だ。ただし、高度な数学を知る必要はない。小学校で習う算数で十分だ。

ただ数字の動きに敏感になろう。訓練しよう。そうすれば簡単な数字のゲームから、生涯を通じての安定的な資産運用が可能になる。

参考までに、私に利益を運び続ける場帳の一部を紹介しよう。

初めに強調しておきたいことは、場帳を作成するだけでは意味がない。場帳を作成したあとに、数字を常時〝観察〟することが不可欠だ。いや、観察するために場帳をつけるのである。そして数字の変化を〝自分の肌感覚で〟感じられるようにするのだ。

図表2・4は日々のSPYオプションの限月間のスプレッドを記録したものだ。この表ひとつで1日分である。一番左の列に日付を入れ、その隣の列にSPYの価格とIVを入れる。

これらのデータは、ボラティリティドットコム（www.ivolatility.com）、またはE＊TRADEの「option chain」から取り出すことができる。

株価とIVの列の隣にストライクプライスを入れる。ATM近辺のコールとプットのストライクプライスだ。この例では、105から115までのコールとプットを入れた。

その隣の列に1番限のプレミアム、さらに隣の列に2番限のプレミアム。その次にそれらのスプレッド、そして最後の列にストラングルスワップのスプレッド（同じ権利行使価格のコールとプットの限月間プレミアムスプレッドの合計）を入れる。

図表2.4　場帳（SPYオプションの限月間のスプレッド）

SPY		Strike	JAN	FEB	JAN-FEB	SWAP
31-Dec-09	111.4	105C	7.00	8.03	1.03	2.07
	19.58	106	5.94	7.00	1.06	2.10
		107	5.23	6.65	1.42	2.72
		108	4.15	5.55	1.40	2.77
		109	3.35	4.75	1.40	2.90
		110	2.68	4.15	1.47	3.10
		111	2.00	3.50	1.50	3.10
		112	1.44	2.95	1.51	3.19
		113	0.94	2.48	1.54	3.15
		114	0.57	1.94	1.37	2.67
		115	0.34	1.52	1.18	2.38
		105P	0.28	1.32	1.04	
		106	0.38	1.51	1.13	
		107	0.45	1.75	1.30	
		108	0.59	1.96	1.37	
		109	0.75	2.25	1.50	
		110	0.98	2.61	1.63	
		111	1.30	2.90	1.60	
		112	1.67	3.35	1.68	
		113	2.20	3.81	1.61	
		114	3.00	4.30	1.30	
		115	3.75	4.95	1.20	

図表2.5　場帳（ボラティリティ関連銘柄）

	Index	Futures	VXX	SPY
SPY				111.44
VXX			34.07	77.37
Futures		22.95	11.12	88.49
Index	21.68	1.27	12.39	89.76

他の個別株価オプションでも同様のものを作成する。

図表2・5はボラティリティ関連銘柄の場帳の一部である。これは「スプレッドマトリックス」だ。誰もがひと目で分かるはずだ。

「Index」はVIX、「Futures」はVIX先物、それにVXXとSPYの価格を記録し、それらのスプレッドを計算している。VIX先物は当限（1番限）の価格を取っている。

これらを日々記録して、毎日数字を暗記するぐらい眺める。毎日記録して観察することに意味がある。数字の変化が分かってくる。

これから先は皆さんの努力にかかっている。自分で努力して、数字の変化に対する感覚を養ってほしい。

続ければ誰にでもできるようになる。私は数字の変化が感覚として分かるようになったし、それによってポジションを作り、さらに状況に応じて動かしている。

やるべきことはまず、数字の変化に対する感覚を養うことなのだ。数字に対する感覚が分かるようになると、相場をチャートよりずっととらえやすくなるはずだ。

チャートは〝アナログ〟で〟形（＝視覚）でとらえる。その意味では錯覚を誘導するし、曖昧だ。また希望的な潜在意識も加わる。

一方、数字は〝デジタル〟の信号だ。曖昧さが排除される。ボラティリティトレードは〝デジタル派〟に向いた取引なのだ。

◆2つのチャートの役割

私は基本的に〝デジタル派〟である。取引の実行はチャートを見ずに、数字で判断して行う。目先の価格の上げ下げから利ザヤを稼ぐ〝トレード〟ではないので、それで十分なのである。

年配の相場経験者にはチャートを手書きしないと感じがつかめないという方もいるだろう。そういう方は、チャートを手書きしてもよいだろう。

私も昔はS&P500の原資産とボラティリティチャートを手書きしていた。はっきりとした自覚はないものの、手書きすることによってS&P500とボラティリティの動きの特徴を体で覚えたのかもしれない。

チャートは2つ存在する。原資産チャートとボラティリティチャートである。LEAPS以外ではボラティリティチャートのほうが、より重要である。LEAPSについては後述するが、ボラティリティよりも原資産の価格水準、レンジおよびトレンドに重点を置いている。

私が株価チャートを見るときは「サイクル」を重視する。折れ線グラフで株価の推移を見ることができれば十分である。

S&P500オプション・ボラティリティインデックスをトレードしている人は、S&P500のサイクルに注意する必要がある。米株式市場のサイクルについて書かれた書籍は多くあるが、個人投資家向けには拙著『私はこうして投資を学んだ』（パンローリング）の第二部第2章はとても参考になるはずだ。ここで述べられた株式市場のサイクルを知っていれば、2008年のリーマンショックによる株価暴落の荒波を避けられただろう。いやむしろ、そのサイクルを利用して積極的に利益を上げることさえできたのだ。そのサイクルを知っていれば、ボラティリティのサイクルについても分かってくる。

図表2・6のチャートはS&P500の過去6カ月間の株価の推移を示している。何を確認するかについては、直近の高値・安値、トレンドなどである。相場がどっちに向かうかなどとは考えないので、チャートにトレンドラインを引いたり、穴があくほどじっくり見たりする必要はない。

これを**図表2・7**のボラティリティチャートと比べてみるだけだ。株価チャートとボラティリティチャートを見比べて、株価が高値圏にあってボラティリティが低水準にあることを確認したとき、株価が急落すればボラティリティがジャンプする可能性があると判断できる。そのための準備をしておくのだ（※本書で掲げる株価チャートも単純にレンジや動きの推移を見るのが目的なので、折れ線グラフを掲示する）。

図表2.6　S&P500（株価）

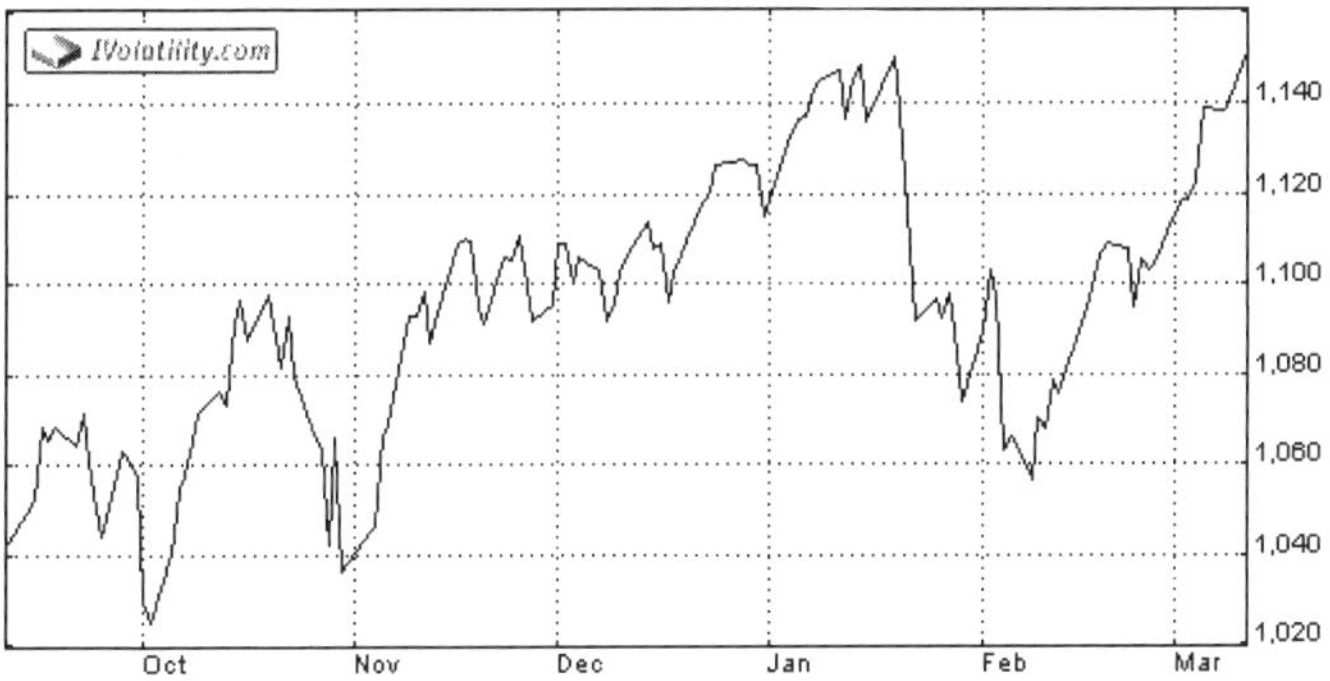

図表2.7　S&P500（ボラティリティ）

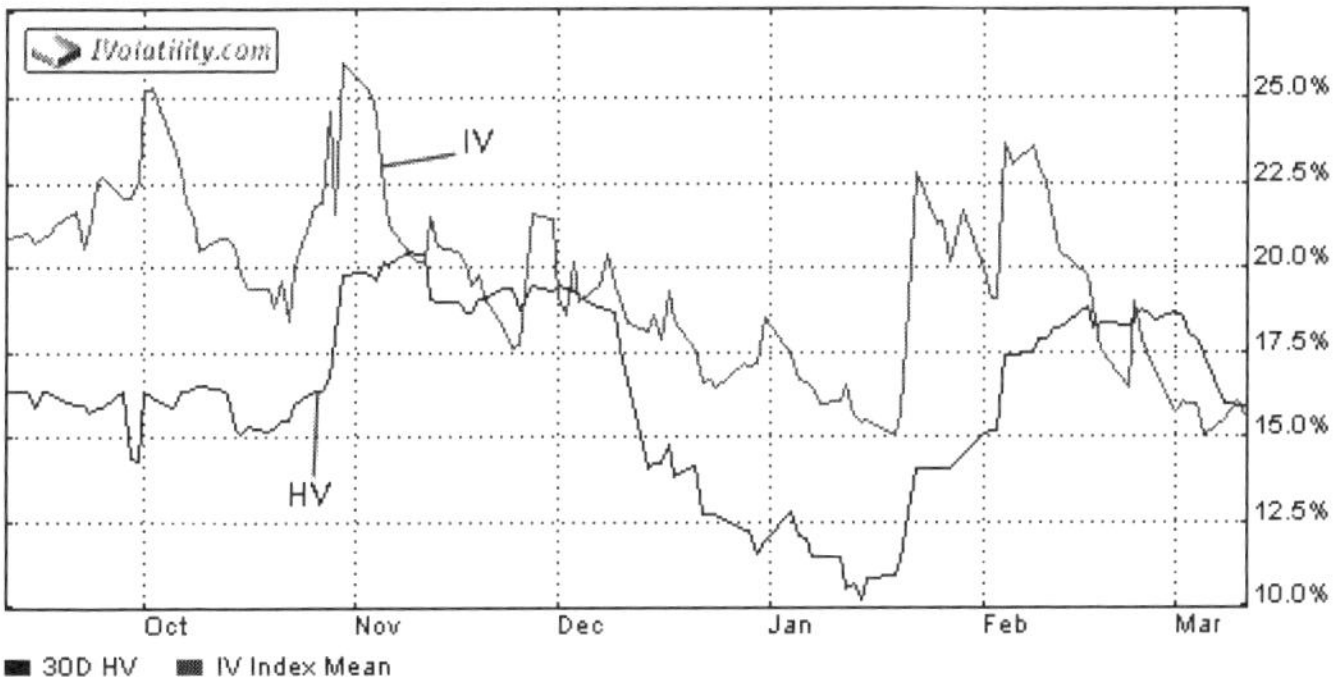

第３章　誤解と理解

私の投資法はプロの手法であることは当然なのだが、手法そのものは極めて簡単である。つまりオプションを知りつくしているからこそ教えられる、極限に難度の低いやり方なのである。

もっと極端にいえば、老いも若きも関係ない。実行力さえつければ誰でもうまくやれるようになる。しかしそれでも、皆さんにとっては〝未体験ゾーン体験〟の連続だろう。成功と呼べる領域にたどり着くまでには、心理的かつ物理的にも困難が伴うだろうと思われるからだ。

◆ちょっとした努力と忍耐

それについては、私も自身の経験から理解できる。

私も最初は試行錯誤の連続だった。どれが成功への道であるか皆目分からなかった。日々リスクと闘っていた。そして試行錯誤を繰り返し、やっとたどり着いたのがボラティリティだったのだ。その究極の手法を、道筋をつけて皆さんに紹介しようと考えている。

確かに「老いも若きも関係ない」「誰でも成功できる」とは言ったが、最低限の条件は提示しなければならない。それは「強い意志をもって努力すること」である。

経験を積み重ねれば積み重ねただけ進歩できる。特に失敗から学ぶものは多い。先人が言うように〝失敗は成功の母〟なのだ。

失敗から目をそらしてはいけない。成功への知恵がいっぱい詰まった貴重な失敗を次につなげる努力が必要なのである。

そして同時に、うまくいったときには「なぜうまくいったのか」を考えてほしい。それが自分自身を知る大きなきっかけになる。けっして諦めず、そのちょっとした努力を怠らないことだ。

最低限の条件にもうひとつ付け加えれば〝忍耐強さ〟だろう。これを身につけるにはちょっとした経験と訓練が要る。経験の浅い投資家の多くは、目先の相場変動に翻弄されがちだ。翻弄されるということは振り回されることである。これでは成功も遠のいていく。

2010年春、株価の乱高下が続いた。約1年ぶりに1日最大の上昇率を記録したかと思うと、短期のユーフォリア（根拠のない過度の幸福感あるいは陶酔）だったかのように再び市場は急落し、ボラティリティが大幅に上昇する。

どうだろうか？　このような相場変動を見ると不安に駆られるのではないだろうか……。これまで相場の変動を予想して利益を上げてきた投資家にとっては辛い時期だろう。

何度も言うが、私自身は基本的に相場の予想をしない。私はマーケットのパターン（統計的に確率が高いものやサイクル）に基づいてポジションをとる。

そして最も大きな信頼をおいているものがボラティリティである。「マーケット参加者の感情の数値」が、私には最も大きな関心事なのである。

何が言いたいかといえば、相場変動に翻弄されない忍耐強さを身につけてほしいということだ。私の投資法においては、相場変動ではなくボラティリティこそが注目すべき数値なのだから……。

1．誤解が成功を遠ざける

現在オプション取引を行っている大半の方が株式投資からオプション取引に入っており、オプションを派生商品の〝ツール〟として利用している。株式投資の延長として取引しているために、オプション自体を独立した取引対象物としてとらえることができない。それではいつまで経っても成功にたどり着くことはない。誤解が成功を遠ざけているのだ。

◆株式・先物トレーダーの誤解

偶然手にした、あるプロのトレーダーが書いた本を読んでみた。そのトレーダーはいわゆるデイトレードとスイングトレードを株式、株価指数先物、商品先物、そしてオプションを対象に実行している。私が唯一専門とするオプションについても、十分なページを割いて語ってくれている。

それを読むと彼は、オプションについて非常に詳しく、経験も実績もあると自負している。さらに彼はオプションにおいてプロだと言っている。

私もオプションのプロと自負している。そして少なくとも世界中の誰よりも、多くの知識と経験と実績をもっていると自負している。彼の目に私はどう映るのか…興味深い。

オプションは表面的には株や先物よりも泥臭さがなく、スマートに見えるかもしれない。

知的な匂いがするかもしれない。株や先物は誰でも手がけているが、オプションとなると少数だ。だから先物&株が専門のトレーダーは、自分は他人よりも優れているとばかりに「オプションだって知っているぞ」と主張しているように感じる。ひょっとしてそう自慢することで女性にもてたいのかもしれない。

だが、彼は〝本当の意味で〟オプションのプロではない。先物や株の代替としてオプションを使ってみただけだ、というのが私の意見である。

しかし、なぜこの人はオプションを使うのか……。デイトレードのプロが、オプションなどトレードする必要はないではないか！

◆マーティン・ツバイクの誤解

全米で最も評価の高い株式アナリスト兼ファンドマネジャーの一人であるマーティン・ツバイクの著書『ツバイク、ウォール街を行く』（パンローリング）からの引用。

「これは、シカゴオプション取引所やオプションを取引するそれ以外の取引所が生まれるはるか以前のことであった。当時プットとコールはそれらを専門に取り扱うディーラーによって取引されていた。市場は小さく流動性も高くはなかった。

私はオプションによって大きく利益を生み出す方法を発見しようと思っていた。しかし54の異なったトレーディング戦略の結果を検証した後、博士論文では、主として膨大な取引コストゆえに、オプション市場ではリスク調整した後のリターンは望めないという結論になった。取引コストはさらに下がり流動性も改善されたので、これらの発見は今日のオプション市場では適用できるかもしれない。

　それにもかかわらず、私はいまだにオプション取引に熱心になれない。オプションに関するあらゆる研究をしたが、市場を打ち負かす方法を発見することができなかったので、失望した」

◆マーケットの魔術師たちの誤解

　著名な株式トレーダーたちでさえもオプション取引は難しいと思っているようである。しかし私は難しいどころか、むしろ簡単だと思っている。

　プライドが人一倍高いジム・ロジャーズならオプション取引が難しいとはけっして言わないであろう。しかし、彼は本質的な意味でオプションを分かっていない。

　ウィリアム・オニールはロジャーズとは少し違うようである。彼も本質的な意味でオプションを分かっていないが、株式トレーダーとしての本能が「オプション取引は難しい」と素直に言わせている。彼はオプション取引に積極的ではないし、一般投資家にもオプションを積極的に勧めない。

「オプション取引をするなら、リスクをわきまえて限られた資金でやるように」

「オプションで儲ける秘訣は、オプションとはあまり関係がないところにある。その秘訣とは、分析を行い、オプションの対象となる銘柄を適切に選択し、タイミングを間違えないことである」

株式トレーダーの目で見てオプションに違和感を覚えている。彼が難しいと感じるのは当たり前なのだ。なぜなら、彼はオプション取引を株式トレードの延長線上で見ているからだ。どうだろうか。マーティン・ツバイクやウィリアム・オニール、ジム・ロジャーズのようなマーケットの魔術師でさえ、オプションへの認識に誤りがある。

私は「オプションは株式投資とはまったく異なるゲームである」「あなた方は間違っている」と面と向かって声を大にして言いたい。彼らは株式投資の世界では、有能で優れた実績を上げ高い評価を受けている。しかし、オプションについて語っていることは、単なる株式トレードの延長にしかすぎないのである。

オプションは株式トレードではないのだ。私が提唱するオプション取引は、株式トレードのためにオプションをツールとして利用することではない。このように断言できるほどオプション取引に自信をもっている。

例えていうなら、彼らはチェスのプロであり、われわれは囲碁のプロである。チェスのプロがなぜ囲碁について語れるのか？　これらはルールも異なりやり方も異なる。私はチェスのプロに囲碁について語ってほしくないのである。

2．オプションのプロが最も成功した手法

私はプロであることを自他ともに認める水準に達してからもオプションを研究・検証し、そして多くの書籍や文献を読んできた。そして確信した。オプション本来のオプションらしい取引とは、オプションおよびオプション市場がもつ商品構造や市場構造から生まれる歪みを利用することである。

第2章でも述べたが、私は多くの投資家が苦しんだリーマンショック後の下落相場でさえ大きな利益を上げられた。それは、トレードの技術が天才的にうまかったからではない。また単にラッキーだったからでもない。本当にオプションとオプション市場を知りつくし、その特性をうまく利用したからなのだ。

もっと焦点を当てれば、株式オプションとボラティリティの自然な動きを利用したにすぎないのである。

ボラティリティの変動が市場の歪みを誘う。歪みは必ず是正されるのである。そして忘れてはいけないのがサイクルである。サイクルについては後述するが、これも起きる確率の高い現象のことだ。この当たり前の現象を利用して成功したにすぎないのだ。

この成功体験からはっきり断言できることは、「オプションは先物や株式のトレードとはまったく違うゲームだ！」ということである。

オプションを売るときは、ＩＶが１００％を超えているものを選ぶ。歪みがより激しいからである。このような贅沢は株式オプション以外では味わうことができない。

贅沢という言葉の意味が分かるだろうか……。

私はこの贅沢を少しでも多く味わおうと、１日の大半を株式オプションの銘柄選別と価格構造や市場構造の分析に費やしている。実際のトレードに使う時間は１時間もない。トレードの時間はたったそれだけなのに、２００８～２００９年、２００９～２０１０年は相当に高い利回りを上げているのである。

何度でも繰り返したい。株式トレードのように、相場変動に賭けたわけではない。価格や市場構造の歪みやサイクルを利用しただけなのだ。

自慢にはならないが、私はプロのデイトレーダーやスイングトレーダーのようにトレードがうまいわけではない。システムを用いているわけでもない。私にトレード技能があるとすれば、〝ボラティリティの波〟に乗るためのやり方（資金配分など）だけといっても過言ではないのである。

◆成功する秘訣

ここでまったく逆の視点でオプションを考えてみよう。オプションをツールとして株式トレードを行うことが可能だということは、オプションはそれだけ多才であることを意味する。オプションの使い方としてはけっして間違ってはいない。ただ私がこれまで長きにわたりオプション取引に特化した資産運用を行ってきて最も成功してきた手法というのは、株式トレードのように取引をすることではなかった。

ただし、誤解があるといけないので申し上げておくが、オプションの売買には細かく分ければ、おそらく1000種類を超える売買手法や戦略が存在するはずである。ひょっとすると私が提案している数少ない手法や戦略は、皆さんの性格に合わないかもしれない。性格に合わなければ、オプション取引をやっても成功しない。

トレードで成功する秘訣を挙げると次のとおり。

①自分の性格および資金量などの事情に合った取引手法・戦略を実行すること。
②その手法や戦略に優位性があること。
③取引技術を磨くこと。

オプション取引そのものが①を満たさないのであるならば、オプション取引をやらないことだ。なぜなら自分の性格は変えることができないし、資金量はそれぞれ限られているからだ。合わないやり方は、一時的には実践できても継続できない。

②については私がやってきた手法の中から自分に合った手法を選べばいいだけだ。

そして③は、たとえ誰でも成功できるとはいっても、自分に合った手法を見つけたら自分のやり方に昇華させることが必要だ。そうして自分なりの技術を磨くのである。

トレードには性格的に向き・不向きがあるが、私が実行しているオプションは〝トレード〟と呼ぶほどのものではない。価格や市場構造の歪みを利用しただけなのだから……。オプションのもつ構造的優位性を利用しているにすぎないのだから……。だから誰でもうまくできるはずなのである。

問題は単に真似るだけでは成功しない。ここがポイントである。

◆自分のやり方に昇華させる

大事なことは「自分の頭で考える癖」をつけることである。私が成功しているやり方をそのまま真似ても成功しない。これは断言できる。

私の手法だけではなく、世界中のトレード成功者の手法をそのまま真似ても成功しない。なぜなら置かれている状況や条件はそれぞれ違うからだ。まず経験が違う、取引量が違う、資金量が違う、そして何よりも感性が違う。

資産運用としてのトレードを実行する前にやらなければならないことは、他人から教わった手法を自分の条件に即したやり方に昇華させることである。このためには自分の頭をフルに働かせて、自分が実行する手法・戦略について考えることが必要になる。

●その手法が利益を生み出す原理や優位性を理解すること。
●検証し納得すること。
●自分に実行できるかどうか判断すること。
●性格に合っているか。
●資金的に大丈夫か。

これらについて「考える」。それが重要だ。

そして実行する。そのためにはこれらの過程を記すことが大切で、自分なりのノートを作成するとよいだろう。

どのような状況で自分はどう感じるのか。自信がもてるのか、不安になるのか……。これだけは誰も教えてくれない。それどころか自分自身でさえ分からない。何事も出合ってみなければ分からないものである。

そしてごく自然なことだが、人は「忘れる」ものである。

「喉元過ぎれば熱さ忘れる」とはよくいったものだと感心する。まったくそのとおりである。痛かったこと熱かったことなどを忘れるくらいだから、どんな風に感じたか…などという繊細な心のヒダはアッという間に忘却の彼方だ。

だからノートに記してほしい。そうすることで自分に合った的確なプラン作成が可能になる。そしてそれこそが、あなたを成功に導く鍵となるはずなのだ。

私が抽出した手法を取り入れ、前述のプロセスを踏むことで成功にたどり着ける可能性が生まれる。

私は成功にたどり着けるまでの道案内をしたいと思っている。その道案内には、これまでの経験と実績から相当の自信をもっている。あとは皆さんが信じるかどうかだ。

「信じる」というのは私の言葉を信じるだけでなく、自分自身を信じるということだ。自分自身を信じられないかぎり成功はあり得ない。

◆負けない技術（推薦図書）

桜井章一著『負けない技術』（講談社＋α新書）の中から一部を紹介したい。オプショントレードにおける大事な要素が書かれているからだ。

○「答え」を求めない強さをもつ
だれもが小さい頃から学校で勉強を教わる。それはすべて「答え」がある。現代社会は、答えをたくさん覚えるほどいい学校に入れて、いい会社に入れるシステムになっている。そしてそれが「成功」だともてはやされる。しかし人間は本来「答え」のない世界に生きている。人間とは何か？　地球とは何か？　宇宙とは何か？　そうしたものをひと言で表せる正解など、どこにも存在しない。だが私たちは答えのあるものに慣れてしまって、何に対しても答えを見つけないと不安になってしまう。

私が言う「強さ」の意味も、実は言葉で的確に表現できるものではない。つまり、それは「答え」がないということだ。強さだけを求めても答えは出てこない。答えがないということの中に、実は「負けない強さ」が隠されている。そのことを己の心や体で感じるしかないのだ。

マニュアルに慣れてしまった現代人は、答えという定まったものがないと不安で仕方がない。この世に生きているかぎり、確証などどこにも存在しない。それなのに現代人は確証があると思って生きている。だから弱くなる。

○確かなものは何もないと思え

だが、「確証など存在しない」と思ってさえいれば、そんな弱さを少しずつであっても克服していくことができるようになる。自然科学は定理や公式があり、そこには答えが必ず存在する。そのような確証のあるものを小さい頃から学んでいれば、どうしても「確証は間違いなくあるもの」という感覚になりやすい。そんな人が実際に人生を歩んでいると、確かだと思っていたことにことごとく裏切られることになる。最初から確証などないと思っていればどうってことないのに、「確証漬け」で生きてきた人は、ちょっと裏切られただけで挫折してしまったりする。（同書86～88頁より引用）

さて、以上から何を言いたいかお分かりだろうか？　これは成功するためにとても大事なことなのだ。

誰もがそれほど努力せずに利益を得たいと思っている。そんな方程式があったら私だってほしい。しかし努力なしに利益を得られる方程式などありはしないのだ。

もしそのような方程式があると考えている人がいたとしたら、その人は桜井氏指摘の〝確証漬け〟で生きてきた人ではないだろうか。思い描いた確証が得られないと裏切られたと感じ、それを分析することなく挫折感に陥るのではないだろうか。

成功への道案内とは〝相場で儲けるための方程式〟を教えることではない。私がこれまでの成功体験からお伝えしようとしている〝秘法〟とは「私の経験と考え」であり、皆さんが自分で考えるための「ヒント」なのである。

そのヒントから自分の頭で方程式を編み出し実行する。つまり方程式は一人ひとり独自のものであって、2つと存在しないのだ。だから「方程式を教えろ」と言われてもそれは不可能なのである。

最も大事なことは相場の知識ではない。知識はごく限られたものでいい。オプションの仕組みについての知識も、ごく限られた必要最小限のことでいいのだ。

それよりも大切なことは自分の頭で考えること。ヒントを得て自ら考えながら実行すること。そうすれば自ずと実力がついてくる。

自分で考えて成果が出てくると「楽しい」。

楽しいことは重要だ。楽しいからまた自分で考える。成果が出てくる。自信がついてくる。相乗効果が生まれる。

そして自ら考える力がついてくれば、目先の相場にやたらと振り回され、支配されることはなくなるはずだ。

◆成功要素の大半は心理が占める（推薦図書）

プロのレベルを目指すなら、ぜひ薦めたい本がある。バン・K・タープ著『タープ博士のトレード学校　ポジションサイジング入門～スーパートレーダーになるための自己改造計画入門～』（パンローリング）である。

これは訳書だが、日本語のタイトルは本の内容を代表していない感がある。国語の問題で「本文の内容にふさわしい題名を選べ」という設問があったとしたら、題名として「ポジションサイジング入門」が正解とは思えない。

英語の題名は『Super Trader: Make Consistent Profits in Good and Bad Markets』。5部構成で、タイトルとなっているポジションサイズ（取引数量）を調整することの重要性について述べているのはごく一部だ。

これは心理学の本である。著者はもともと心理学者で、トレーダー相手にコンサルティングを行っており、著者自身もトレードの経験がある。彼はトレードの成功要素の中で60％は心理が占めるというのが持論だったが、現在では心理が100％占めるという持論に至ったと言っている。この本の中で最も重要だと思われる文章を抜粋した。

あなたがトレードするのは市場ではなく、市場についてのあなたの信念なのである。

これを自分自身にあてはめると「私がトレードするのはボラティリティではなく、ボラティリティについての私の信念だ」ということになる。

なるほど…と思う。真似るだけでは成功しないと言ったが、この文章がそれを如実に表している。信念はそれぞれがもっているもの。他人にはうかがい知れないものである。

ほかにも皆さんを成功に導くヒントをたくさん見つけることができるだろう。「自身の心理状態を記すことが大事だ」と言ったが、この自分自身の心理状態を把握、つまり知ることができれば成功への道のりはかなり楽なものになるだろう。

3．プランを立てることの重要性

取引手法やマーケットについてよく知ることとは別にもうひとつ、より現実的な問題として皆さんが成功を目指すうえで大切なことがある。「プラン」を立てることだ。

地味なようだが、実はとても重要な要素である。

◆プランはノートに書く

プランはノートに書こう。頭の中に書くのではなく、実際に具体的にノートに書き出すのだ。

つまりノートは3冊用意する。ひとつはすでに説明した「場帳」。これはエクセルで作成してよいが、その場合、いつでも見られるように、必ずプリントアウトしてノートに貼り付ける。

第2のノートは「玉帳」。トレードを記録したもので、これもエクセルで作成したら必ずプリントアウトしてノートに貼り付ける。いつ何処でも見ることができて、自分のトレードの過程をレビューし改善の材料にするためである。

そして第3のノートが「プラン」だ。その内容は次のとおり。

●自分の予定している使用資金量
●建て玉数量の限度
●予定しているトレード
●乗り換え
●利食い・損切りプラン
●収支計画等
●取引時あるいは取引後の自身の感想等

これらを書き入れるのである。このプランノートには決まった形式はない。誰かに見せるわけでもない。

いわば自分の経営プランのノートである。経営者になったつもりで自由に作成するとよい。

誰にも見せるものではないのだから取引の成功・失敗で学んだことや、自身の心理状態・感想なども書き残しておくと後で必ず参考になる。参考になれば成功への道を一歩進むことになる。

にもかかわらず、このような記録ノートを作成している人はマーケット参加者の10％にも満たないであろうと思われる。ぜひ実行してほしい。

第4章　ボラティリティに魅せられて

◆ほかにはないオプションの優位性

皆さんが株式や先物ではなく、オプション取引をやってみたいと思ったのは、なぜだろうか。株でも先物でもなく、オプションを選択した理由は何だろうか。なぜ株ではないのか。なぜ先物ではないのか。

すでに株や先物の経験はあって、さらなる上を目指してオプションを選んだのだろうか。それとも株や先物ではうまくいかずに、オプションの中に自分が成功できるかもしれない可能性を感じたからだろうか。オプションには株や先物にはない優位性があると知り、興味をもったのだろうか。

オプションは一見複雑な仕組みのベールに包まれているため、分かりにくいのは事実である。しかし、突き詰めるとオプション取引の本質はボラティリティであると言い切れる。

株式は株価で売買を行い、先物は先物価格で売買を行う。オプションはプレミアムという名のオプション価格によって売買するが、そのプレミアムはボラティリティに大きな影響を受ける。

第1章で詳しく述べたが、プレミアムはボラティリティだけでなく株価の影響も受ける。ほかにも時間の経過や金利など、ひとつの要素ではなく複数の要素による影響を受ける。そのためにプレミアムそのものが複雑になっている。

そこで私はその複雑性を排除して、ボラティリティの売買に徹することにした。これが私の投資法の根幹をなしている。このボラティリティ売買を自分のものにできれば、他の投資家よりもはるかに優位に立てると言いたい。

◆株式相場を捨てる

ボラティリティトレードを自分のものにするには、まず「頭の切り替え」が必要だ。頭ではボラティリティを理解していても、トレードそのものは依然として株式トレードの延長ではないだろうか？

野球を例に挙げよう。あなたはバッターとしてアウトコースの球を打つのが得意だったとする。当然だが、バッティングフォームもアウトコースの球を打つのにマッチしたものだ。しかし、それではインコースの球が打てない。そこでフォームを矯正しようとする。頭ではどうやったらいいのか分かっている。しかし、体はすぐには反応しない。なぜなら無意識のうちに以前のフォームで反応してしまうからだ。

長い間の習慣や思考回路を変更することは難しいものなのである。

同じことがボラティリティトレードにもいえる。株式トレードにおいて順張りでブレイクについていくことに慣れたフォームを、逆張りでボラティリティをトレードすることに体が切り替わらない。

いくら頭の中で分かっていても体が反応しない。私が言う「頭の切り替え」とは体の反応を伴わなければならない。ではどうしたらよいのか？

●まず株式チャートを見ないことである。ボラティリティチャートだけを見る。
●あるいはチャートを一切見ずに、数字（デジタル）だけでトレードする。
●株式相場を捨ててボラティリティ相場に集中する。
●デイトレードを含む超短期のトレードは基本的に捨てる。

そうして株式トレードから離脱することがまず重要なのである。

1．ボラティリティを理解する

「ボラティリティについて説明してください」と言われたら、説明できるだろうか。説明できる方はこの部分を飛ばしてもかまわない。ただ、ボラティリティを理解することなくオプションで成功することはない。

その意味でも、ひとつでも多くのチャートから〝事の顛末《てんまつ》〟を確認してほしい。「ボラティリティの崩壊」である。

図表4・1のボラティリティチャートを見てみよう。これは私が2010年で最も興奮させられた局面である。2度にわたって増し玉をしながらポジションをもったまま3週間以上も待たされた。正直長かったが、最終的に〝最高に〟報われたボラティリティトレードとなったのである。

もうひとつのチャート**図表4・2**も見てみよう。

ここでまず理解することは、この2つの例において株価変動の方向性とボラティリティとは関係がないということだ。

●図表4・1は、株価の「暴落」に伴いボラティリティが急落
●図表4・2は、株価の「暴騰」に伴いボラティリティが急落

図表4. 1

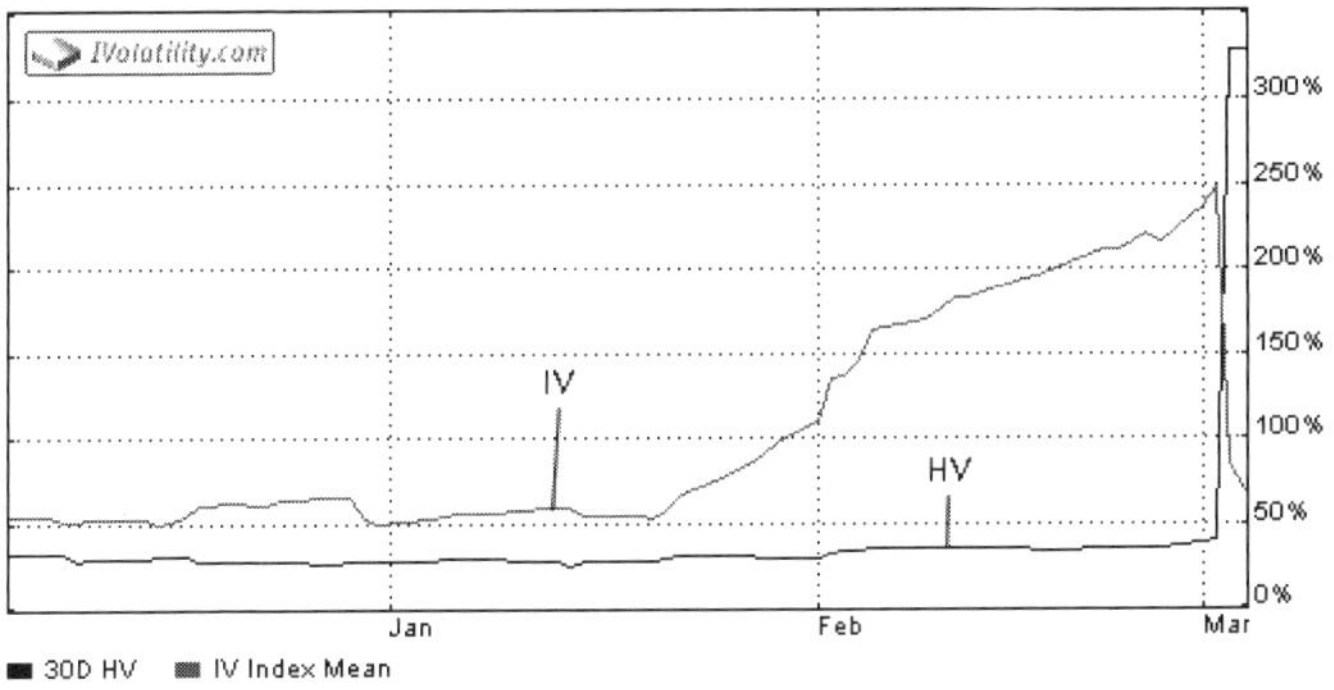
IVolatility.com
IV
HV
300%
250%
200%
150%
100%
50%
0%
Jan
Feb
Mar
30D HV
IV Index Mean

図表4.2

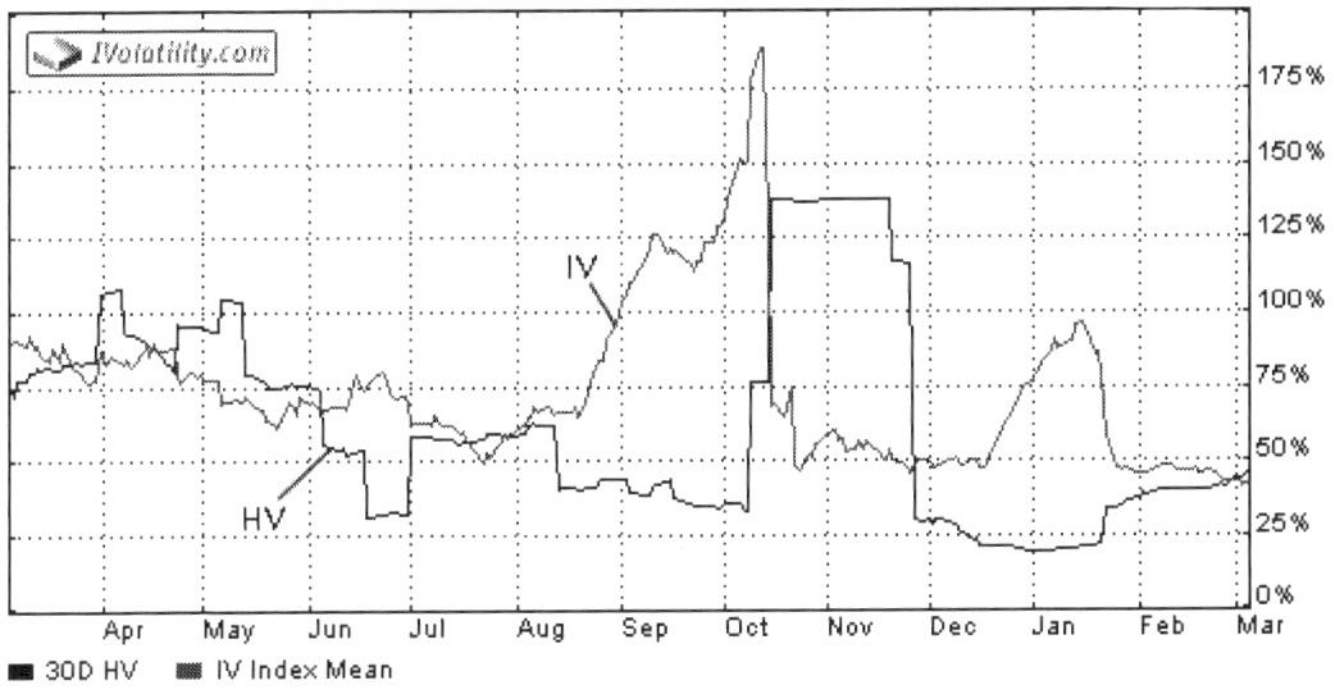
IVolatility.com
IV
HV
175%
150%
125%
100%
75%
50%
25%
0%
Apr
May
Jun
Jul
Aug
Sep
Oct
Nov
Dec
Jan
Feb
Mar
30D HV
IV Index Mean

ただし、いずれの例も「期待されていたことが起きたか、起きなかったか」が判明した時点で、ボラティリティは急落したのである。

ここまではボラティリティ変動の事実を掲げただけである。ここからがその背景説明となるので、よく理解してほしい。

チャートには、ＩＶとＨＶが描かれている。ＨＶは株価の「実際の変動」の大きさを表している。一方のＩＶは市場参加者（オプショントレーダー）が将来の株価変動について「期待している変動」の大きさを表している。

この差は「現実と期待の差」である。

期待が裏切られても、期待どおりに〝事〟が起きても、ＨＶと離れて大きく上昇したＩＶはやがて減少するのだ。

その差が大きければ大きいほど、ＩＶは最終的には〝崩壊〟という言葉に相応しいくらいの激しさで終焉《しゅうえん》を迎える。これはブラックショールズ・モデルには掲げられていない。

ＩＶは市場参加者の感情の反映である。そして上昇したＩＶは常に減少する。繰り返すがただひとつの例外もなく常に減少するのである。

数学に置き換えれば「フェルマーの最終定理（Fermat's Last Theorem）」であり、〝オプションの最終定理〟と言っていいだろう。

これを数学的（理論的）に証明するのは困難だ。なぜなら人間（市場参加者）の感情は数式には表わせないからだ。しかし現実に、ボラティリティという数値には人間の感情が反映されている。そしてそこには一定の法則が存在するのだ。

◆ボラティリティの中に成功あり

私が相手にしているボラティリティには人間の感情が反映される。だから、まともな（適正な）価格で取引されないことが多い。

つまり価格が頻繁に歪む。この歪みを利用して利益を得る。

市場には多くの未確認情報が飛びまわり、市場参加者はこれに振り回されている。未確認であるのにさまざまな憶測をして行動してしまう。その振り回されている彼らに追随してはいけないのである。

言葉を変えると、感情に感情で対処してはいけないのだ。

感情に対しては冷静に対応しなければならない。落ち着いてボラティリティ（ＩＶ）の数値を見よう。

相手はどれくらい浮き足だっているのか、ボラティリティに表れる。数値となって表れる。人の心理が数値となって表れるなんて、見方によっては素晴らしい仕組みではないだろうか。

何度も言うが成功するもしないも、ボラティリティを理解するかどうかにかかっている。

ボラティリティは株価とまったく関係がない。だから株式売買と同じ感覚でボラティリティをトレードすると失敗する。

ボラティリティは市場参加者の感情を数字で表したものなのだから、実態とは大きく異なる。しばしば実態から大きく乖離する。

まれにボラティリティが先行して実態から離れ、そして実態がボラティリティに追いつくことがある。だが、ほとんどのケースでは実態から離れたボラティリティのほうが実態に回帰する。ボラティリティの往復運動に永久性があるのは、このような理由からだ。

◆人の心は〝熱した後は必ず冷める〟（熱した数値を売り、冷めるのを待つだけ）

人はどんなに激怒しても、その怒りがずっと続くことはない。冷静になるときがすぐに訪れる。どんなに恐怖に包まれても、その恐怖はいつか収まる。

感情というものは、激しくなった後、必ず冷めるものなのだ。これは皆さんが日頃の生活を顧みても容易に理解できるだろう。この人の〝常〟を利用して利益を上げるのである。

私がボラティリティの非常に（あるいは異常に）高い銘柄のオプションを好んで売るのは「熱した数値を売り、冷めるのを待つだけ」という極めて単純かつ根拠のある行動なのである。

ジョージ・ソロスの著書を読まれたことはあるだろうか。彼が唱える「再帰性理論（英語の『Theory of Reflexivity』の訳だが、英語も日本語の訳語も言葉自体はあまり意味をなさないと思われる)」に「ボラティリティ」をあてはめると、とてもよく理解できる。私は個人的にこの再帰性理論のファンであり、ボラティリティの観点からも納得できる。ソロス自身は私のこの論議を否定するかもしれないが……。

理論を説明するのは難しいが、再帰性理論をザッと言うと「現実に起こっていることと人の現実に対する認識の相互作用」ということだろう。

現実の世界は人々の認識が影響しているし、人々の認識には現実も影響を与えている。さらに重要なことは、人の認識にはしばしば間違いが生じるということだ。人は物事を正確に理解しないし、その結果物事を誤って認識する。さらに人の誤った認識はしばしば真実をも歪めることになるのだ。

これはオプションの世界ではＩＶに反映される。ＩＶが現実のあるべき姿から大きく乖離するのは、市場参加者の現状についての誤った認識や感情が頻繁に反映されるからなのだ。どうだろうか？　ボラティリティの正体について、より鮮明なイメージをもつことができたのではないだろうか。そしてボラティリティトレードが、株式トレードとはまったく違うゲームだということも理解できたのではないだろうか……。

2. 株式市場のサイクルとボラティリティの相関関係

拙著『私はこうして投資を学んだ』の第2部第1章（株式投資で利益を上げる方法）および第2章（季節性を利用して利益を上げる方法）で、株式市場のサイクルについて詳しく述べている。海外の著書を除いて、日本で米国株式市場のサイクルについてここまで克明に解説されたものは本書のほかにない。

ここで学んでほしいのは、株式市場そのもののサイクルではない。株式市場のサイクルから類推できる「ボラティリティのサイクル」についてである。

◆ボラティリティのサイクルとは

ボラティリティのサイクルを知ることは、利益を得るうえで大いに役立つ。役立つどころか、かなり重要なポイントである。

もちろんサイクルは完璧ではない。だが、米国株式市場の150年もの歴史が鮮明に語っていることなので、大いに参考にできる。

極めて顕著なのは「**S&P500が急落するとボラティリティが増加し、S&P500が上昇ないしは横ばいであればボラティリティは減少する**」ということだ。

私は株式市場においては10月後半を〝始まり〟と見ている。〝最大公約数的〟に10月後半

◯米国株式市場のサイクル

・通常10月後半から１月にかけて最も強い
→　ボラティリティは減少傾向
・５月から株式市場が急落しやすい
→　ボラティリティが上昇しやすい
・５月後半から８月にかけて上昇傾向
→　ボラティリティは減少傾向
・９～10月は株価が急落しやすい
→　ボラティリティは上昇

から株価が上昇し、11月から翌年1月まで強気な基調が続く。

2月に相場の中休みが入り、3月から再び強気相場となり5月初旬まで続いた後、5月初旬から下旬にかけて下降に転じる。

6～7月に早ければサマーラリー（堅調な夏相場）があるかもしれない。8月にひと休みが入るか、あるいは6月、7月の余韻が続くかもしれない。

そして迎える9～10月は要注意の月となる。暴落の多くはこれらの月に見られるからだ。

古くは1929年の金融恐慌につながった米国株式市場の大暴落、1987年のブラックマンデー、そして2008年のリーマンショックは記憶に新しいところだろう。

ボラティリティの動きを見るときは、株式市場の動きと反対と考えればよい。つまり株式市場にとっては鬼門の9～10月は、ボラティリティを取引する者にとっては最高の稼ぎどきとなるわけだ。

金融危機が表面化した2008年も、9月と10月が最も稼げた時期だった。私はこのサイクルから大きな恩恵を受けてきたことを強調しておきたい。

上記のサイクルを知っていれば、そしてそれを踏まえたポジションをとっていれば、2008年のリーマンショック（金融危機の発端）による株価急落から身を守れたはずである。いや、それどころか積極的に利益を上げることすらできたはずだ。

2009年の10月は初めと終わりに株価が急落し、ボラティリティが上昇したが、総じて株式市場は強かった。「サイクルが当たらなかったじゃないか」と思われたとしたら、肝に銘じてほしい。完璧はないのだ。

サイクルとはあくまで「これまでの経緯から起きる確率が極めて高い現象」という意味である。「必ず起きる」ということではない。そのうえでサイクルというものを常に頭に入れておいてほしい。

このサイクルを利用した取引だけで飯を食っているプロもいるくらいだ。

図表4・3、**図表4・4**はS&P500のボラティリティチャートと指数チャートである。見れば分かるように10月にはボラティリティが上昇し、11～12月、さらに翌年1月にかけて減少する傾向にある。同時に指数チャートを見れば、先に述べた相関関係が見えてくるだろう。

図表4.3　S&P500

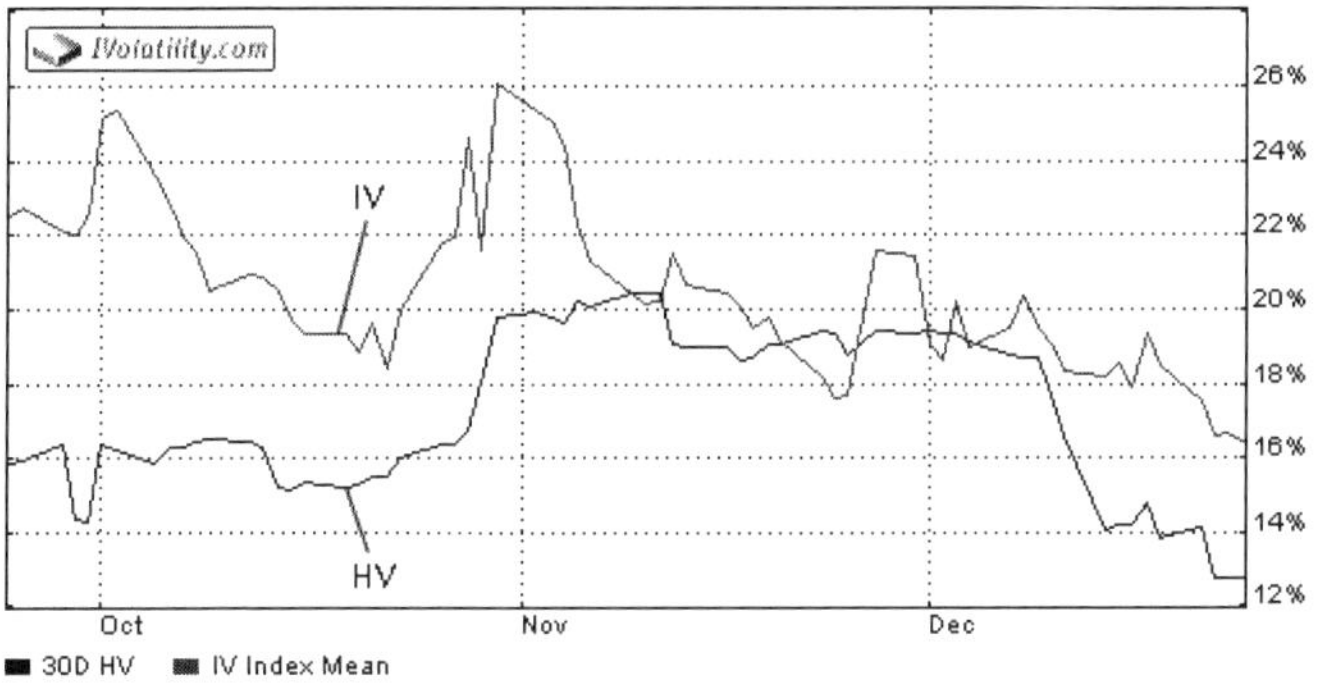

図表4.4　S&P500（指数チャート）

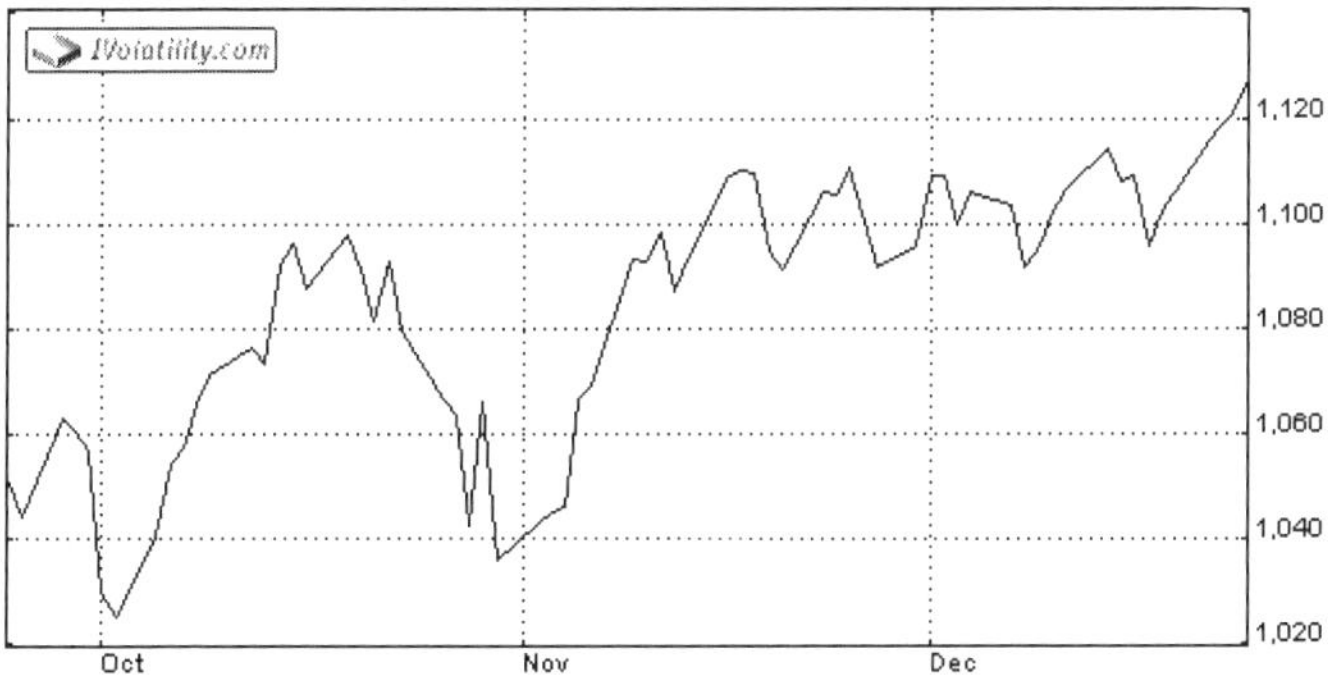

3. ボラティリティをどう売買するか

ボラティリティトレードは大きく2つに分かれる。ひとつはS&P500のボラティリティインデックスであるボラティリティインデックスの関連銘柄（＝インデックスオプション、インデックス先物）を取引すること。もうひとつは株式オプションまたはETFオプションを対象にスプレッドを組むことだ。具体的な実践内容については第5章以降で説明する。

ここでは、その理論的背景を述べることにしよう。ボラティリティは元来、原資産価格（株価）の実際の変動を意味するが、市場参加者の思惑が加わることで均衡（本来あるべき水準）から絶えず乖離する傾向がある。この乖離を「歪み」と呼ぶ。

乖離は上下いずれの側にも起きる。ボラティリティをグラフ化すると上下往復運動が繰り返されていると分かる。

この乖離の幅がボラティリティの変化の大きさを示している。下にいればやがて上に向かい、上にいればやがて下に向かう。この上下往復運動を「ボラティリティカーブ（ボラティリティ曲線）」と呼ぶことにする。

ボラティリティカーブは数学における三角関数のサインカーブやコサインカーブのように周期がはっきりとしたきれいな曲線ではないが、類似しているように見える。

　ではボラティリティカーブを利用してどのようにトレードするのか。これがポイントである。

　私はボラティリティが高い水準と判断したとき、その低下に賭けてポジションをとることが多い。もちろんボラティリティが低いときにその増加に賭けることも、またその両方を行うことも可能だ。しかし私はボラティリティの低下に賭けることが圧倒的に多い。

　なぜか？　それは大きく増加したボラティリティは必ず低下するからだ。

　市場が正常ではないとき均衡から乖離するが、それはボラティリティの増加を伴う。そしてそれはやがて破裂する。それを端的にしているのがボラティリティインデックス関連銘柄である。

　ボラティリティ自体をオプションまたは先物という金融商品を通して取引できるのは、現在ボラティリティインデックスを除いてほかにない。そのような理由から、私はボラティリティインデックスを主力のトレード対象のひとつとしている。

図表4・5は、過去半年間のＶＩＸの動きを示したものである。

　サインカーブやコサインカーブのように周期がはっきりした曲線ではない。だが、上下の動きが分かりやすい。

　もっとも、これにも問題がないわけではない。２００８年のリーマンショック後のような１００年に一度といわれる異常な状況下において資金配分を誤ると、ボラティリティが自分

図表4.5　VIX

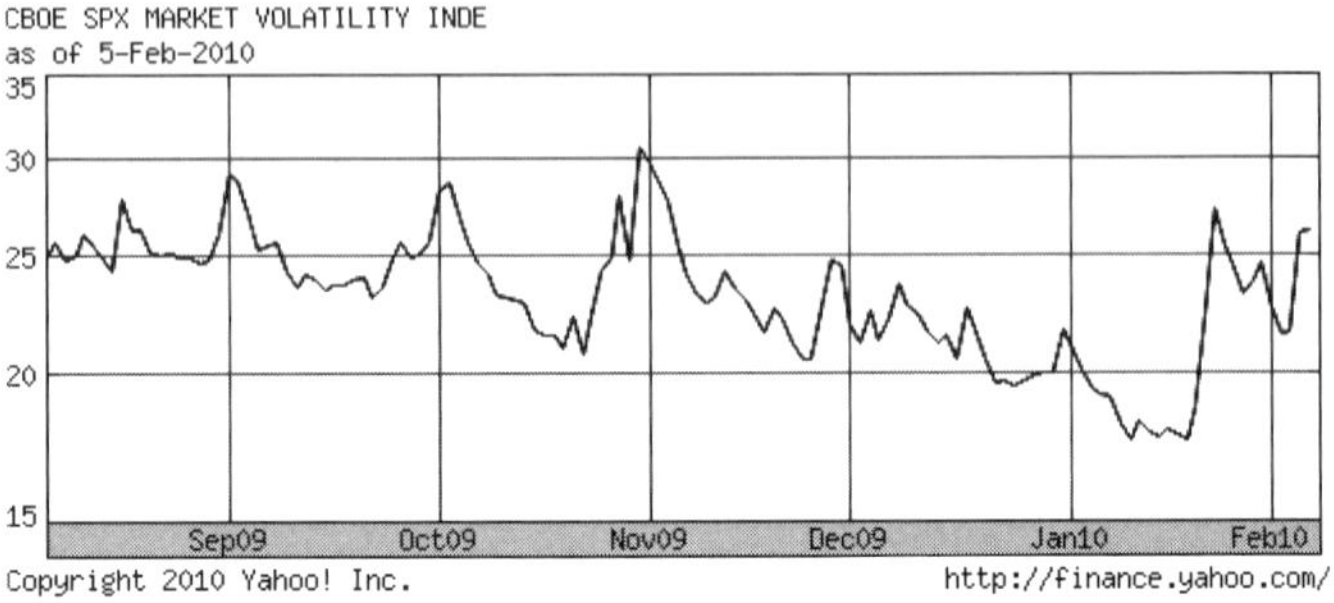

の思惑の範囲を超えて上昇したときに、ボラティリティインデックスコールやボラティリティインデックス先物を用いたボラティリティ売りのポジションをもっていると大きな怪我をする。

もうひとつの問題は、ボラティリティが相当に低い（過去10％を切ったこともある）状態になると、低水準のまま長期にわたって続くケースがあることだ。その場合はＶＩＸでボラティリティを売る戦略は使えない。

では、ほかの株式オプションでは、ボラティリティそのものを売買できないだろうか。残念ながら個別株オプションにはボラティリティだけを直接取引できるインデックスが存在しない。

私は以前、高水準のボラティリティのオプションを売ることにこだわっていた。

2008年から2009年前半にかけては、高い水準のボラティリティをもつ株式のコールを売ることに集中し、かなりの成果を上げることができた。しかし、これはボラティリティだけを純粋に取引する戦略ではなかったのである。

オプションをネイキッドで売る場合は、ボラティリティだけでなく株価変動の影響も大いに受ける。この間「高い水準のボラティリティをもつ株式コールを売る戦略」で成功したのは、この時期においては「ボラティリティが異常に高かった」という状況に加えて「株式市場全体が下降相場であった」という事情が幸いしたからなのだ。そうでなければ、苦しい状況が生まれていたかもしれない。

それでは株価変動の影響から極力逃れ、純粋にボラティリティを追求するにはどうしたらよいのか。これが「ボラティリティをどう売買するか?」という質問の意味である。

答えは「ボラティリティのスプレッド売買に徹すること」である。スプレッドをとることで、株価変動の影響から逃れ、純粋にボラティリティの変動から得られる利益を追求できる。

ボラティリティのスプレッド売買については、次章で詳しく説明する。

◆場帳の作成

ボラティリティの場帳を作成することは、実践上とても大切なことだ。ボラティリティトレードでは、実はチャートよりも場帳のほうが100倍も重要なのである。

チャートの重要度は大きくない。ボラティリティはできれば数字でとらえたほうがよいのだ。数字に集中すれば、激しいボラティリティの動きに恐怖を覚えることなく平然とトレードできる。

数字とのにらめっこが成功を呼ぶ。なぜか？　数字（デジタル）は理性に訴え、チャート（アナログ）は感情に訴えるからだ。ボラティリティは感情の反映なので、感情で反応しないほうがよいのである。

◆ナンピンはボラティリティトレードの重要な技術

トレンドフォローに慣れている、あるいはテクニカル分析に長けた人ほどボラティリティトレードではうまくいかない。おそらく、多くのトレーダーが〝ナンピン〟を怖がるからだろう。

ボラティリティトレードでナンピンは有効である。いや、これこそがボラティリティで儲けるための基本の技術だ。

もっとも、私はナンピンという言葉を使わないし、ナンピンをやっているという意識もない。ナンピンは株式相場ではリスク回避のひとつの手段として使われているが、オプショントレードでは欠かすことのできない大事なトレードの技術なのである。

ボラティリティの動きに逆らって、資金が続くかぎり逆張りでポジションを作っていく。

図表4.6

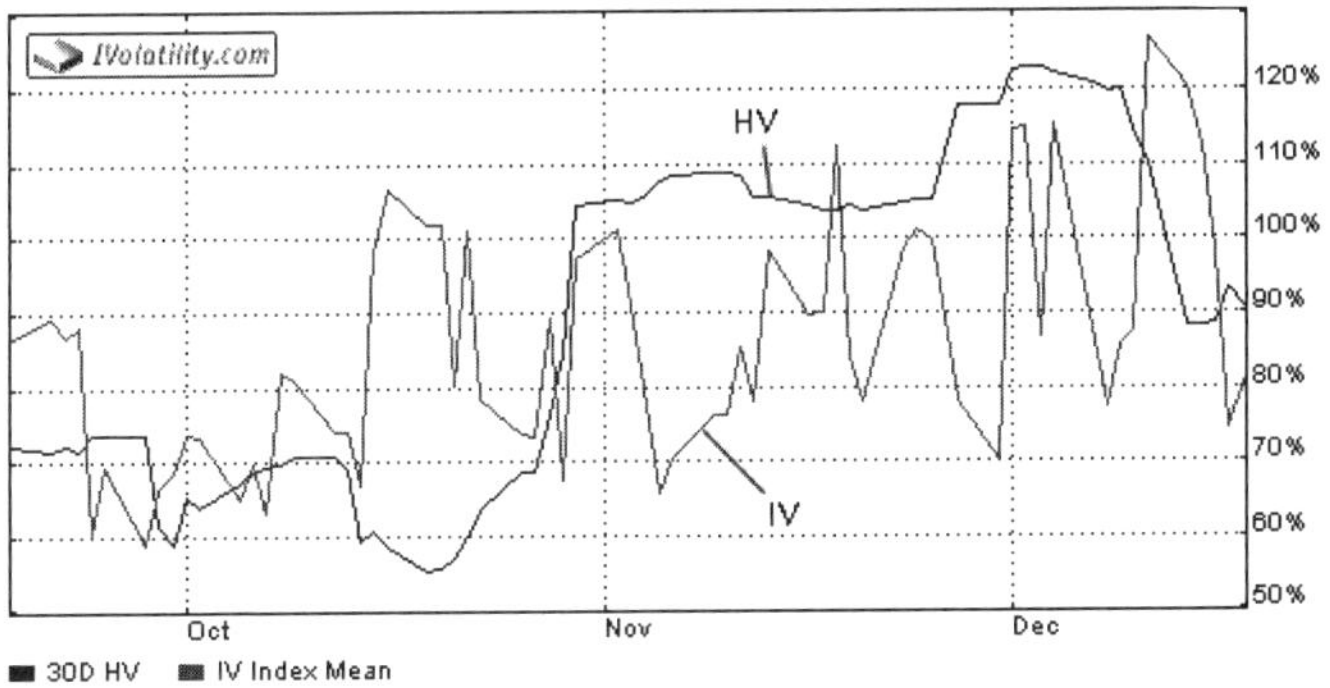

例えば、ボラティリティが25のときに売り（＝プットを買い）、27・5になったらさらに増し玉し、30になったらまたさらに増し玉するのだ。

これがオプショントレードのやり方だ。そしてこうすることが、大きな利益につながるのである。

◆基本は徐々に仕掛けること

図表4・6のボラティリティカーブを見てほしい。このカーブを当てようと思わずに、どこで仕掛けても利益を得るのは逆張りしかない。

ボラティリティを売ってもいいし、買ってもいい。基本は一発の仕掛けではなく、逆張りで平均コストを有利にもっていくことだ。そうすることで最初の仕掛けがとんでもない間違いであっても、最終的には利益にもっていける。

図表４・６のボラティリティチャートが示すように、上下の往復運動が何度も繰り返されるボラティリティは、逆張りで誰でも利益を上げることができるのである。

パート2

ウイニングエッジ：オプション取引の実践

WINNING
EDGE
WINNING
EDGE
WINNING
EDGE

第5章　究極の手法〝スプレッド〟

これまで戦略的投資としてのオプションについてさまざまな側面から説明してきた。ここからはさらに具体的な取引例を加えて詰めていきたいと思う。

第５章では、株式オプションを対象にしたスプレッド戦略について解説していこう。株価の変動に翻弄されずに、純粋にボラティリティの動きから利益を得るにはスプレッドに徹することである。その場合の対象はＡＴＭの限月間スプレッドだ。

なぜか？　ＡＴＭは限月が異なってもデルタが50％で同じだからだ（デルタについては第７章で詳しく説明する）。そしてオプションの売り玉と買い玉の両方をもつことで、株価変動の影響から免れることができる。

では、利益はどこから出るのか？　ボラティリティである。だからスプレッドを組むことで純粋にボラティリティを追求できるのだ。

図表5.1

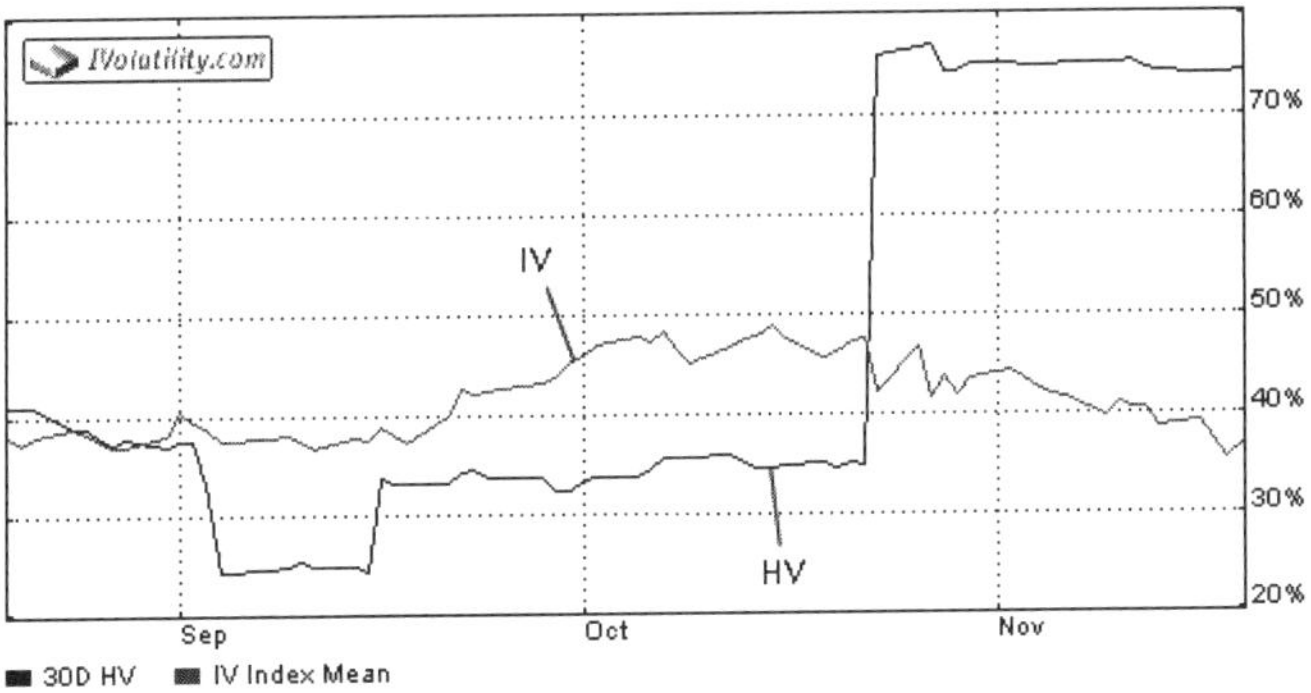

1. 最も興奮を誘うストラングルスワップ

図表5・1のオプションを取引しようとするとき、株価変動の影響を極力避けて、純粋にボラティリティの増加減少から利益を上げる手段としてスプレッドを活用する。

スプレッド取引という場合、基本的には次の2つを意味する。

①ストラングルスワップ
②リバース・ストラングルスワップ

これらはいずれも「カレンダースプレッド」「リバース・カレンダースプレッド」のコールとプットの組み合わせである。

コールで仕掛けようがプットで仕掛けようが、ボラティリティ売買では本質的な違いはない。私はコールとプットの両方で仕掛けることを選択している。

①と②では、①を仕掛けるケースが圧倒的に多い。それで失敗した記憶がないほどだ。①のストラングルスワップ対象銘柄は、当然ボラティリティが異常に高い銘柄である。

このストラングルスワップというスプレッドを理解している人は、少ないのではないだろうか。多くの人が株式のサヤ取りや先物の限月間サヤ取りのように、単純にプレミアムのサヤ変動を見て一喜一憂しているように思われる。

そこでボラティリティの観点から、このスプレッド取引について解説したい。

このスプレッドを理解するには、まずリバース・カレンダースプレッドについて理解しなければならない。

リバース・カレンダースプレッドとは、期近限月のコール（またはプット）を買い、期先限月のコール（またはプット）を売るスプレッドである。

このスプレッドをコールとプットの両方で仕掛けるのが、ストラングルスワップである。

●リバース・カレンダースプレッド
＝期近限月のコール（またはプット）を買い、期先限月のコール（またはプット）を売る。
●ストラングルスワップ
＝期近限月のＡＴＭコールとプットを買い、期先限月のＡＴＭコールとプットを売る。

ストラングルスワップの最大の欠点は、オプションには期限があり、タイムディケイの影響を受けることである。これはリバース・ストラングルスワップでは有利に働くが、ストラングルスワップでは不利になる。したがってストラングルスワップでは、期近限月の残存日数に注意しなければならない。

期日が迫ってくるとボラティリティの影響よりもタイムディケイの力が大きくなり、スプレッドが開いてしまうリスクがある。その場合は、ポジションを閉じて、次の限月へのロールオーバー（乗り換え）を行うことで対処する。

◆ストラングルスワップのメカニズム

ストラングルスワップは、次の点に着眼した戦略である。

高いボラティリティ（IV）は必ず減少する　↓　スプレッドも減少する

これは最も単純で分かりやすい戦略だ。実際、私はこれまでにもストラングルスワップだけに着目して、異常に高いボラティリティの銘柄に仕掛けることで、大きな利益を上げてきた。そこで、ストラングルスワップの細かいメカニズムについて説明しよう。

◎ストラングルスワップを仕掛けるときの3つの要素
①インプライドボラティリティ（IV）
②原資産価格（株価）の変動の大きさ（HVの大きな動き）
③タイムディケイ

①インプライドボラティリティ（IV）

オプション価格は「時間価値」と「本質的価値」からなる。そして時間価値は、残存期間（期日までの時間の長さ）とIVに影響を受ける。ストラングルスワップでATMを対象にする理由は、時間価値が最も大きいからだ。

●IVが増加する↓時間価値が増え、オプション価格が上がる
●IVが減少する↓時間価値が減り、オプション価格が下がる

その各限月へのインパクト（影響度）が同じである場合、変化の大きさは価格に対する掛け算であるから、残存期間が長い限月のオプション価格のほうが大きく変化する。

具体的な例を挙げよう。残存期間30日のコール価格が2・00ドル、残存期間60日のコール価格が5・00ドルとする。このストラングルスワップのスプレッドは3・00ドル（＝

5・00ドル－2・00ドル）だ。

ＩＶの減少によって、それぞれのコール価格が50％ずつ下げたとしよう。残存期間30日のコール価格は2・00ドルから1・00ドルに下落、残存期間60日のコール価格は5・00ドルから2・50ドルに下落したことになる。スプレッドは1・50ドル（＝2・50ドル－1・00ドル）だ。

つまり限月間のオプション価格のスプレッドは、ボラティリティの減少によって当初の3・00ドルから1・50ドルに縮小したわけだ（例ではコールを取り上げたが、プットでも同様のメカニズムだ）。

②原資産価格（株価）の変動の大きさ（ＨＶの大きな動き）

原資産価格の変動が、限月間のオプション価格のスプレッドにどう作用するか。これはオプションの価格構造を理解すればよく分かるはずだ。

オプション価格は時間価値と本質的価値からなる。そしてどの限月であっても、またコール、プットに関係なくＡＴＭの時間価値が最大である。

●ＯＴＭ→コールもプットもＡＴＭからＯＴＭの方向に離れるにしたがって時間価値が減少し、限りなくゼロに近づく。

●ＩＴＭ→コールもプットもＡＴＭからＩＴＭの方向に離れるにしたがって本質的価値が増え時間価値が減少し、限りなくゼロに近づく。

これらが何を意味するかといえば**「限月間のオプション価格のスプレッドが、ＡＴＭからＯＴＭ、またはＩＴＭのいずれかの方向に離れるにしたがって縮小する」**ということだ。

つまり、ストラングルスワップは原資産価格（株価）が上下いずれかに大きな変動を見せると、プレミアムが縮小し、利益を生み出すメカニズムをもっているわけだ。

③タイムディケイ

第3の要素「タイムディケイ」は、ストラングルスワップにとってネガティブな（非生産的な＝不利益をもたらす）要素として機能する。①と②の現象が見られないとき、この第3の要素によって損失を被る可能性（リスク）が出てくる。

タイムディケイはオプション価格が時間の経過とともに減少することをいう。その減少の速度は時間に比例するのではなく、期日が迫ると急速に起こる。つまり、残存期間の短いオプションに期日が迫ると、タイムディケイの圧力がより大きく加わるので、スプレッドは拡大するのである。

したがって、ストラングルスワップは、③のタイムディケイよりも、①のインプライドボ

図表5.2　MDVN

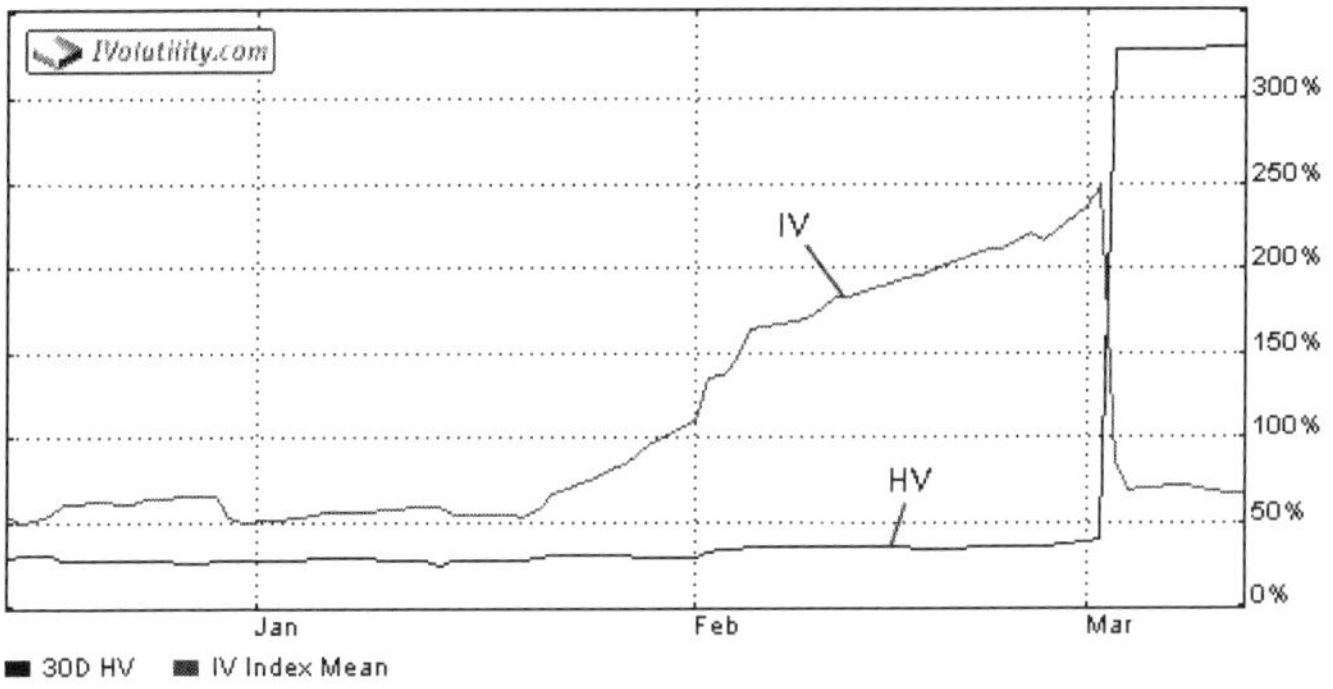

ラティリティ（ＩＶ）および②の原資産価格（株価）の変動の大きさが上回ったときに、最大の威力を発揮するといえる。

ストラングルスワップの取引例①

ストラングルスワップは、①と②の要素のどちらかひとつが起きただけでも十分に利益を得ることができる。だが、ボラティリティ（ＩＶ）が異常に高い銘柄では、この２つの要素が同時に起きることで威力は倍増する。

図表５・２のＭＤＶＮのボラティリティチャートを見てほしい。

ＩＶが〝崩壊〟の形で大きく減少している。同時にＨＶが大幅上昇していることから、株価が大きく変動したことが分かる。これらが③の要素、タイムディケイのネガティブ要因を吹き飛ばし、利益を生んだのである。

ちなみに私がこのようにＩＶの異常に高い銘柄を好むのは、ＩＶが高いことでプレミアムの歪みを誘い、多くの場合①と②の要素が同時に機能するからだ。これが同時に起きると、スプレッドはほとんどゼロにまで縮小する。このような状況に過去何度も出合ってきている。

つまり勝つ可能性が高いことを経験してきているので、この戦略をとるときには、いつもＩＶが異常に高い銘柄を選択するのである。

ストラングルスワップの取引例②

図表5・3のＧＭＣＲのボラティリティチャートを見てみよう。何度となく利益を上げてきた典型的なパターンである。以前は単純にコールを売る戦略を多く仕掛けた。最もシンプルにボラティリティを売る戦略だ。今はストラングルスワップで仕掛ける。

チャートをよく見てほしい。ボラティリティが急降下する直前まで、ＩＶとＨＶは極端に乖離していた。これは現実の株価変動から離れて、将来株価が大きく変動することが期待されている（個別株の場合、多くは株価上昇期待）。そしてその期待は外れることが多い。だから単純にコールをネイキッドで売っても儲かることが多いのだ。

しかし株価が市場参加者の期待どおり暴騰するリスクも否定できない。その株価変動のリスクを避けるために、ボラティリティの低下から純粋に利益を上げるストラングルスワップ

図表5.3　GMCR

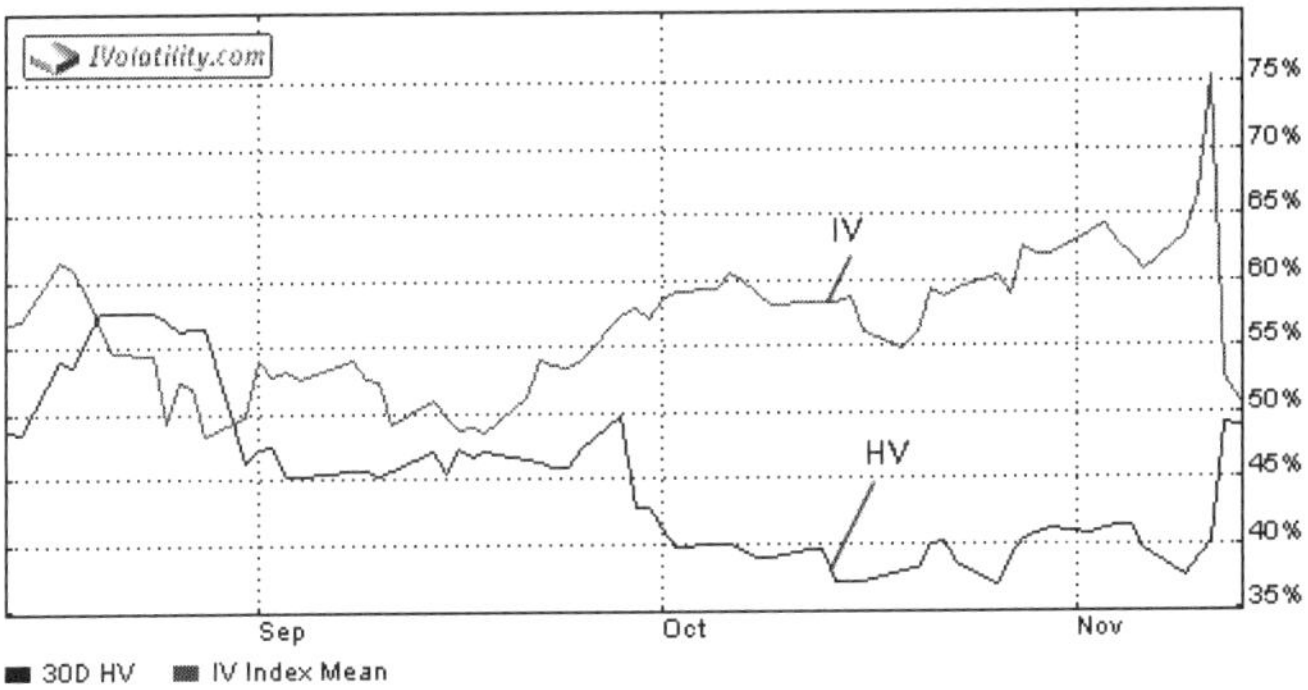

ストラングルスワップの事例②

◎仕掛け（価格は相当の枚数を分割で行った平均値）

株価：75ドル超　ＩＶ：75%近辺
11月限75コール買　@4.20
11月限75プット買　@3.20
12月限75コール売　@7.70
12月限75プット売　@6.70

◎手仕舞い

株価：68ドル台　ＩＶ：49%
11月限75コール買い　@0.20
11月限75プット買い　@6.80
12月限75コール売り　@1.80
12月限75プット売り　@8.50

を仕掛けるのである。

私は株価変動ではなく、純粋にボラティリティの低下から利益を上げたのだ。

このストラングルスワップで1セット（＝1枚ずつのスプレッドの組み合わせ）当たり3・70ドル（＝手数料を除き370ドルの利益）のスプレッドの値幅（利益）を得た。

以上のトレードについて、私自身は仕掛けるタイミングを心得ているが、もしタイミングを外したとしても心配することはない。過去の経験からいえばナンピンが有効なのだ。ただし、このスプレッドにはある程度の資金が必要である。1セットの売買では証券会社に大きな手数料を食われてしまうだろう。

米国のほとんどの証券会社の手数料体系は、ボリュームディスカウント制だ。つまり1枚の売買も10枚の売買も手数料が変わらない。つまり10セットを一括でトレードするときの手数料は、1セットでトレードするときの10分の1ということになる。その意味では1～2枚程度の売買をするにはスプレッドは適さないといえる。

ストラングルスワップの取引例③

図表5・4と**図表5・5**のチャートはUSXのボラティリティチャートと株価チャートである。2008年9月の「リーマンショック」以降、異常に上昇したボラティリティ（IV）の下、コール売り（ネイキッド売り）を継続的に仕掛けて利益を上げた。

図表5.4　USX

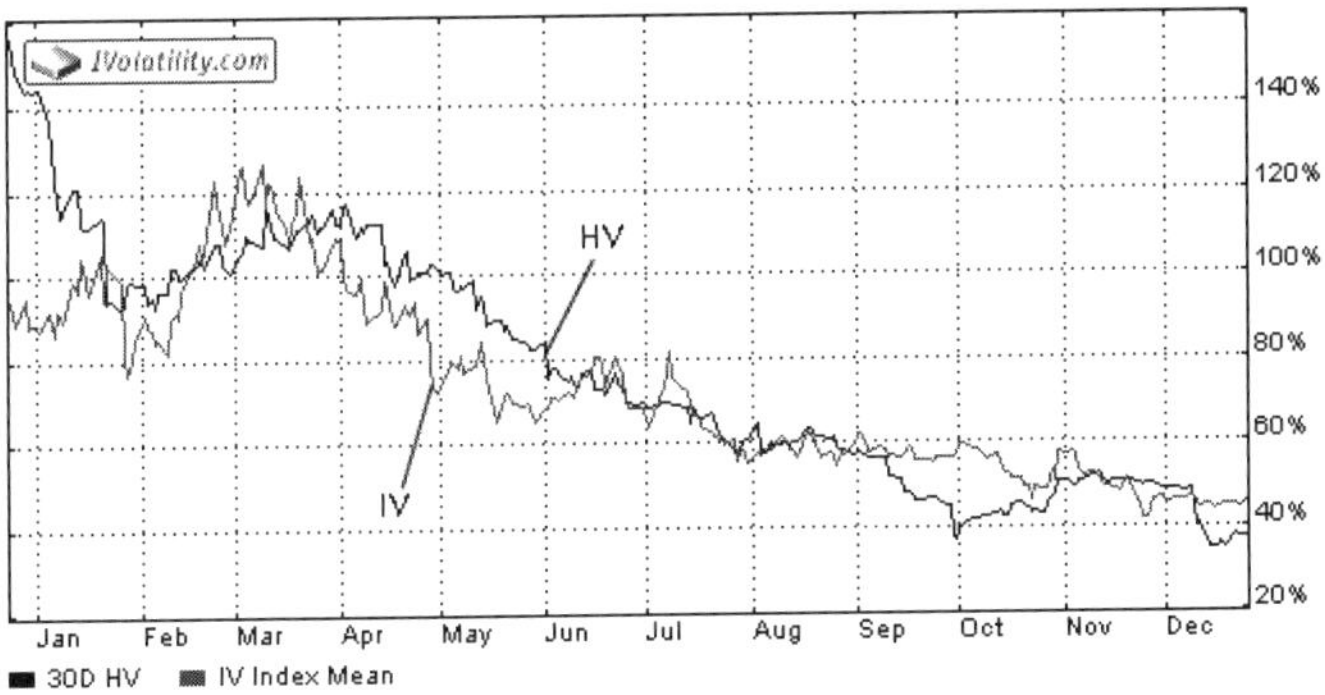

図表5.5　USX

２００９年も年初からボラティリティが高く、3月時点で最高水準の１２０％超に達した。しかしその後はずっと低下している。２００８年は異常に高いボラティリティを売ることで十分な利益を上げたが、２００９年はどうだっただろうか？

２００８年と２００９年の大きな違いは株価変動である。２００８年は株価の急落とともにボラティリティが異常に上昇し、その後減少したが、株価も下落傾向が続いたのだ。だからコールのネイキッド売りで十分な利益を上げることができた。

しかし２００９年3月以降、相場の様相がそれまでとまったく異なった。ボラティリティが減少したものの株価が底入れして強い上昇トレンドに転じたのだ。

この状況下でネイキッドのコール売りはリスクが高い。株価変動のリスクをボラティリティの減少によってカバーすることが困難だからだ。

２００９年3月のボラティリティだけを見るかぎり、その時点の状況は非常に魅力的だった。しかし株価を見ると、あまりにも低水準だった。そこでこの異変に気づいたのだ。それまでやってきたネイキッドコール売りはリスクが大きいと判断した。

それにしても80％から１２０％に上昇したボラティリティはどう見ても魅力的だ。株価変動リスクを極力抑えながら、ボラティリティの動きから純粋に利益を得ることはできないだろうか？　そこでストラングルスワップを用いることにしたのである。

期近限月のコールとプットを買い、次限月のコールとプットを売る戦略で、時間価値の最

ストラングルスワップの事例③

◎仕掛け

11月限75C買――12月限75C売

@スプレッド：3.50

11月限75P買――12月限75P売

@スプレッド：3.50

スプレッドの合計：7.00

◎手仕舞い

11月限75C買――12月限75C売

@スプレッド：1.60

11月限75P買――12月限75P売

@スプレッド：1.70

スプレッドの合計：3.30

も大きなATMを対象にする。限月間のプレミアムの差は時間価値の差であり、これはボラティリティの影響を受ける。

もちろん100％株価変動の影響から免れるわけではない。だが、無視できる。無視できる理由は、ネイキッド売りと比べると明らかだ。

ネイキッドのコールを売った場合、株価が暴騰すれば大きな損失を被るだろう。しかしストラングルスワップならボラティリティが一定であっても、株価の暴騰暴落で、つまり株価の水準がATMから大きく離れることで時間価値の差が縮小し、利益を生むのだ。

この戦略の欠点は次のとおりである。

図表5.6　RMBS

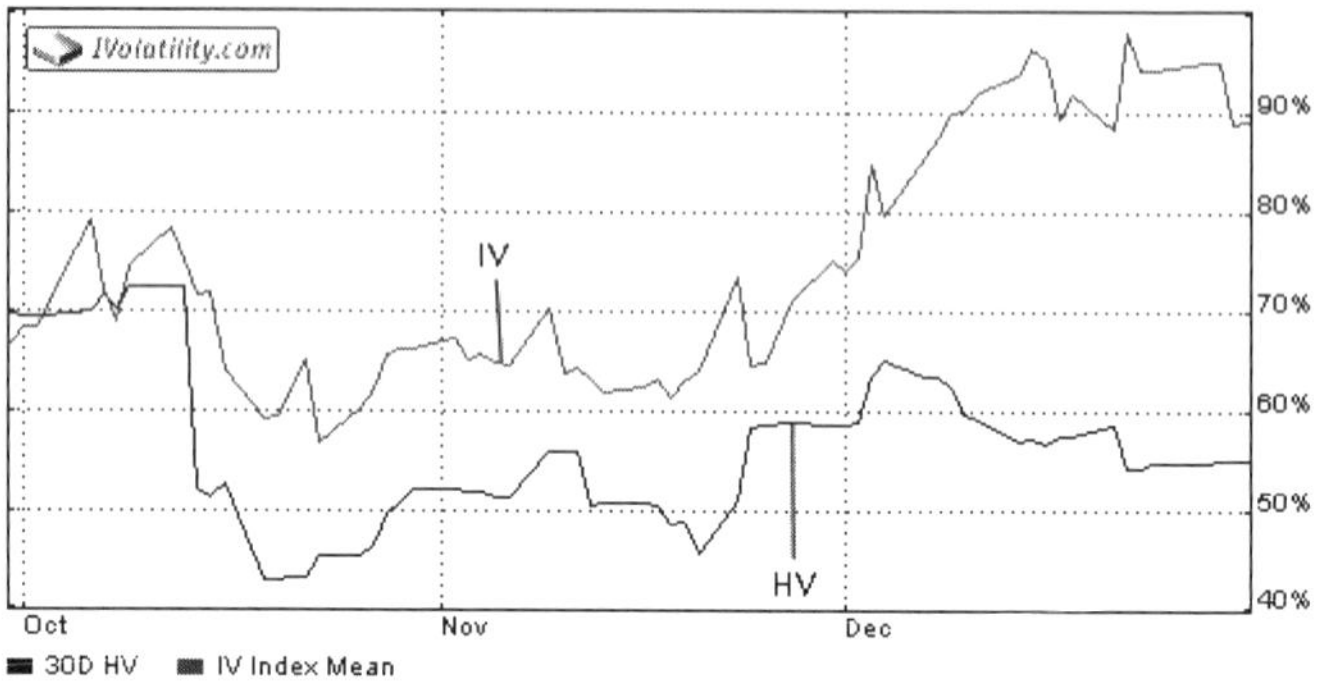

①ボラティリティの上昇
②期近限月が期日に接近することによる同限月のタイムディケイ

①のケースは問題ない。むしろ増し玉のチャンスとなる。②のケースではポジションをいったん解消し、次月限にロールする（乗り換える）ことで対応する。

ストラングルスワップの取引例④

図表５・６で掲げた状況で負けた記憶はないのだが、意外に時間がかかっている。このようなパターンでＩＶが１００％を大きく超えていれば楽勝パターンのはずだが、市場全体のボラティリティが低いせいか、じれったい状況が続いている。

だが、このような銘柄のパターンはぜひ記

図表5.7　ACOR

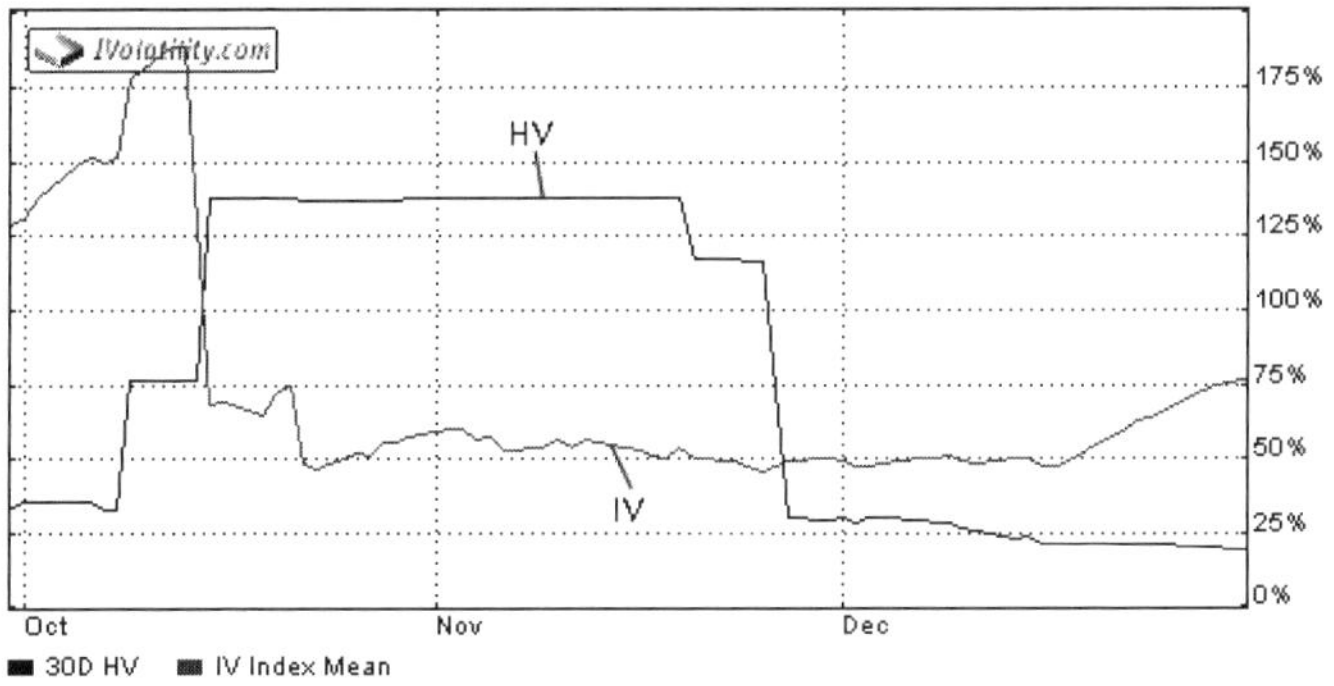

憶にとどめておいてほしい。通常なら〝必勝パターン〟なのだ。

1月限―4月限でストラングルスワップを仕掛けているが、ボラティリティ（IV）がまだ下がらない。IVがHVに近づけば利益になるだろう。逆にIVが上昇すれば、増し玉する予定だ。

ストラングルスワップの取引例⑤

図表5・7のボラティリティチャートは2009年にストラングルスワップで何度も儲けさせてもらったACORだ。

ボラティリティ（IV）はこの銘柄にしてはまだ低い。そしてオプションの出来高も少ない。ボラティリティが上昇し、オプションの出来高が増えればチャンス到来となるのでマークしておきたい。

図表5.8　RMBS

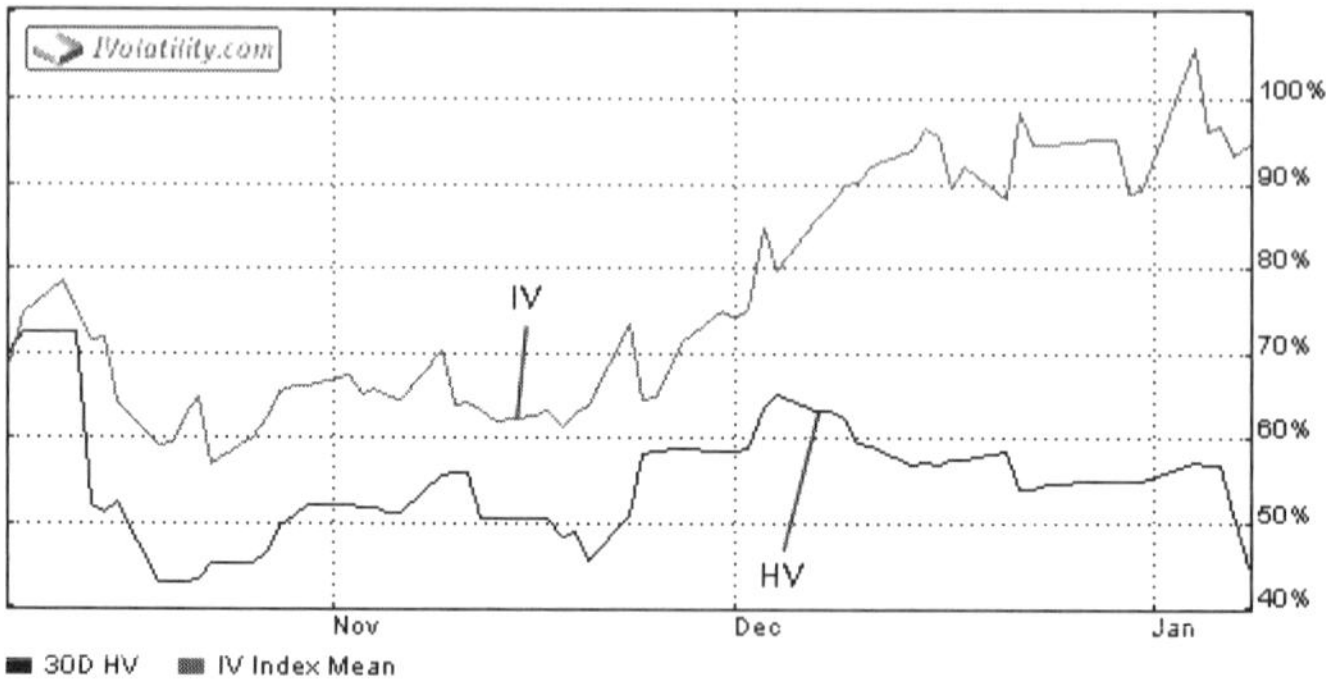

ストラングルスワップの取引例⑥

図表５・８のＲＭＢＳは、株価20ドル以上の銘柄の中でＩＶが最も高かった。ＨＶともかなり乖離しているのでストラングルスワップのターゲットとなる。私は１月限―４月限で仕掛けたが損益なしの状態でいったん手仕舞った。もう一度狙ってみたいと思う。

ストラングルスワップの取引例⑦

図表５・９のＡＣＯＲは、ストラングルスワップが成功する古典的なパターンだ。

ストラングルスワップの取引例⑧

図表５・10もＡＣＯＲである。この水準からさらにＩＶが跳ね上がれば仕掛けたい。だが、事例④のＲＭＢＳに比べると、流動性がないので注意しなければならない。

図表5.9　ACOR

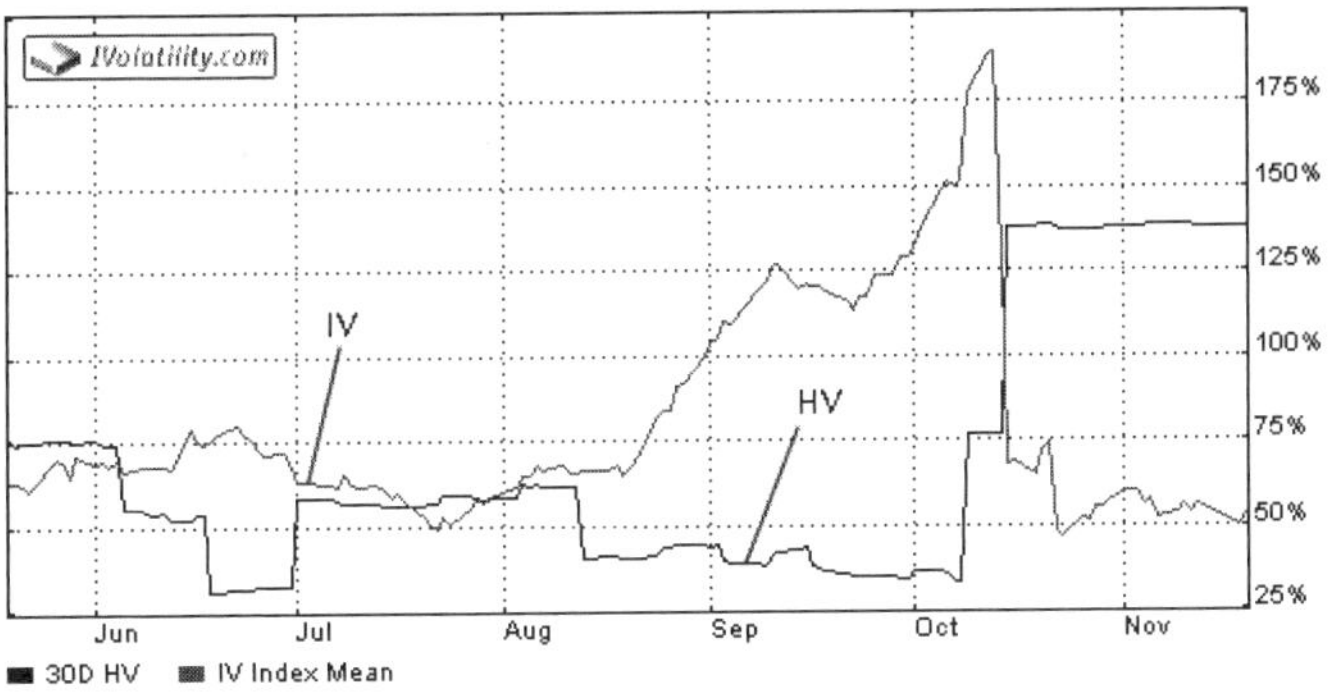

図表5.10　ACOR

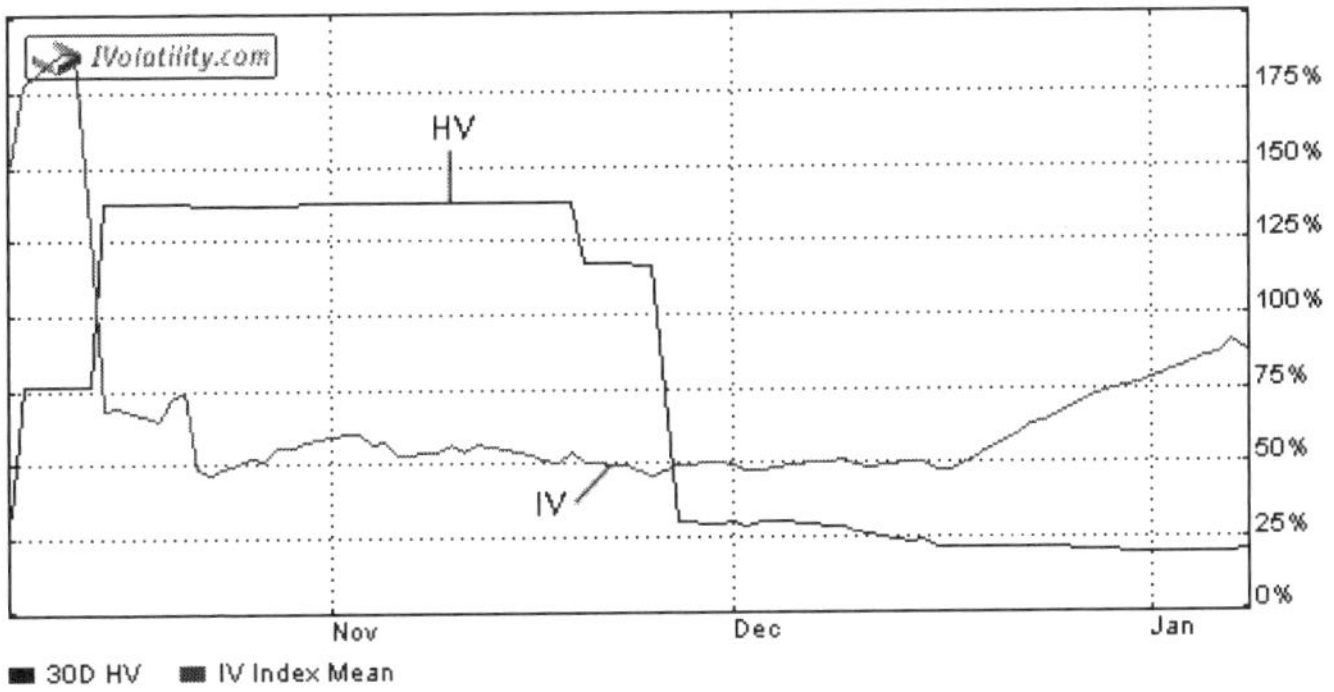

図表5.11　FAS

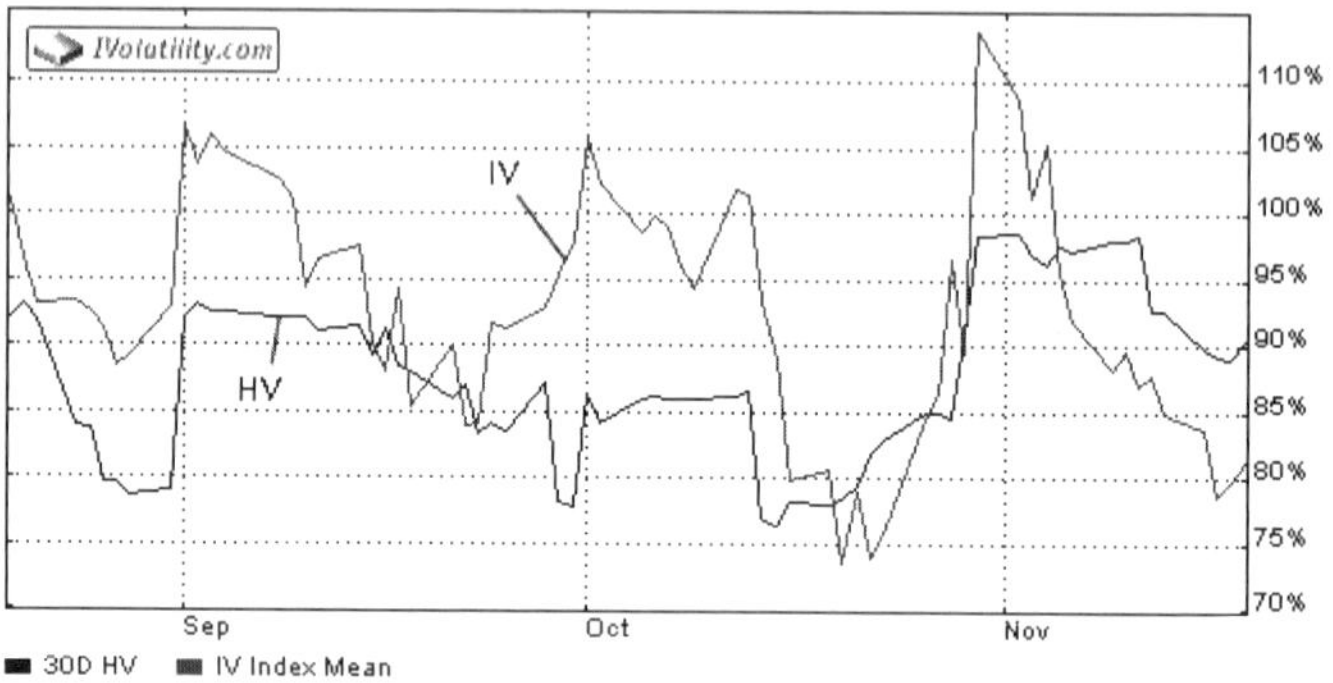

ストラングルスワップの取引例⑨

図表５・11はボラティリティが幅広いレンジを形成しているので、リバース・ストラングルスワップとストラングルスワップを交互に使えそうだ。

ストラングルスワップの取引例⑩

図表５・12のＭＮＫＤは通常、株価が20ドル以上の銘柄だが、目をつけたときは、株価が８ドル、ＩＶが175％だった。株価が10ドル前後でもＩＶが高く、流動性もあれば、ストラングルスワップの対象である。

ストラングルスワップの取引例⑪

図表５・13はＩＳＰＨである。株価は６ドル。事例⑨と同じように注目したい。薬品銘柄でＩＶが明らかに異常だ。

図表5.12　MNKD

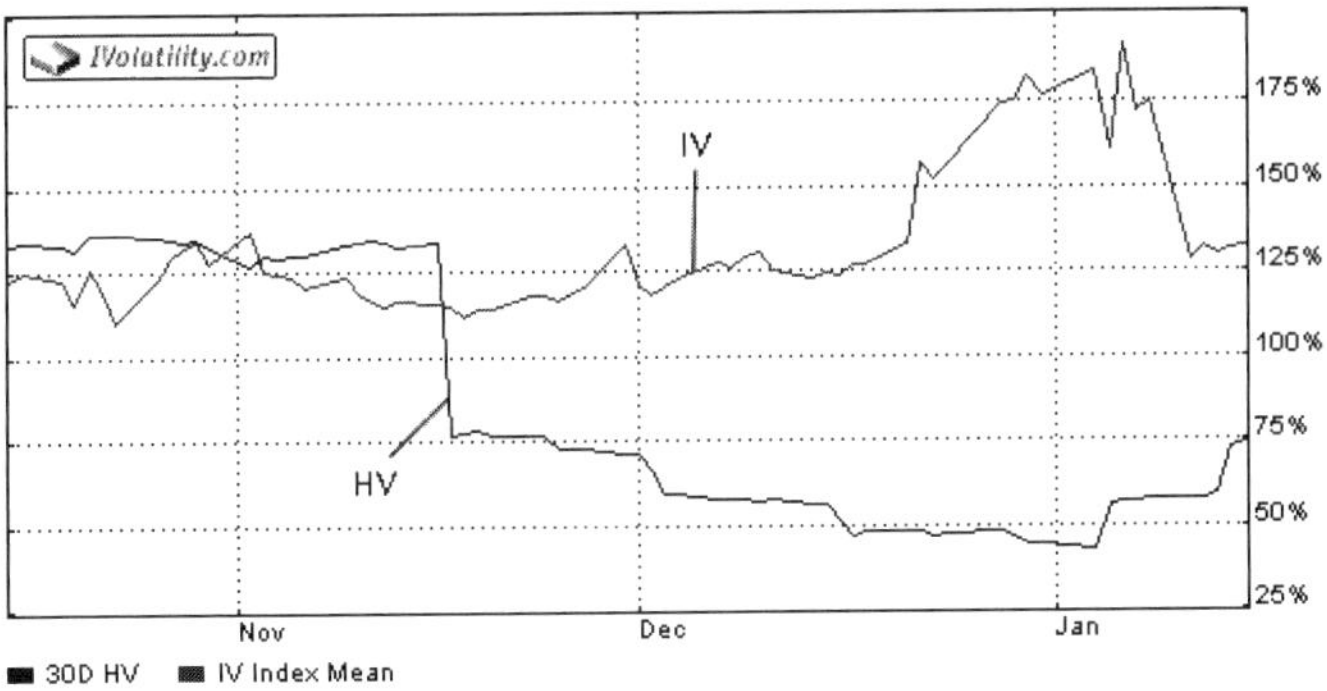

図表5.13　ISPH

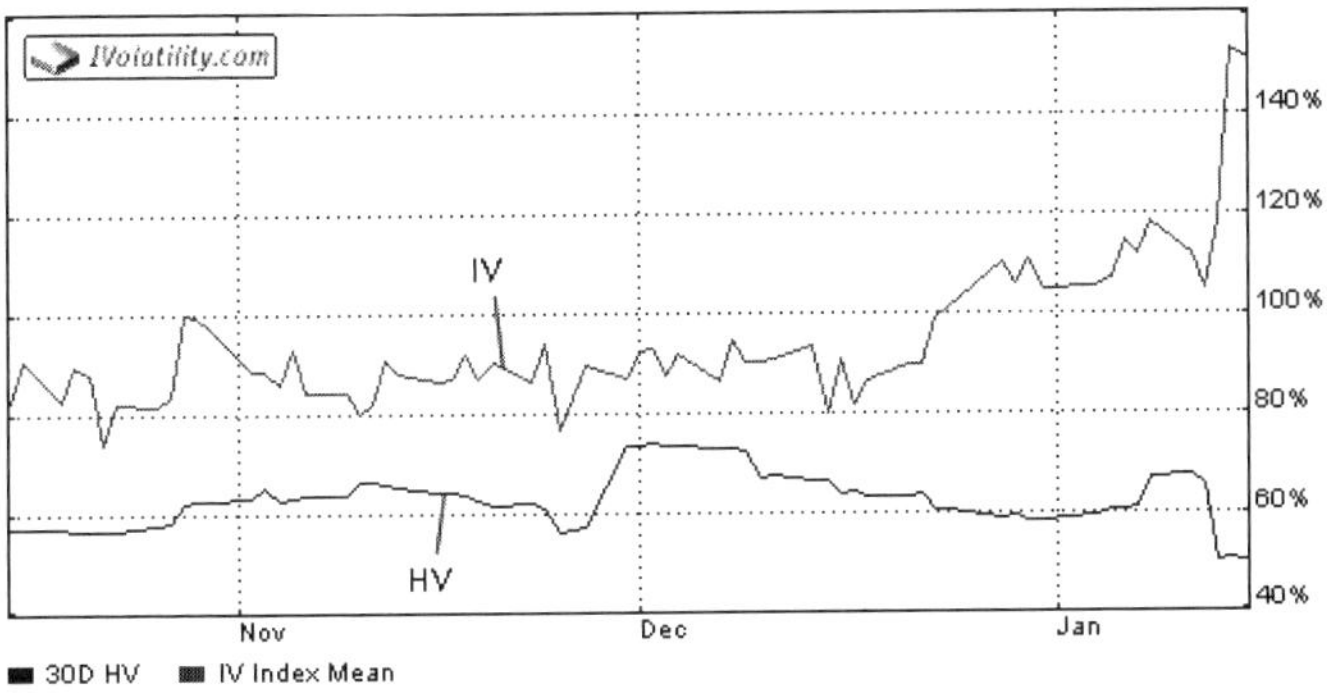

図表5.14　TIVO

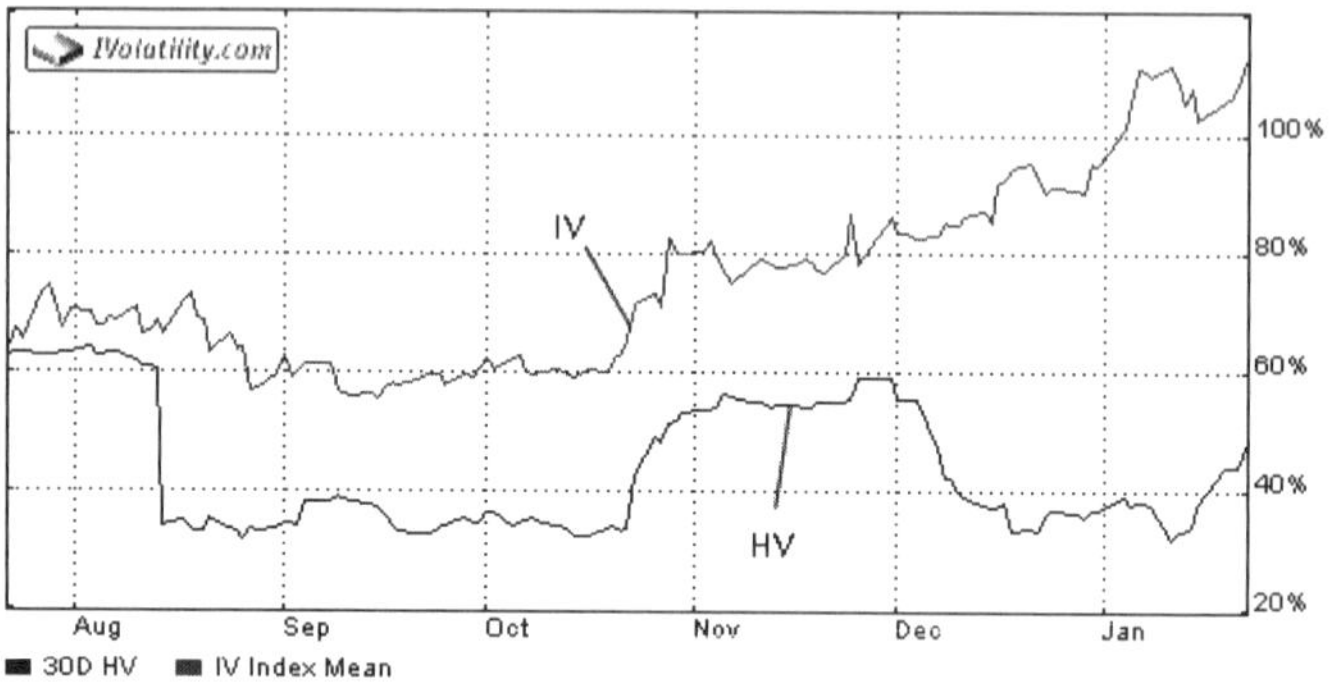

ストラングルスワップの取引例⑫

図表5・14はＴＩＶＯのチャートである。

ストラングルスワップの取引例⑬

経験的に**図表5・15**のような状況のボラティリティは、早晩急激に低下する。それは限月間のプレミアムスプレッドの縮小を誘う。

1番限月―2番限月で仕掛けてもよいが、1番限の残存日数が短いので、2番限月―3番限月でもよい。ＡＴＭが対象だ。

ストラングルスワップの取引例⑭

図表5・16のＩＶに変化は見られない。だが、ストラングルスワップのポジションは維持している。何らかの材料からＩＶがＨＶから大きく乖離して異常に高い。

通常材料が出たときに、株価には関係なく

図表5.15　MDVN

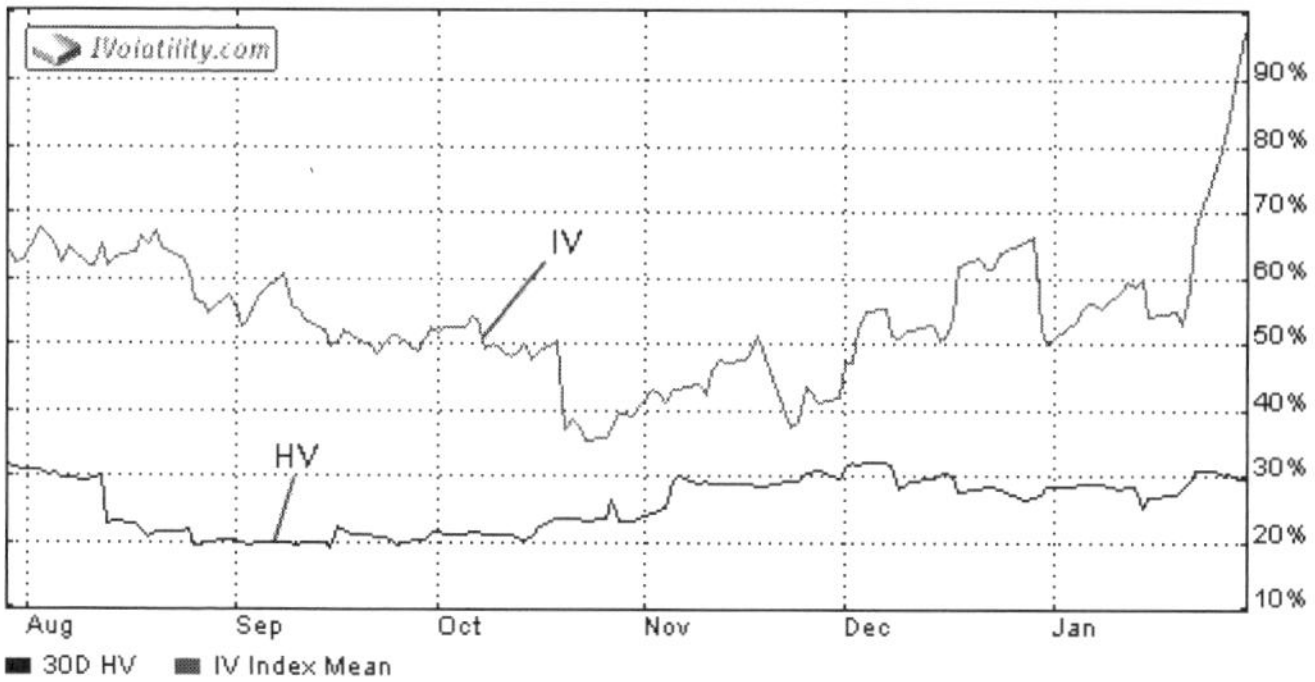

図表5.16　MDVN

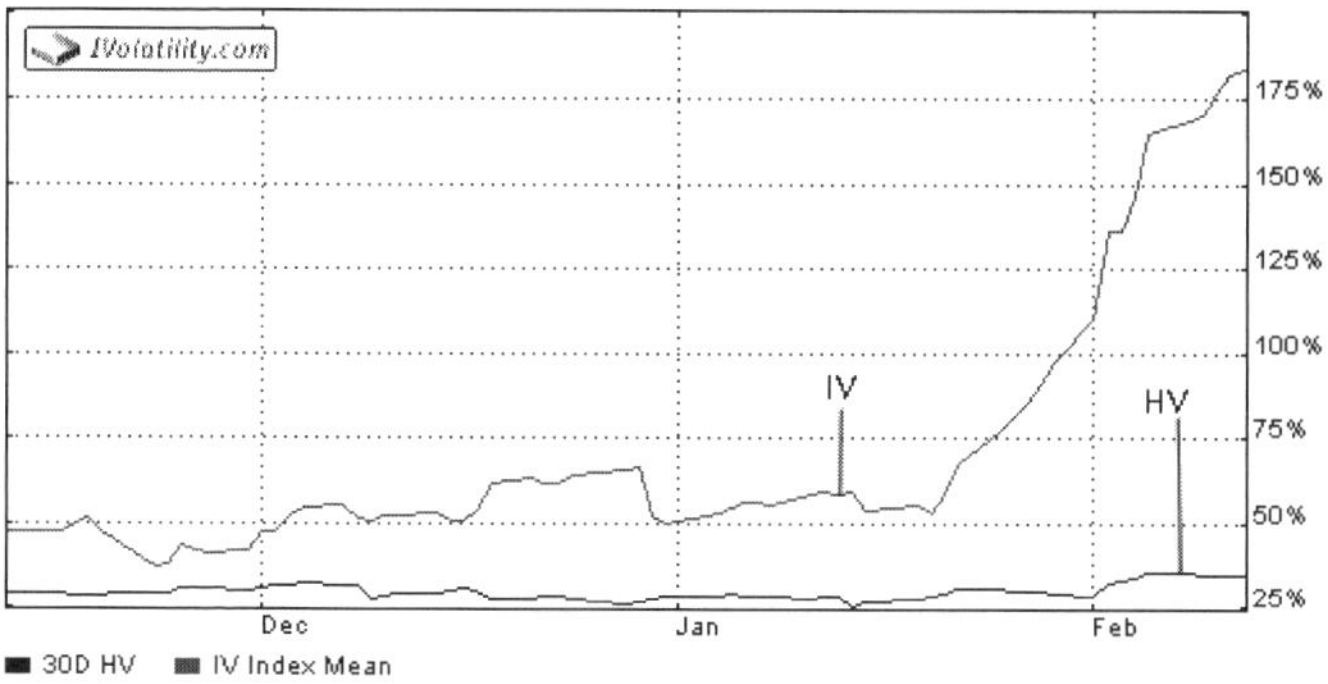

図表5.17　MDVN

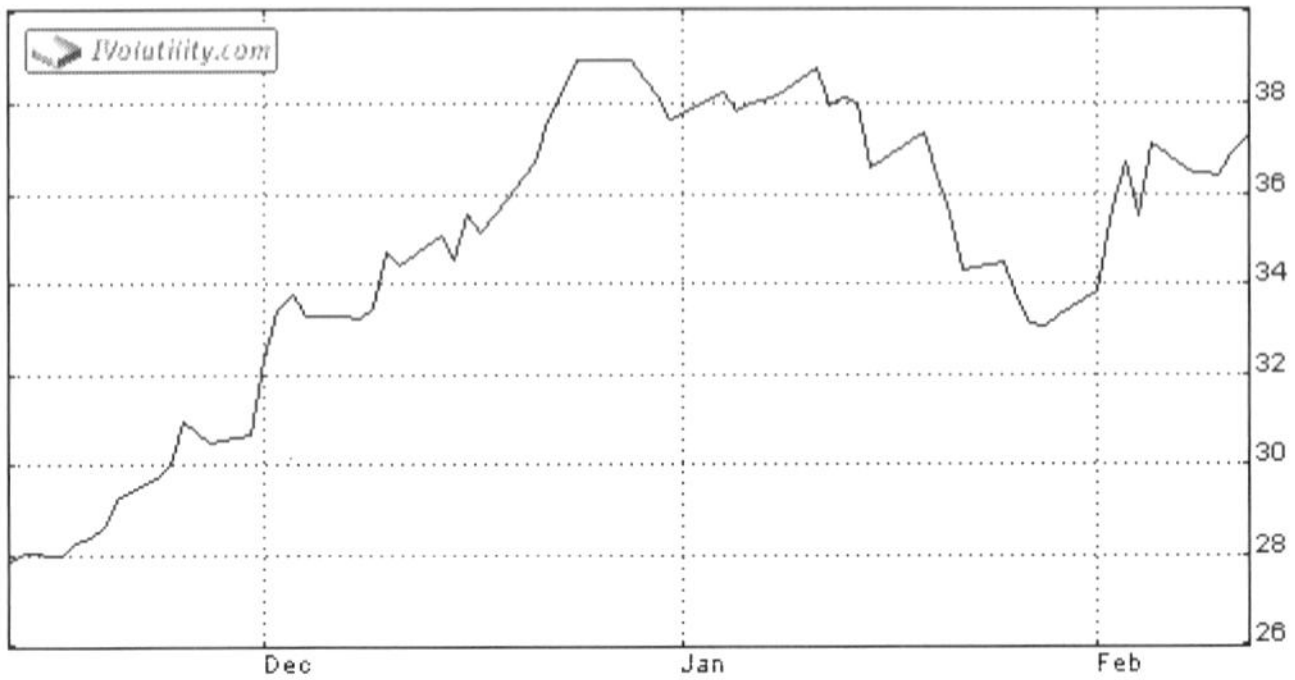

ＩＶは崩壊し、スプレッドが縮小する。参考までに株価チャートも掲げる（**図表５・17**）。

ストラングルスワップの取引例⑮

図表５・18はターゲット銘柄ＦＡＳ。理想的にはＩＶがもっと上昇すれば格好のターゲットになる。11月頭に仕掛けたストラングルスワップは十分な利益になった。ボラティリティが上昇すればもう一度仕掛けたい。

株価は72ドル台。ＡＴＭの１月限―４月限のコールおよびプットのスプレッド合計は13ポイントを超えている。

ストラングルスワップの取引例⑯

毎月のように追い求めているのは、**図表５・19**のような状況下にある銘柄である。過去の利益の多くがこのような状況下の銘柄の

図表5.18　FAS

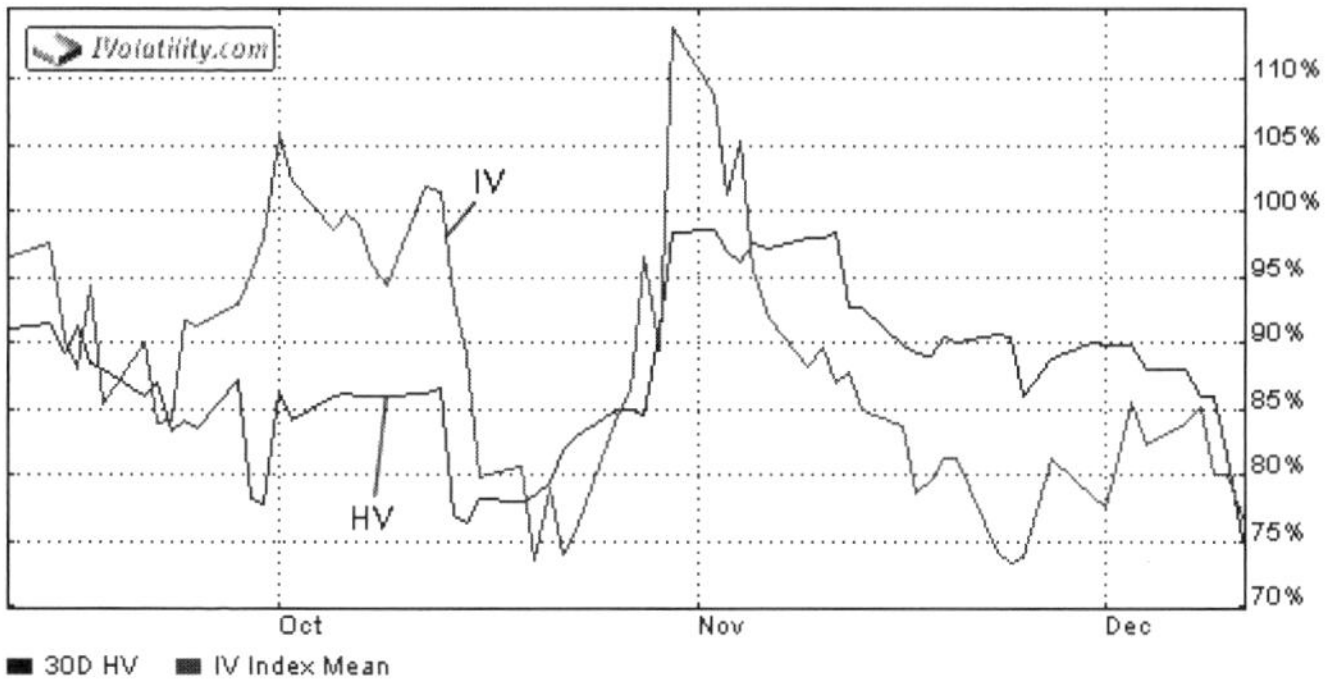

図表5.19　MNTA

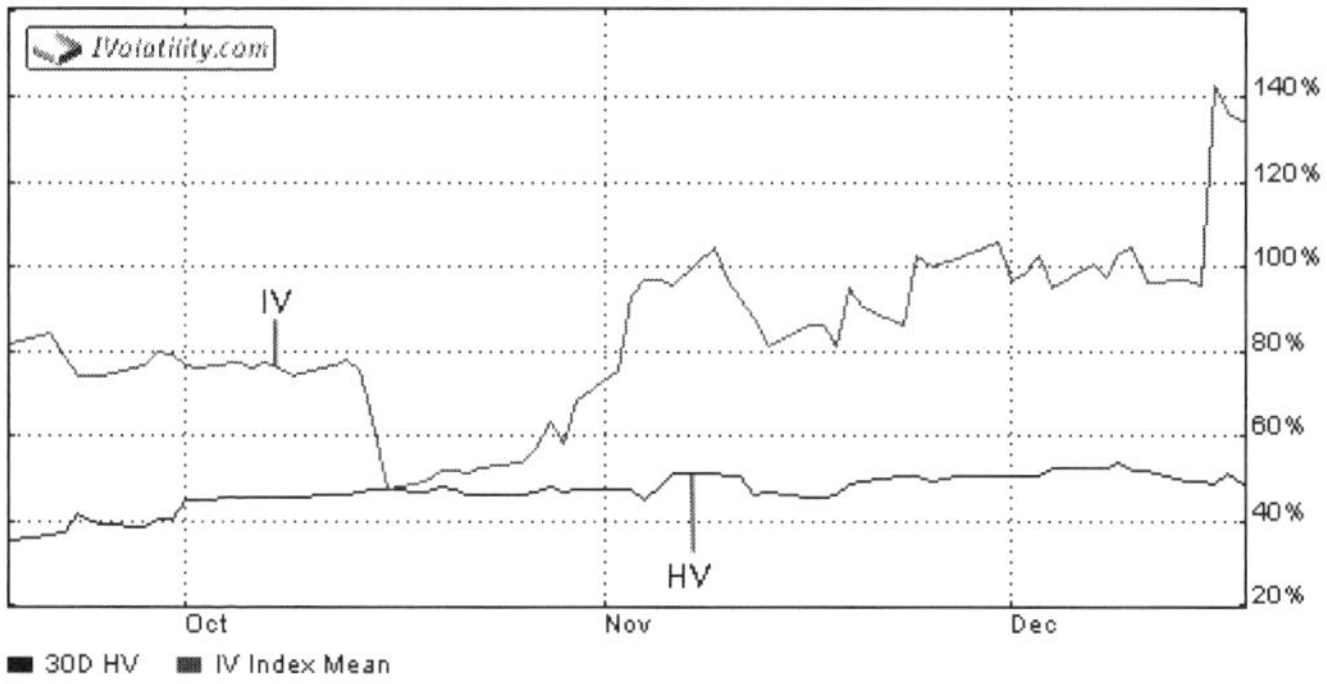

図表5.20　MNTA

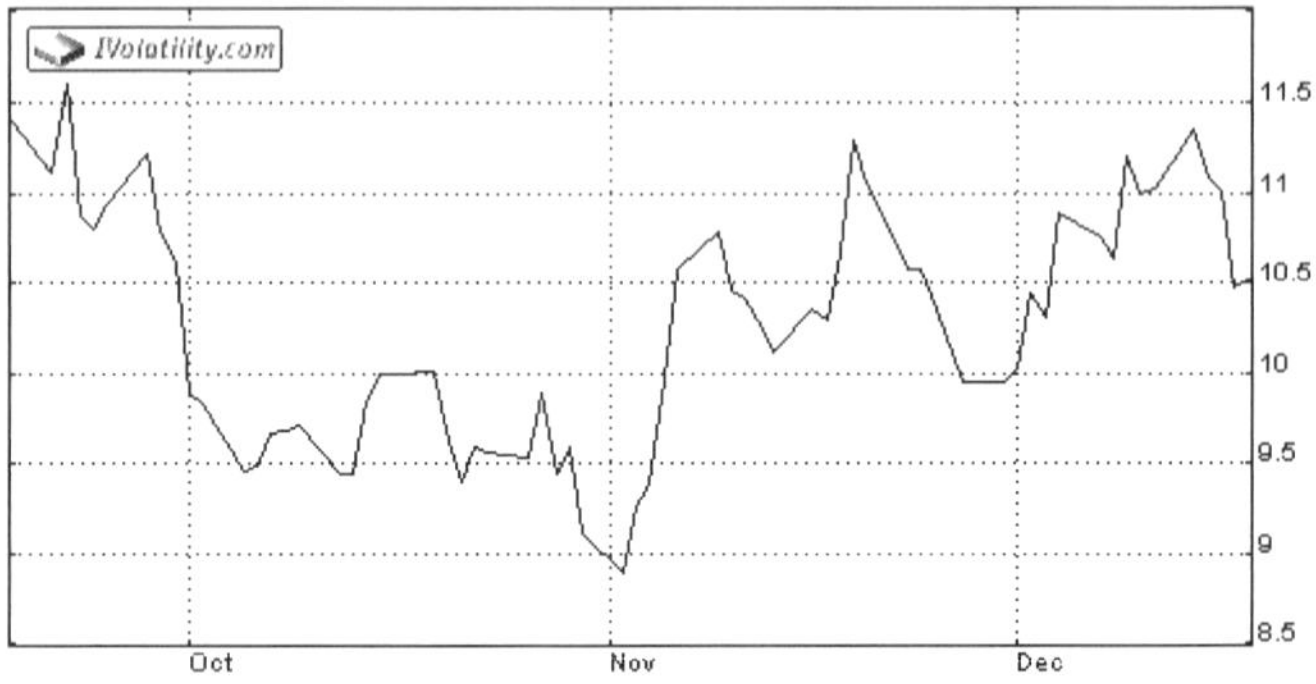

トレードから上げたものだ。

この銘柄には何らかの思惑があるのだろう。ＩＶが非常に高く、ＨＶから大きく乖離している。これはひとつの例外もなく、いずれＩＶが破裂する。参考までに株価チャートも掲げておこう（**図表５・20**）。

株価変動よりもボラティリティの動きのほうがずっと大きい。これまでの経験ではリスクは非常に小さく儲けやすいパターンである。ボラティリティが急下降すればスプレッドは一気に縮小するだろう。

ストラングルスワップの取引例⑰

図表５・21は最も興奮させられる〝お気に入り〟のトレード対象である。

ＩＶがＨＶから大きく乖離したときは、明らかにプレミアムが歪んでいる。株価変動は

図表5.21

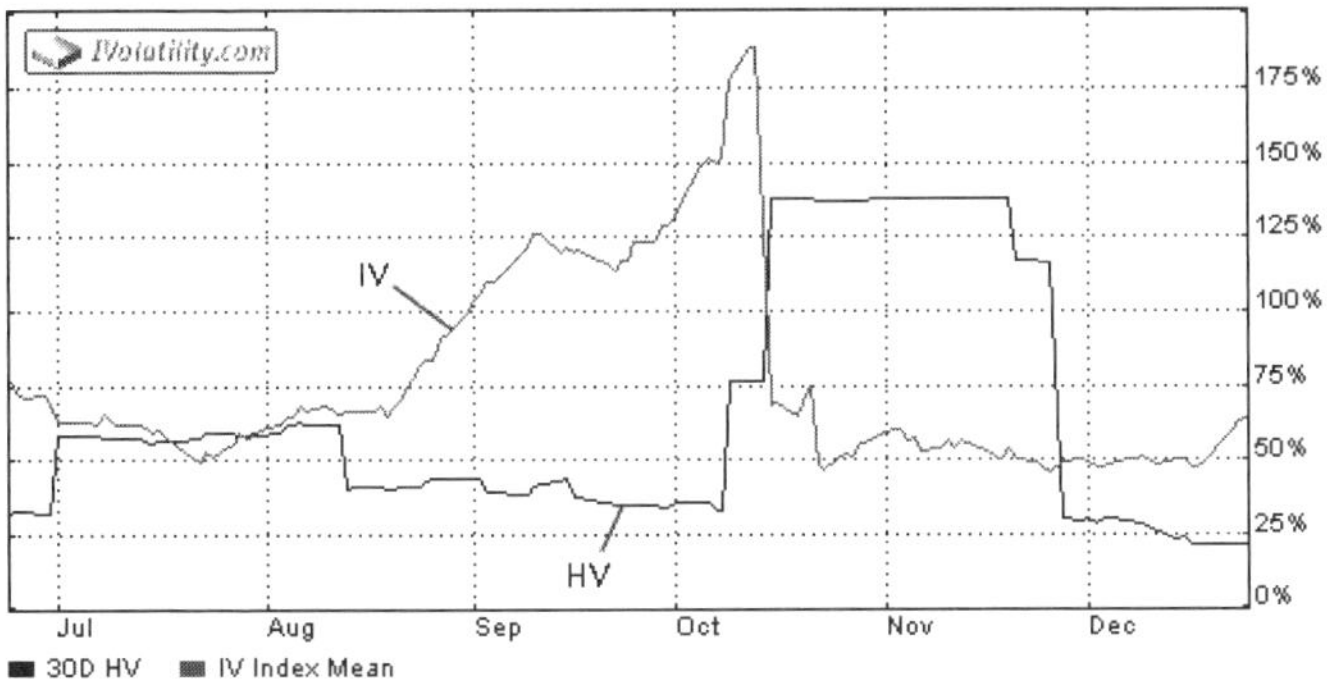

一切気にしない。株価が上がろうが下がろうが、ＩＶはいずれ崩壊する運命にあるのだから……。

ストラングルスワップの取引例⑱

図表5・22はＡＡＰＬである。ポジションは通常１日～数日保有する。株式の短期トレードよりもずっとリスクが低く、慣れてしまえば、とてもやりやすいので紹介したい。

対象はオプションの流動性があり、株価水準の高い銘柄だ。私が短期売買用に常時ウォッチしているのはＡＭＺＮ（アマゾン）、ＡＰＬ（アップル）、ＧＳ（ゴールドマンサックス）の３銘柄である。

では**図表5・22**のストラングルスワップの短期売買例を紹介しよう。

10セットの仕掛けで手数料を抜いて純利益

図表5.22　AAPL

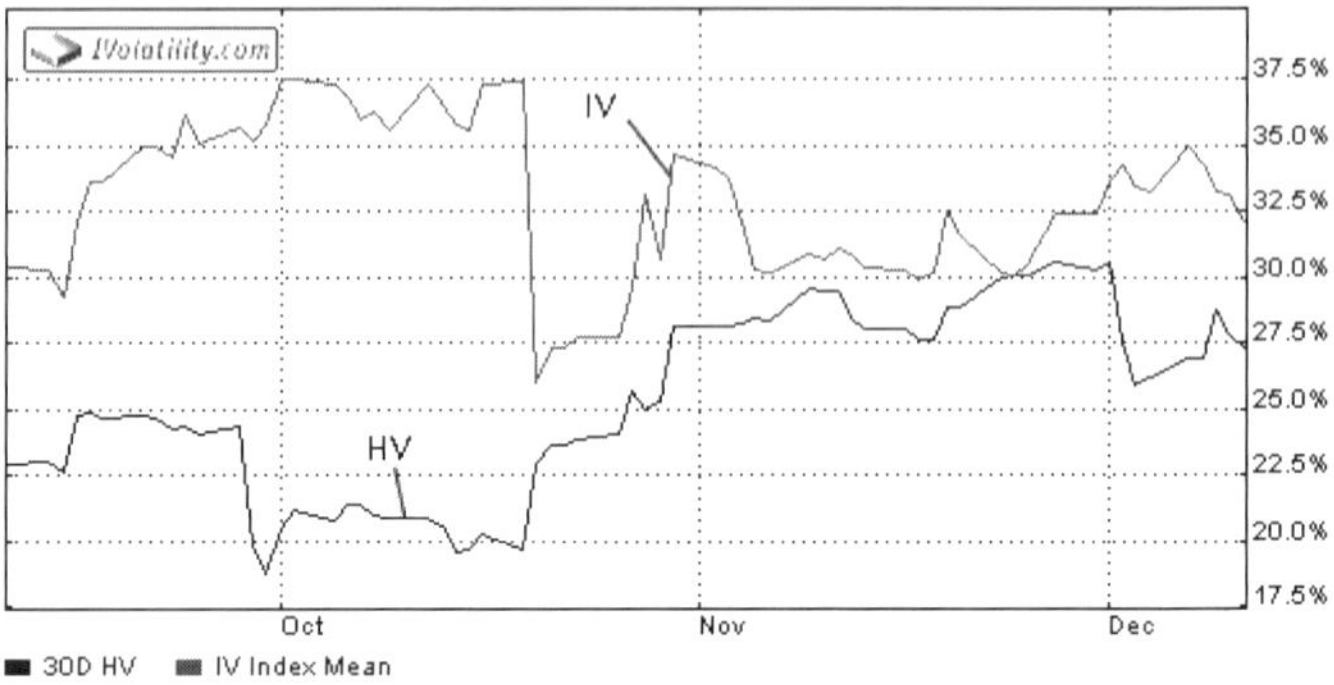

◎仕掛け（価格は相当の枚数を分割で行った平均値）
　12／8　株価：189.97ドル　ＩＶ：33.89％
　12月限190コール買い―１月限190コール売り
　12月限190プット買い―１月限190プット売り
　スプレッド合計：8.70

◎手仕舞い
　12／9　株価：197.80ドル　ＩＶ：32.87％
　　前記ポジションを解消
　　スプレッド合計：7.96

　10セットの仕掛けで手数料を抜いて純利益が740ドル（＝〔8.70―7.96〕×100株×10枚）である。

図表5.23　SKF

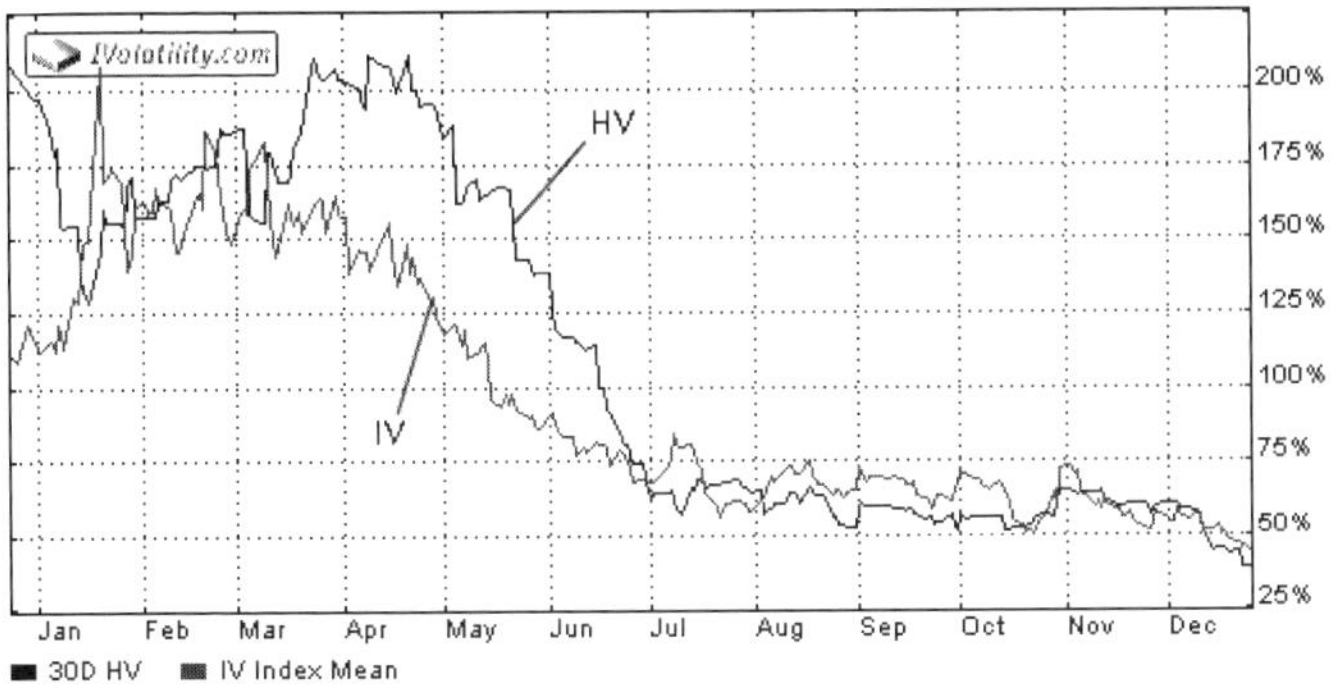

が740ドルである。悪くないトレードだ。AAPLのオプションは一度に1000枚以上取引できるほど十分な流動性がある。

ストラングルスワップの取引例⑲

図表5・23のSKFは、金融セクターのベア型（空売り型）ETFで、レバレッジ2倍である。米国のETFにはこのような特殊な構造をもったものがある。

このETFのオプションは流動性があってボラティリティが非常に高いことに着目し、4月にストラングルスワップを大量に仕掛けた。この戦略では株価の動きなど一切見る必要はない。ボラティリティだけだ。

2. リバース・ストラングルスワップ

リバース・ストラングルスワップのメカニズムは、ストラングルスワップとまったく逆になる。

●リバース・ストラングルスワップ
＝期近限月のATMコールとプットを売り、期先限月のATMコールとプットを売る。

ストラングルスワップはボラティリティが高い銘柄に対して仕掛け、リバース・ストラングルスワップはボラティリティの低い銘柄に対して仕掛ける。

◆リバース・ストラングルスワップのメカニズム

リバース・ストラングルスワップは、次の点に着眼した戦略である。

低いボラティリティはいつか上昇する　↓　スプレッドが拡大する

仕掛けるときの要素はストラングルスワップと同じだ。

◎リバース・ストラングルスワップを仕掛けるときの3つの要素
①インプライドボラティリティ（IV）
②原資産価格（株価）の限定的な変動（HVが一定または低下）
③タイムディケイ

しかし、ストラングルスワップと正反対で、ストラングルスワップでリスク要因となっていた③の要素タイムディケイが、リバース・ストラングルスワップでは利益の源泉となる。株式オプションでは、①を期待して仕掛けることもできるが、多くの場合①も②も一定の中にあることを想定して仕掛け、③から利益を上げる。②の要素である原資産価格が幅の狭いレンジを期待しているので、原資産価格（株価）の動きには特に注意を払う必要がある。付け加えると、ネイキッドスプレッドに対してリバース・ストラングルスワップはリスク限定のポジションである。

リバース・ストラングルスワップの取引例①

リバース・ストラングルスワップでは、株価指数を第一に考えたい。ＳＰＹである。個別株と比べてボラティリティが安定し、かつ１カ月の株価変動は限定的だ。タイムディケイを狙って仕掛けてもいいだろう。

図表5.24　SPY

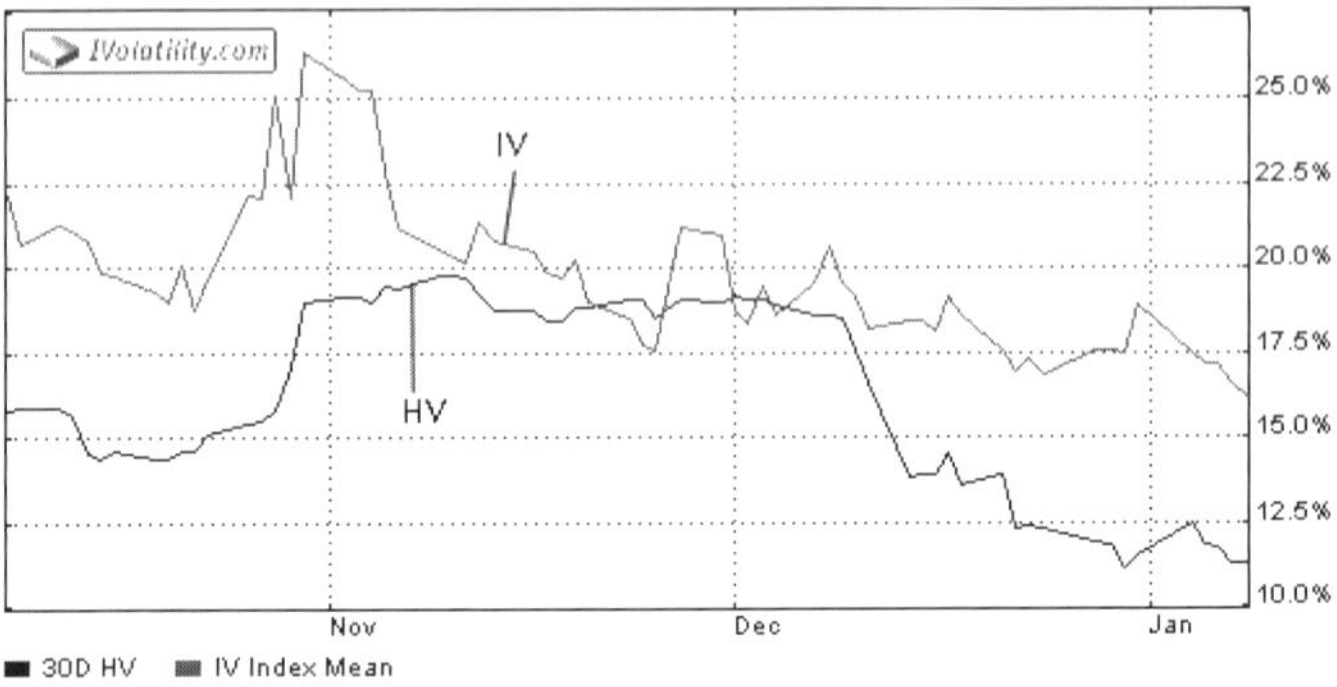

ＳＰＹのボラティリティチャートを見てみよう（**図表５・24**）。ＩＶが下降傾向なのでストラングルスワップのほうがいいと思う人がいるかもしれない。だが、そもそもストラングルスワップでは、このような動きの小さいボラティリティは対象にしない。

ＳＰＹのリバース・ストラングルスワップはボラティリティインデックスでいくらでもヘッジできる。

リバース・ストラングルスワップの取引例②

図表５・25のボラティリティチャートをご覧いただきたい。この銘柄はボラティリティが恒常的に低水準で一定している。

このようにボラティリティが低く、今後上昇するか、あるいはあまり変化がないことが予想される場合に利益を上げる方法がリバー

図表5.25

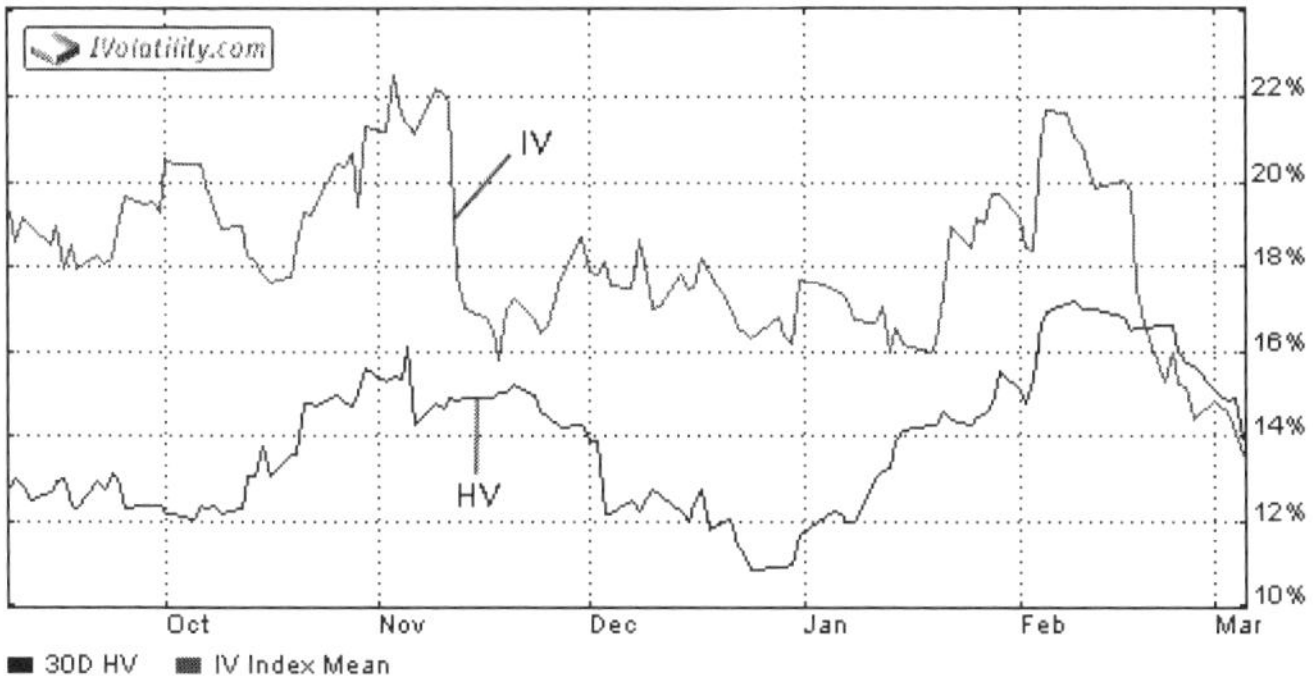

ス・ストラングルスワップである。

例えば、この株式オプションの原資産価格が30ドルとしよう。そのとき、次のポジションで取引をしたとする。

◎仕掛け
4月限（1番限）30コールとプット売り
＝0・50ドル
6月限（2番限）30コールとプット買い
＝1・50ドル
スプレッド＝1・00ドル

◎手仕舞い
4月限（1番限）30コールとプット買い
＝0・50ドル
6月限（2番限）30コールとプット売り
＝1・00ドル

図表5.26　WMT

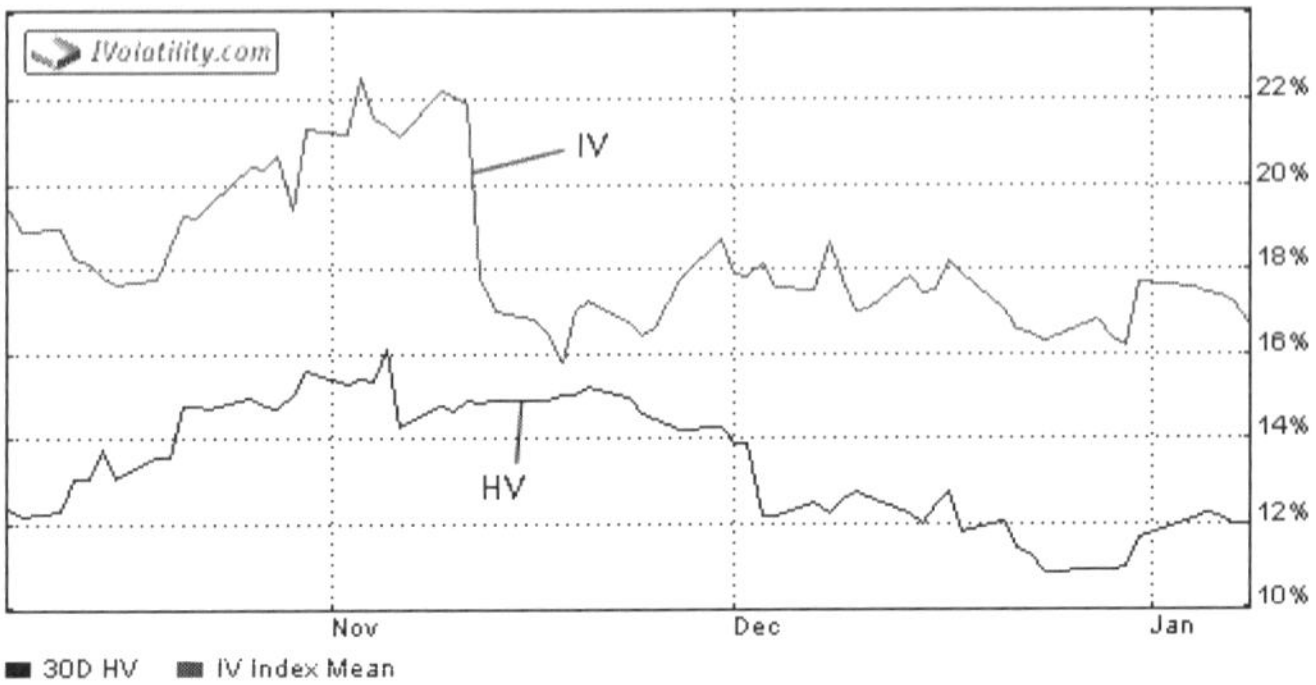

スプレッド＝1・50ドル

　したがって、計0・50ドルがこのリバース・ストラングルスワップの1セット当たりの利益になる。

リバース・ストラングルスワップの取引例③

　図表5・26のWMTは、株価もボラティリティも安定していた。レシオヘッジという戦略の対象銘柄でもあるが、リバース・ストラングルスワップのターゲットである。

リバース・ストラングルスワップの取引例④

　図表5・27と**図表5・28**は格好のリバース・ストラングルスワップ対象銘柄である。私は比較的短期でＡＡＰＬやＧＳを仕掛けることが多かった。

図表5.27　AAPL

図表5.28　GS

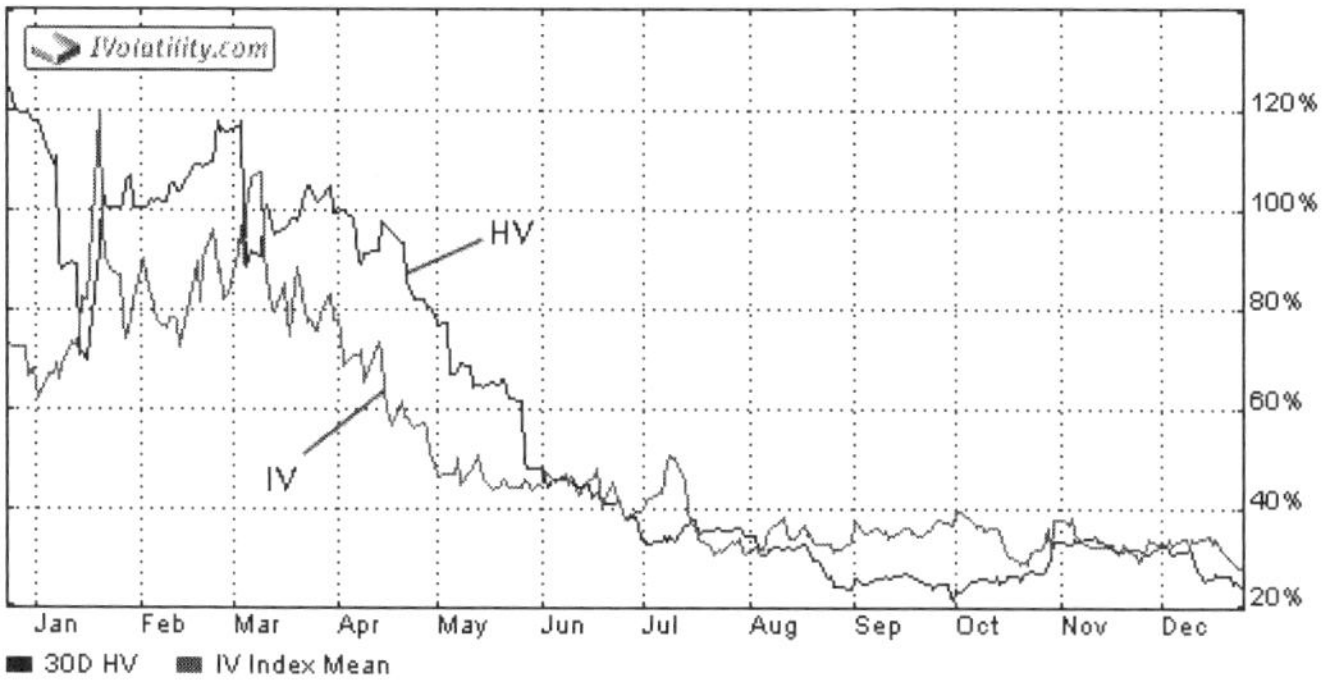

3．スプレッドのまとめ

ストラングルスワップとリバース・ストラングルスワップの２つの戦略は実に面白い。２００９年はこの戦略で大きな利益を上げた。株式相場が軟調だったにもかかわらず…である。

この２つの戦略では、私自身はストラングルスワップのほうが好きだ。理由は「異常に高いボラティリティはやがて減少する」という必然の道が用意されているからだ。

第４章で述べたように「人の心は熱した後は必ず冷める」のである。こんなに単純な必然を利用しない手はないのだ。

またヒストリカルボラティリティ（ＨＶ）が増加し始めるときに、短期でストラングルスワップを仕掛けることができるのも好きな理由のひとつである。

ただ、高い水準のＩＶをもつ銘柄が見つからないときは、根気強く待つことが大切だ。待って確実な戦略で仕掛けるのである。

ここで興味深い話をしよう。私はＡＭＺＮでもストラングルスワップを仕掛けるが、過去ストラングルスワップで楽に儲けた銘柄は、株価が10ドルから20ドル程度のものが圧倒的に多い。なぜか？　株価が低い銘柄のボラティリティは総じて高いからだ。

２００９年10～11月の成功例として、取引事例にＡＣＯＲという銘柄を挙げた。これは極めて古典的な例だ。ストラングルスワップではボラティリティの高さが重要なのだ。**「ボラティリティが異常に高ければ高いほど、利益を得やすい」**——。この単純明快な理由を知っているだけで、皆さんは利益を上げられる。

ＡＭＺＮ、ＡＡＰＬ、ＧＳなどのオプションは、流動性が十分にあるので、オプションスプレッドを短期でトレードするには悪くないが、ボラティリティは30％台から40％程度だ。ストラングルスワップを仕掛ける銘柄としては、これらよりもずっと妙味のある銘柄が、米国株式オプションには目白押しなのだ。

◎ストラングルスワップのポイント

●ボラティリティの高い銘柄に仕掛ける。
●ＡＴＭのコールとプットを対象とする。
●期近限月を買い、同時に期先限月を売る。
●スプレッドが縮小すれば利益となる。
●タイムディケイがリスク要因　↓　期近限月の残存日数に注意する。
●原資産価格（株価）が上下いずれかに大きな変動を見せると、プレミアムが縮小し利益を生み出す。

図表5.29

	ストラングルスワップ	リバース・ ストラングルスワップ
仕掛ける 対象銘柄	ボラティリティが高い銘柄	ボラティリティが低い銘柄
仕掛けの着眼点	ＩＶとＨＶの異常な乖離→異常に高いボラティリティは必ず減少する（必然）	ＩＶ・ＨＶの長期にわたる低水準→ボラティリティが一定であることを想定
仕掛け方	期近限月を買い、同時に期先限月を売る	期近限月を売り、同時に期先限月を買う
対象とする 権利行使価格	ＡＴＭ	ＡＴＭ
仕掛ける期間	基本的に４週間以内（期間内に利益が出ない場合はロールする）	基本的に短期（２～４週間）
原資産の動き （大）	利益を生む	大きな動きはリスク●原資産価格の動きに注意
原資産の動き （小）	タイムディケイから損失の可能性	利益を生む
スプレッド	縮小すれば利益	拡大すれば利益
タイムディケイ	リスク要因●期近限月の残存日数に注意	利益の源泉
メカニズム	タイムディケイを打ち消すほどの大きなⅣおよびHVの変動が起きたときに、最大の威力を発揮	Ⅳ・HVの変動が限定的であれば、期近限月のタイムディケイが有利に働く

◎リバース・ストラングルスワップのポイント

●ボラティリティが低い銘柄に仕掛ける。
●ATMのコールとプットを対象とする。
●期近限月を売り、同時に期先限月を買う。
●スプレッドが拡大すれば利益となる。
●タイムディケイが利益の源泉である。
●原資産価格も一定のレンジを想定　↓　動きには注意を払う。

これらを表にまとめたものが**図表5・29**である。

第6章　ホームグラウンド〝S&P500〟

Ｓ＆Ｐ５００は米国の株式市場を代表する株価指数である。そして、私にとってはホームグラウンドとも呼ぶべき最も重要なもので、これまでのオプション取引キャリアの半分はＳ＆Ｐ５００が中心だった。

私はＳ＆Ｐ５００によって、オプション取引と株式マーケットに関する多くのノウハウを身につけたといっても過言ではない。現在もＳ＆Ｐ５００を取引しているが、その手法においては時の経過とともに変遷してきている。

当初の取引対象は「Ｓ＆Ｐ５００の現物指数」を基にしたオプションだ。

その後、その親戚である「Ｓ＆Ｐ１００（ＯＥＸ）」オプションへと移った。これは最も流動性が高く、人気だったからだ。

さらに「Ｓ＆Ｐ５００先物」オプションに移る。売り戦略を多用する私にとって、先物オプションの低い証拠金比率は魅力だった。

そしてさらに「ＥミニＳ＆Ｐ５００先物」オプションだ。世の中が電子取引へと流れるなか、ＥミニＳ＆Ｐ５００先物オプションが電子取引プラットフォーム（ＧＬＯＢＥＸ）で取引できるようになったからだ。

現在取引しているのは「SPYオプション」である。

SPYは「スパイダーズ」と呼ばれるS&P500指数連動型ETFである。その1日の出来高は200万枚を超え、株式オプション市場で最も活発に取引されているオプションだ。この豊富な流動性に魅せられた。

一般的にオプションはその原資産よりも流動性が低いために、BIDとASK（買値と売値）に開きがある。したがって、通常は「指値」で注文を出す。しかし、SPYオプションは例外的に「成行《なりゆき》」で注文を出せるほど流動性が豊富なのである。

◆サイクルとの出合い

S&P500で株式マーケットのノウハウを身につけたと述べた。その一番の要因は「株式市場にはサイクルが存在する」ということを知ったことだ。

これまでも何度か触れてきたが、サイクルは〝ウイニングエッジ〟のひとつである。オプション取引で成功するには欠かせないものだ。

何度も読むことでぜひ自分のものにしてほしい。サイクルは毎年起きる（起きるだろうと期待できる）株価変動のパターンのことである。拙著『私はこうして投資を学んだ』から引用しよう。

　毎年株価は何月が強く何月が弱いか、過去何十年の歴史の中で株価が上昇した月は何月に集中しているか。同様に、株価が下落したのは何月に集中しているか。こんな単純なことに着眼するだけで、株式市場で利益を上げることができます。逆にいえば、これ以上の難しいことについては知る必要がないのです。

　米国株式市場についていうと、株式市場が最も弱いのは10月です。株価が暴落するのは決まって10月なのです。理由はよく分かりませんが、とにかく10月は要注意です。１９２９年の金融恐慌につながった米国株式市場の大暴落も10月でした。１９８７年のブラックマンデー（暗黒の月曜日）も10月です。

　株式投資は株価が最も安いときに開始すべきです。ということは、1年のうちで株式投資を始めるのは10月後半から11月にかけてが最適、ということになります。それから12月のクリスマスにかけて、株式市場はその強さが続く傾向にあります。さらに翌年の1月も確率的に株式市場は引き続き強い傾向にあるといえます。この強い株式市場はいつまで続くのでしょうか。株価は1年中上がり続けることはあり得ません。

　この強さも4～5月には息切れするでしょう。5月は株式市場が弱まる傾向にあるのです。そう、多くの場合5月は株式の売り時なのです。日本ならゴールデンウィーク後に株式市場が弱まる傾向にあります。多くの投資家にとって株式投資は休みどきですが、この時期でも積極的に行動するなら、前述した「空売り」を仕掛ける時期になります。

前にも述べたが、2008年の「リーマンショック」や2010年5月の「ギリシャショック」による急落時も、サイクルに基づいてポジションをとっていれば、相場の荒波を回避できたと思う。相場分析をしたり将来変動を予測したりしなくても、来るべき確率の高い現象に備えてさえいれば、不利益を受けるどころか、それを利用して利益を上げることができるのである。

◆S&P500とボラティリティインデックスの相関関係

S&P500とともに私が日々見ているのはボラティリティインデックス（VIX）である。これはS&P500オプションの全OTMのコールとプットのインプライドボラティリティの加重平均を基に算出したものだ。

算出法の詳細は知らないが、CBOE（シカゴオプション取引所）が独自に開発したモデルで算出している。

図表6・1は2009年6月から2010年6月までのS&P500の動きである。そして**図表6・2**は同じ期間のVIXの推移だ。

よく見てほしい。S&P500とVIXの相関関係が見えてくるだろう。

S&P500とVIXについては興味深い発見がある。ビクター・ニーダーホッファー著『Practical Speculation』のからの引用である。

図表6.1　S&P500

図表6.2　VIX

> 皆が知っているとおり、夜明け前はいつでも最も暗い。「最も暗い」を測るモノサシはないが、VIXが提供するシグナルはわれわれが発見したものの中で最良のものだ。このインデックスは市場のボラティリティの予想水準を測るモノサシを提供している。
> VIXの通常の水準は25近辺である。実践的な仮定の話であるが、ボラティリティが高いとき、例えば30を超えたあたりの水準では投資は恐怖を覚える傾向にある。そしてそれは株を買うには良いタイミングである。
> 一方ボラティリティが低いとき、例えば25あたりを下回った水準のとき、投資家は満足している傾向にある。そしてそれは株の良い売り時である。
> （同著107ページ。訳は原文に基づき筆者による）

ひと言でいえば「皆が恐怖を覚えているときは株の買い時で、皆が満足し安心しているときは株の売り時だ」というわけである。**図表6・1**と**図表6・2**の動きを見ると納得できるのではないだろうか。私自身はオプション取引で、このような使い方をしないが、市場の見方としては大いに参考にしている。

◆以前多用したS&P500先物取引手法（コールとプットの売り）

私は長い間、S&P500先物オプション（後にEミニS&P500先物オプション）の残存期間の比較的短いOTMのコールとプットの両方を売って、大きな利益を上げてきた。株価変動に応じてポジションを調整していき、最終的に利益へともっていくやり方である。

S&P500先物オプションは平常時でもファーOTMのプットの価格が割高なので、それを売ることは合理的な行動に見えた。具体的には1番限のファーOTMプットを売り、2番限のファーOTMコールを売るのである。

これでデルタを基本的にニュートラルに保つことができる。コールはプットに比べてIVが低いので、プレミアムも小さい。そこでコールだけを2番限に移すわけだ。S&P500は下落するときのスピードが速く、上昇速度は緩やかなので、コールを次限月にずらしても問題がない。

注意を要するのはプット売りである。S&P500先物オプションのファーOTMプットは恒常的にIVが高く割高だ。しかし、マーケットの急落時にはもともと高いプットのIVがさらに高くなり、プットの価格が大きく歪む傾向にあるのだ。そのようなプットを大量に売っていると、急落時には大きな評価損を抱え込み、身動きがとれなくなる。

この戦略で最も注意を払わなければならないのは、マーケットの方向性やレンジではない。マーケットの急落だ。

マーケットが平穏であれば黙っていても儲かる。しかし、ひとたびマーケットが急落すれば、それまで蓄積した利益を一気に吐き出す羽目になる。それだけではない。過大な利息をも払うことになるかもしれない。

それを避けるためには次の点に注意する

●マーケットのサイクルを常に考慮する。
●5月および9～10月は毎年プット売りポジションはもたない。
●ボラティリティが低い状況が続くときもプット売り戦略は避ける。近くマーケットが急落する可能性が高いからだ。

◆現在多用しているSPYオプション戦略（ITMコールの買い）

結局、私は2005年以降、この戦略を止めてしまった。S&P500のIVが低水準になり、その状況が長く続いたからだ。

そしてボラティリティが通常の水準に戻っても、同戦略を再開することはなかった。理由は、市場メカニズムが暴騰暴落の発生しやすいメカニズムへと変化したからである。

その背景には、インターネット技術の発達、市場のグローバル化、株価指数先物やコモディティ先物の電子取引化、そして通貨の24時間取引体制の導入などが挙げられる。

情報が一瞬で世界中を駆け巡り、24時間いつでも電子取引によってトレードが可能になった。この状況は投資家に大いなる利便性を与えた一方で、市場のボラティリティを必要以上に押し上げる要因にもなってしまった。そうした状況で、特定の市場や銘柄、ひとつの戦略だけで成功してきた従来のやり方は通用しにくい状況になってきたのである。

現在、私はＳＰＹオプションにくら替えした。流動性が非常に豊富だからだ。原資産と同じ感覚で成行執行が可能なほど買値と売値が狭く、取引がしやすい。オプションの中では稀有な存在だ。さまざまな戦略を実行できる。

トレードの「技能」を身につけるための実践訓練として、私が実行している手法を紹介しようと思う。この戦略が読者の投資スタイルに合致するかは分からない。ただ、知ることは選択肢を広げる。必ずや参考になるだろう。

ただし、具体的な内容説明に移る前に技能について触れておきたい。

これから述べる戦略は、傍目には単純で簡単なように見える。しかしけっして簡単なものではない。いろいろと面倒な技術が求められるからだ。その技能を習得するには、本玉を建てての練習が必要だ。

◆実践することで分かる自分自身

私が言う「練習」とは、デモトレードやシミュレーションを意味しているのではない。基本的な技能を習得するために、少ない数量で行う「実際の売買」を意味する。

仮想取引では自分の心理をつかむことができない。例えば、ネイキッド売りポジションをもったときに自分は恐怖を感じるか。ボラティリティ上昇局面での逆張りポジションに心理的に耐えられるか。ポジションをとった後で自分のポジションが市場と調和しているか、それとも違和感があるかを再度見直すことができるか。ある特定の戦略や手法、あるいは市場・銘柄が自分に合っているかそうでないか。

実践することによってそれらを感じとることが大事なのだ。

これはあらゆるトレードを行ううえで、非常に切実で重要なことである。知識だけの技術では実際には通用しない。

その典型的な例がある。

ＩＶとＨＶが大きく乖離し、ＩＶが連日増加していた株式オプションで、ストラングルスワップのポジションをとっていたトレーダーがいた。私も同じポジションをとっており、ポジション自体は悪くなかった。

しかし、そのトレーダーはＩＶが増加して同ポジションの評価損が少し膨らむと私に相談をしてきた。怖くてポジションを維持できなくなったのである。

私は「増し玉をすべき状況である」と答えた。しかし、結局ボラティリティが崩壊する2日前にポジションを閉じてしまった。

心理的負担に耐えられなかったのだ。あと2日待てば2万ドルの利益を手にできたはずなのに……。

そもそもトレードの技能に問題があった。試し玉から始め、徐々に増し玉していくという基本を忘れ、一気に一定の数量（20セット）を建ててしまったのだ。

ちなみに、このトレードは最近最も興奮させられた最も美しい古典的なストラングルスワップで、私自身は同じ状況で素晴らしい利益を上げることができた。

技能を習得するには、何度も同じことを繰り返し実行することが大切だ。私は年に何千回ものトレードを行っている。それが20年間続いている。

そして自分なりのトレードの型を作ることが大切だ。それには仮想でなく、実際にトレードして経験を積むことなのである。

◆トレードの技能

トレードの技能に含まれるものを具体的に挙げると、次のようになる。

①相場変動（＝原資産の価格変動とボラティリティの増減）を受け止める“感覚”
②相場変動に応じてポジションを動かす技術
③心理的な負担の克服
④根気

普通は①と②であるが、私はこれらに③と④を加える。③の心理的な負担の克服は、経験と訓練によって可能だというのが私の結論である。④の根気は、トレーダーや投資家として成功するための基本的かつ不可欠な資質である。根気力は経験と訓練によって身につけることができるので、技能に含めることにした。

①は説明が簡単のようで難しい。スポーツに例えて言うなら、動いているボールを受け止めるだけの最小限の運動神経のことである。これは何度も練習すれば誰でもできるようになるのと同じように、相場でも誰でもできるようになる。

そのために最も必要なのが、場帳の作成である。そしてグラフ（チャート）を見て感じることである。これを繰り返せば、ボールを受け止められるのと同じように、相場変動を受け止められるようになる。

受け止めるとは「今の動きを把握する」ことを意味する。今の動きを把握するということは「将来の変動を予測すること」ではない。あくまで過去から継続している〝今〟を把握することである。

トレード実践のすべてはここから始まる。それに基づいてどのようなポジションをとるかは、それに続く行為だ。

②はトレードの実践である。トレードの実践とは「ポジションをとる」→「増玉」→「減玉」→「手仕舞い」の一連の行為を指している。

◆やってはいけない手法

相場の学習はどうしても将来の相場展望、観測や予測に力を入れがちだ。しかし、調査・分析、データの収集と解析に大金をかけられない個人投資家の相場予測は、天気予報よりも劣るのは当然のことである。

さらにオプションの場合、手法や戦略の話がこれに続く。しかし、それだけでは足りないものがある。実行する技能である。

特に個人投資家にとっては、技能を身につけることが最も重要だ。どのようにトレードするか、という問題である。

近年トレードに関する本が書店の投資コーナーを賑わしているが、その内容を見ると多くは欧米の先物・株式・ＦＸトレーダーの手法などである。それは超短期のトレンドに順張りで乗る一発必中型のトレード法で、逆行に備えてはストップ注文を入れておくというものである。

この手法を〝当てもの〟という。私はこれを否定するものではないし、自分自身でも経験がある。

しかし、その場合はストレス発散が目的の〝遊び〟と割り切っている。贅沢な遊びだと思うので今ではやらない。

これだけは申し上げておきたい。そのようなやり方はときどき儲かることはあるだろう。

だが、多くの場合、結果を〝偶然〟に委ねている。その何が問題かというと「儲かる・儲からない」とは別次元の話として、そのような手法では自分の取引技能が上達することはないということだ。

「上達」とは経験を積み重ねていくにしたがい、うまくなるということである。オプション市場の構造的優位性を理解するだけでは十分ではない。それを実行するためのトレード技法が重要なのだ。それが加われば鬼に金棒である。

オプションを売るにせよ買うにせよスプレッドにせよ、あるいはボラティリティの売買にせよ、大事なことは順張りで当てにいかないことだ。一度悪い癖がつくと矯正に時間がかかり、場合によっては一生立ち直れなくなる。

極端な例だが、宝くじは〝当てもの〟である。そして、そのような当てものは技術的に上達することはあり得ない。結果を偶然に委ねているからだ。

これはオプションでも同じである。宝くじを買うような偶然に結果を委ねるようなやり方をしてはいけないのだ。

◆私の型

では、SPYオプション戦略のひとつで、私自身の「型」で実行しているものを紹介しよう。それはけっしてオーソドックスなものではない。

前述したように、私は長い間、S&P500先物オプションのOTMコールとプットを売り、相場状況に応じてポジションを調整変更するという戦略をとってきた。現在は、こうした実践で培ってきた技能をSPYオプションでこれから述べる戦略に応用しているのである。取引対象はATMやITMが中心だ。

戦略は短期トレードである。前日のポジションをオーバーナイトで保有し、翌日には全玉決済して利益を確保する。そのうえでさらにポジションを取り直すこともしばしばある。

デイトレードに似たような感覚で同戦略を利用する場合もある。この戦略の利益を生むメカニズムやポジション調整のやり方を「基本イメージ」を作るための参考にしてほしい。そのうえで自分のトレードの型（スタイル）を作ることが望ましいだろう。

なお、参考までに、SPY以外で勧められるのはQQQ（ナスダック100連動型ETF。「Qs《キューズ》」と表示）である。SPYオプション同様に流動性は十分であり、買値と売値のスプレッドも狭い。

キューズは私も好きな銘柄である。SPYとの連動性も高く、サイズはSPYの半分以下である。資金の限られた方には、こちらを勧めたい。

SPYオプションの取引例①レシオヘッジ（ITMコール買い）

ITMコールを買うやり方である。まず、**図表6・3**でSPYの動きと**図表6・4**でボラテ

図表6.3　SPY

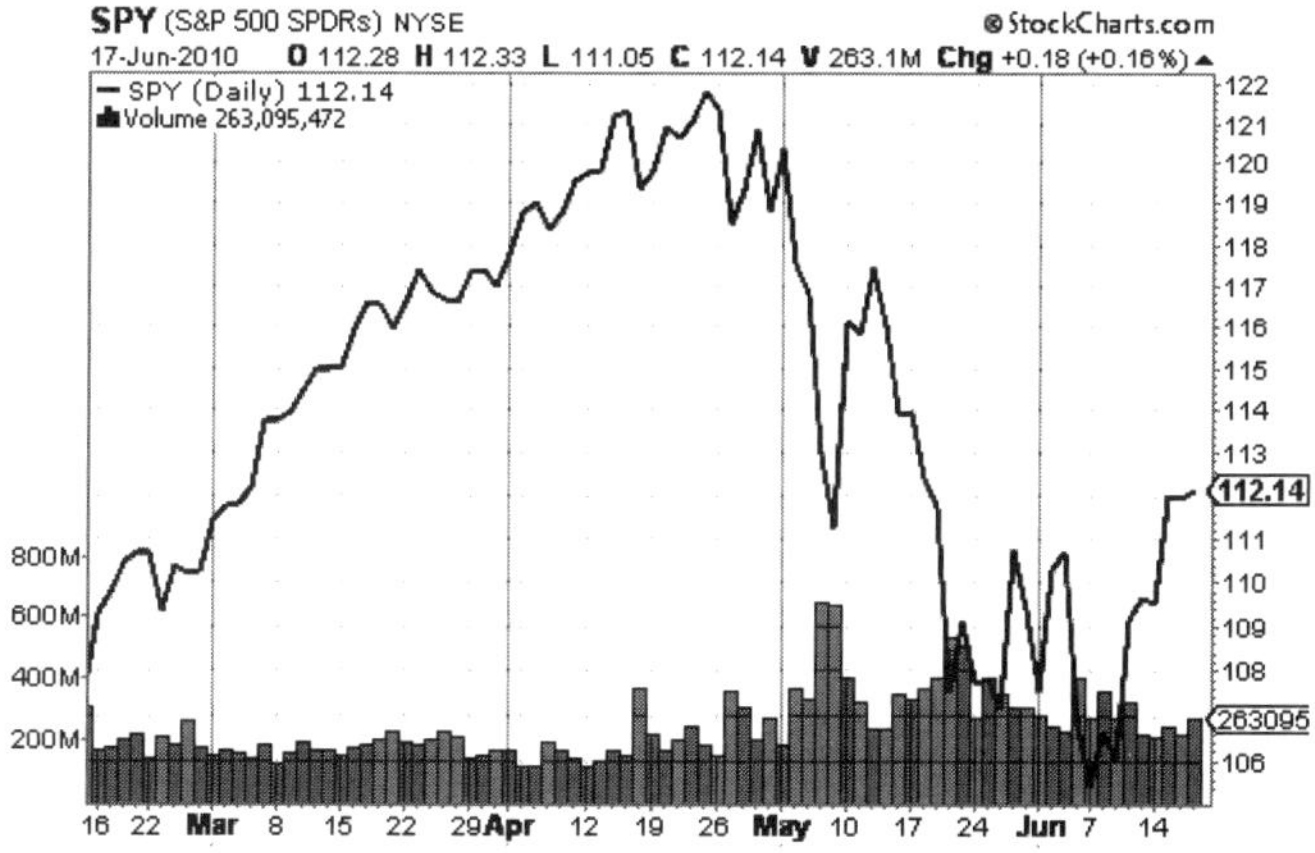

図表6.4　SPY

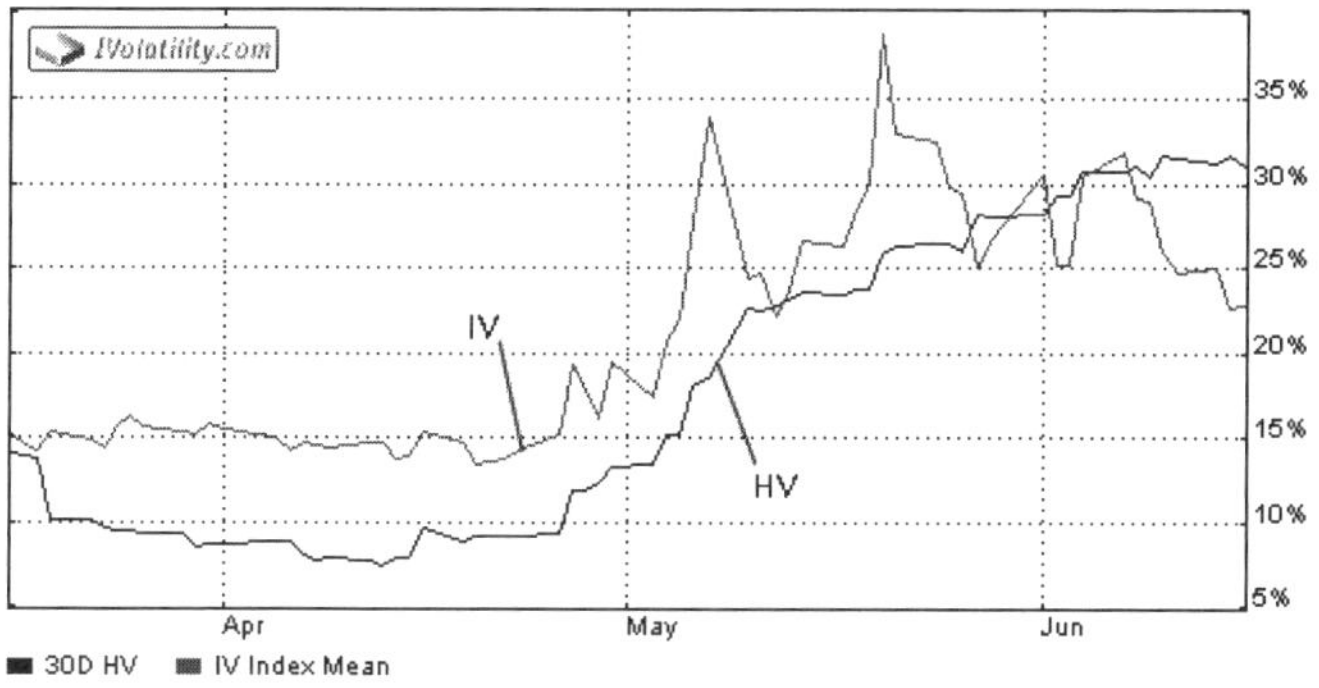

イリティの水準をチェックしよう。

チャートからは流れとレンジを確認できれば十分である。その後の調整・変更の目安にする。レンジとしては大雑把に106～117を目安にしておこう。相場がこれらのいずれかを抜いたときは、相場が相当に強いか弱いかのどちらかである。そして当然だが、積極的なポジション調整・変更が必要になる。

図表6・4からボラティリティは低下傾向にあることが読み取れる。これは市場に安心感があり、買い勢力が強いことを暗示している。そこでITMコールを買う。SPYのロングポジションをとる。

次にATMコールを売る。いずれも7月限（残存期間約1カ月）だ。両者の比率は1対1であれば「カバードコール」である。

具体的なポジションは次のとおり。

7月限100コール買い@12・15ドル
7月限112コール売り@2・50ドル

図表6・5はこのポジションの損益図だ。

これは私に関するかぎり、かなり強気なポジションである。SPY（112ドル）に対す

図表6.5　損益図

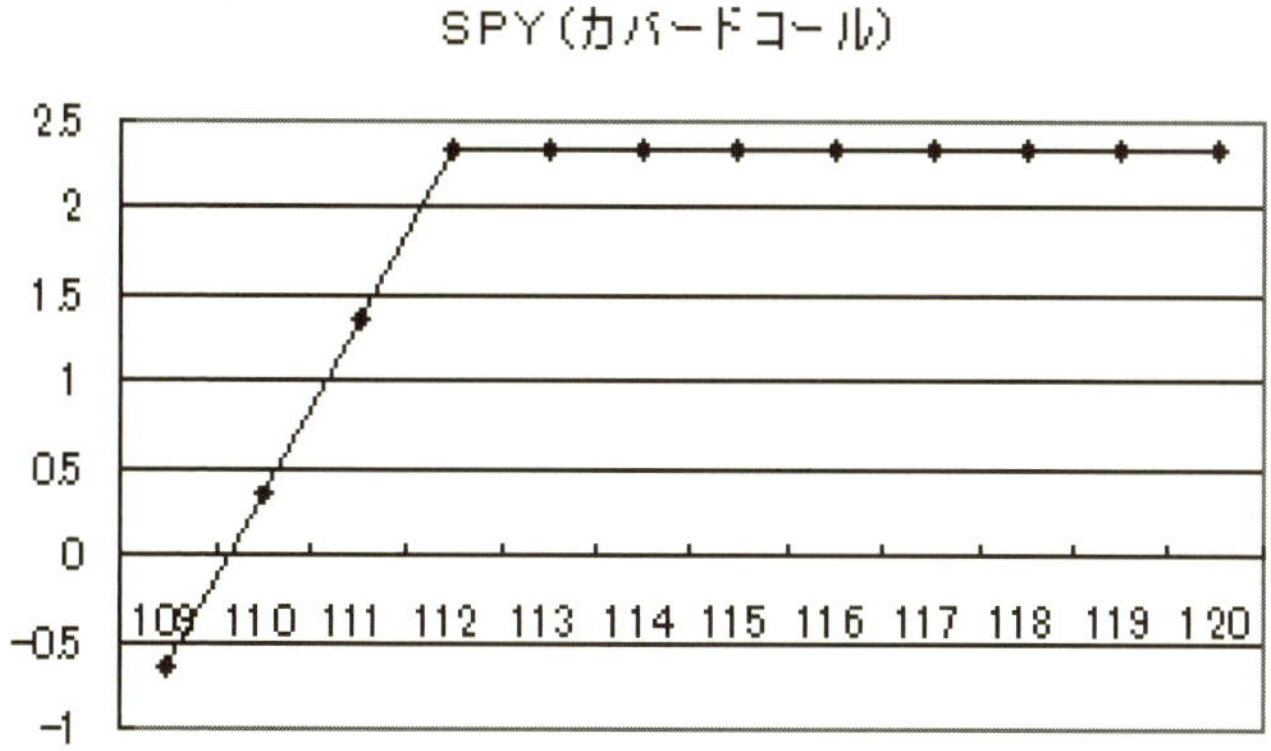

るコールのプレミアム（2・5ドル）の利益率は2・2％である。ＳＰＹがこのまま上伸すれば、このポジションで2・2％の月間パフォーマンスが上げられる。

これは年換算で26％である。利益率として十分に高い。だから、このカバードコールは、強気なポジションとしては十分に有効なのだ（※利益率はＩＴＭコールのプレミアムではなく、ＳＰＹの水準を基にしている）。

ＳＰＹオプションの取引例②レシオヘッジ調整（コール売り）

この事例①のポジションは相場（ＳＰＹ）が109以下に反落すると損失が発生する。下方リスクが高い。

そこで先ほどのカバードコールポジションを仕掛けた後、ＳＰＹが強くなければ、コー

図表6.6　損益図

ルをもう1枚売る。7月限112コールをもう1枚2・00ドルで売れたとしよう。

ポジションは次のようになる。

7月限100コール買い@12・15ドル
7月限112コール売り@2・50ドル
7月限112コール売り@2・00ドル

損益図は**図表6・6**のとおり。

かなり幅の広いポジションになった。SPYが弱気に転じれば、コール売りを増し玉する。SPYが強ければ、ヘッジ玉（売り玉）を減らす。

ITMコール買いがメインのポジションでコール売りがヘッジ玉である。ヘッジ玉だけを動かしてレシオを調整する。プット売りコール売りとも基本的に変わらない。

ITMコール買いポジションをATMプット売り

に置き換えれば、違いはデルタの大きさになる。それは枚数で調整することが可能だ。レシオヘッジはポジションが多くなると原資産（SPY）に対して、強気のポジションなのか弱気のポジションなのか分からなくなる。そこで用いるのがデルタである。

デルタについては次の基本を覚えておいてほしい（デルタについては第7章参照）。

コール売り：デルタ（−）
コール買い：デルタ（＋）
プット売り：デルタ（＋）
プット買い：デルタ（−）

トータルデルタは、個々のデルタと枚数を掛けてすべてを足し合わせたものである。具体例を挙げると次のとおり。

7月限100コール2枚（買）@デルタ：＋99・1％×2枚＝＋198・2％
7月限112コール5枚（売）@デルタ：−52・2％×5枚＝−261％
7月限112プット3枚（売）@デルタ：＋47・8％×3枚＝＋143・4％

図表6.7　SPY（S&P500連動型ETF）

デルタの合計は＋80・6％である。

つまり、このポジションはSPYに対して強気であり、80・6株分ロングしているのと同じである。このポジションのデルタをニュートラル（ゼロ）にするには、SPYを80株ショートするか、デルタ80％分のコールをショートするか、あるいは80％分のプットを買えばよい。

レシオヘッジは必ずしもデルタをニュートラルにする必要はない。自分が強気か弱気かによって、あるいは相場変動に応じてデルタを調整するとよいだろう。

SPYオプション売買の事例③コール売り

私のお気に入りのトレードパターンを紹介しよう。**図表6・7**はSPYの2010年4月の高値が、大幅に急落した様子が判断できる。このような状況で仕掛ける最も堅実な戦略は何か？

オプショントレーダーの多くはプットを売りたがる。マーケットが急落したことでプットのボラティリティが大幅に跳ね上がり、かなり割高になっているからだ。売るには魅力的だ。しかしそれをポーカーに例えるなら、多くの場合〝ブラフ（ハッタリ）〟なのである。歪んだプットの価格はさらに歪むリスクが高いのだ。

このような状況でプロはどう考えて行動するか？　**プット売りはマーケットが安定するまで避ける。そして私なら、急落前の高値またその近辺の水準を権利行使価格とするコールを売る。**

その根拠は大幅急落したマーケットが元の高値に戻るには時間がかかるからだ。数日でV字回復することはまずない。これをうまく例えた人がいる。

> 家の2階から落ちてもすぐに起き上がれる可能性はあるが、3階以上から地面に落ちれば負傷してすぐには起き上がれない。

私はこの例えをけっこう気に入っている。

２０１０年5月のＳＰＹの急落はまさにそのような状況で、そのとき２０１０年6月限１２０コールを売りまくった。２００９年9月のリーマンショックのときも同じ状況で同じ

図表6.8　BP

ように実行し利益を手にした。

この戦略は個別株オプションではさらに効果的なので、S&P500からは離れるがいくつか紹介しよう。

BPのコール売り

図表6・8はBP（ブリティッシュペトロリアム）の株価の推移を示している。

2010年4月の高値が大幅下落したことが視覚的に判断できる。私は株価が60ドルから40ドル台まで下げた時点で60ドルの高値を権利行使とするコールを売り、株価がさらに下落して30ドルに達したときに、追撃して50ドルの権利行使価格のコールを売った。

結果は見るまでもないだろう。この株価が短期間で高値を回復することはない。かなり負傷しているのだから容易には起き上がれな

図表6.9　RIG

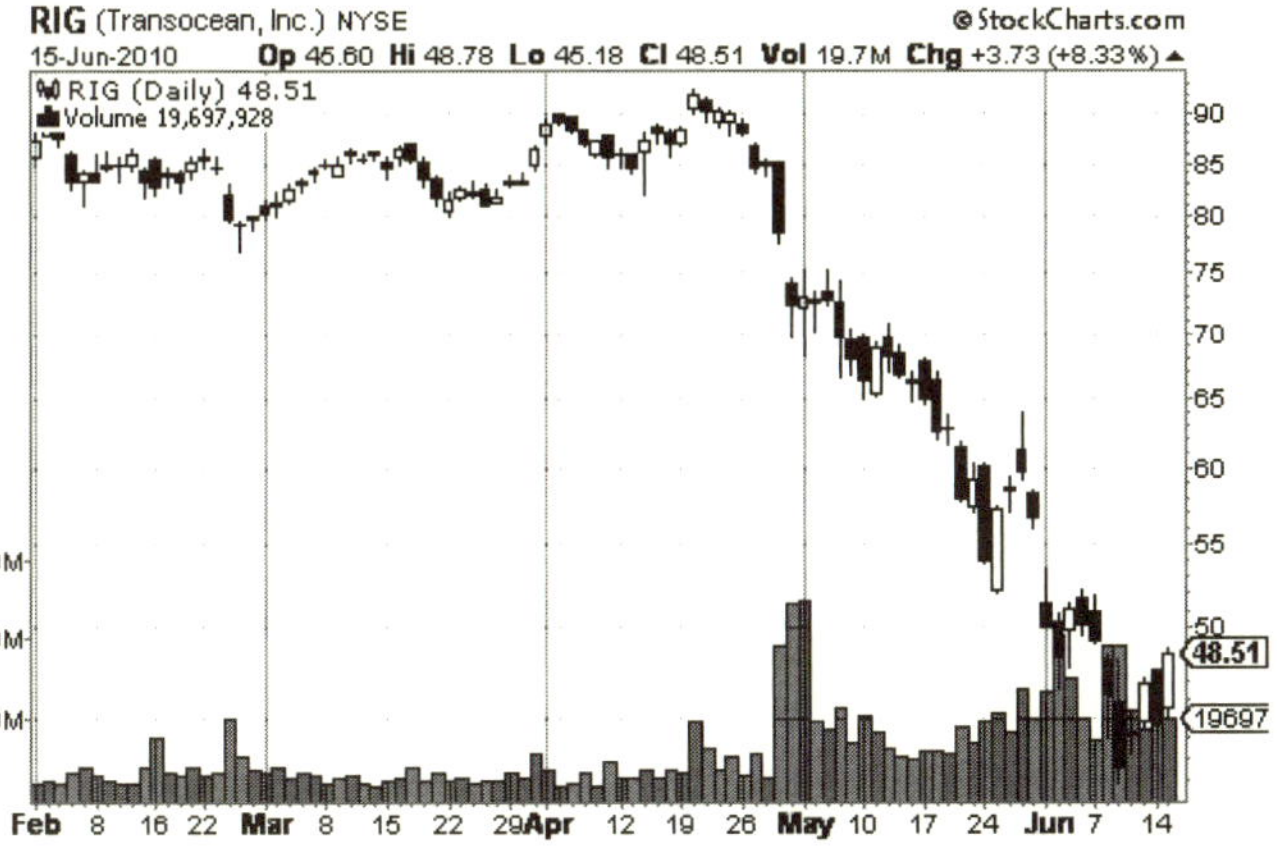

いのだ。

RIGのコール売り

図表6・9のRIG（トランスオーシャン）でも同じ戦略を実行した。

株価が90ドル台の高値から70ドルに下落すると90ドルコールを売り、さらに株価が50ドル台に下落すると追撃として70コールを売ったのだ。

第７章　第三の切り札“通貨オプション”

通貨オプションには、株式オプションにない面白い特徴がある。それは通貨取引の構造に基づいている。

言うまでもなく通貨取引とは２つの通貨の交換である。通貨オプションを取引するには、この特徴をよく理解することが必要だ。

ドル円の例を挙げてみよう。ドルコールは円プットと同じである。通貨は２つの通貨のペアとして取引し、一方の通貨の価値がもう一方の通貨の価値に照らして相対的に表される。株価は企業が倒産してゼロになる可能性がある。しかし、通貨にはそのような可能性（リスク）はない。通貨は相対的に表される当該通貨価値の間を往来しているのである。

もう少し詳しく説明しよう。

◆通貨オプションの仕組み

通貨Aを買うことは通貨Bを売ることを意味する。

例えば、ドル円相場においてドルを買うことは日本円を売ることを意味する。つまり通貨取引とは異なる2つの通貨の交換でしかない。これをオプションに当てはめると、次のようになる。

ドルコールの買い＝日本円プットの買い
ドルプットの買い＝日本円コールの買い
ドルコールの売り＝日本円プットの売り
ドルプットの売り＝日本円コールの売り

株式売買では銘柄Aの株式を買うことが、銘柄Bの株式を売ることを意味しない。言うまでもなく株式売買は異なる2つの銘柄の交換ではないからだ。

私は通貨連動型ETFとGLOBEX通貨先物オプションを主として取引している一方、24時間いつでも取引ができるOTC（店頭取引）にも取り組んでいる。これまで継続的にとってきた主なポジションは、対ドルのユーロコール売りと英ポンドコール売りである。

これから通貨オプション取引の売り戦略とスプレッドにおける取引例を紹介する。ただ、その前に売り戦略の基本的な説明をしておきたい。この基本を踏まえたうえで売り戦略に臨むことが大事だ。

1．売り戦略

私がとるポジションで圧倒的に多いのが売り戦略である。この戦略はプロが生き残るための必須の戦略といってもいい。これまで長い間オプションを取引してきて、オプションの売りのノウハウは誰よりももっていると自負している。

だからこそ言いたいことは、オプションはただ売れば儲かるというものではない、ということだ。また売り戦略といっても手法はさまざまだが、私が過去多く手がけた売り手法は次のとおりである。

- 通常オプションのコールまたはプットあるいはその両方を売る戦略
- ＩＶが高水準（異常水準）のコールまたはプットを売る戦略
- ＬＥＡＰＳのプットあるいはコールを売る戦略
- ミスプライスを売る戦略

◆売り戦略の背景

売り戦略の背景にあるオプションおよびオプション市場の構造について理解しておこう。

ここでいうオプション売りとは、厳密には「時間価値を売る」ことだ。

時間価値から構成されるオプションは「Wasting Asset」と呼ばれる。「Wasting」とは価値が失われるという意味である。

時間価値は時間の経過とともに価値が失われる。これを「タイムディケイ」と呼ぶ。したがってオプションを売る場合は、必ず時間価値だけで構成されているATMまたはOTMを売るのである。

オプションを売る戦略とは時間価値を売る戦略なのだ。そしてこの時間価値が収益の源泉である。

オプション市場には、他の市場と同様に買い手と売り手が存在する。

買い手は「プレミアム」と呼ばれるオプション代金を払う。これはモノを買ってお金を払うのと同じである。この場合のモノとは「権利」である。

さらに大事なことは、その権利の価値が上がっても上がらなくても、初めに支払った代金は〝コスト〟である点だ。コストを支払って権利を仕入れたのだが、その権利は永久ではなく期限があるうえに、権利を行使できる条件が整わないとコストを回収できない。

一方、売り手はオプションを売ってオプション代金を受け取る。売ったものは「権利」である。

買い手のコストがそのまま収入になる。その権利が行使されてもされなくても、その収入は手元に残る（行使された場合のリスクは別問題だ）。

これは利益として確定されたものではない。だが、オプションを売ることで「キャッシュフロー」が生まれる。これは大事なことなのだ。

オプションを売るという行為だけで収入を得られる。まるで保険屋が保険契約を交わして収入を得るのと同じである。

◆キャッシュフロー・マネジメント

長年オプションを取引してきて思うに、オプションを他の金融商品とは比較にならないほど魅力的なものにしているのは、このキャッシュフローを生み出す点である。

キャッシュフローとは文字どおり「キャッシュ（おカネ）」の「フロー（流れ）」である。つまり収入を生み出すという点だ。これが他の金融商品（株や先物）と決定的に異なる点だ。オプションを売ることで得た収入は再投資に回してもいいし、売りポジションに求められる証拠金を割らないかぎり引き出して使うこともできる。

このキャッシュフローをうまく活用することが「キャッシュフロー・マネジメント」である。オプションを生業として取り組むトレーダーは、このキャッシュフロー・マネジメントを覚えておくとよいだろう。

では、以前から行ってきた方法を、通貨オプションで具体的に説明しよう。

キャッシュフロー・マネジメント①売り戦略（米ドル／日本円）

例えば、現在１００万ドル相当の資金を運用しているとしよう。その10分の１以下の資金でも実行可能だが、ここでは便宜上１００万ドルの運用を例にとって説明する。

２０１２年12月限83ドルプット（＝日本円コール）を売るとする。83ドルプットが権利行使された場合、購入のために１枚につき８３００ドル相当の日本円資金が必要になるので、この範囲内で数量を決める。つまり１００万ドル÷８３００ドル＝１２０枚だ。同プットのプレミアム代金が１枚当たり４６７ドルとすると、次のようなキャッシュフローとなる。

２０１２年12月限83ドルプット（＝日本円コール）
１２０枚の売り＠４６７・００
収入：４６７ドル×１２０枚＝5万６０４０ドル
元本に対しての利回り：５・６％

このように１２０枚売ることで、５万６０４０ドルの収入を手にすることができるのである。元本に対して５・６％を先取りできる計算だ。この資金は引き出して生活費の足しにしてもいいが、活用という点からいえば、債券を買って金利を稼いだり、オプションを売る証拠金にしたりしてもいいだろう。

再投資に回すことで若干のレバレッジをかけることができる。またＬＥＡＰＳの数量を２倍にして２４０枚売ることも可能だ。そうすると元本の10％強を先取りできる。

ただしレバレッジは2倍を限度とする。なぜなら権利行使された場合、信用口座では資金の2倍までのポジションが認められるからである。

ほかにもボラティリティの高い個別株を対象にすれば、先取りできるキャッシュの比率をさらに上げることも可能だ。私自身は非常に保守的な戦法を採用している。またドルが80円台まで下落したらドル購入の意思があるので、そのレベルの日本円コール（＝ドルプット）を売る。実際に権利行使されれば通貨を交換すればいいのだから。

専業トレーダーはどうしても毎月利益を出さなければならないというプレッシャーがある。そのプレッシャーにはこのようなキャッシュフロー・マネジメントで対処するとよいのではないだろうか。なかでも次章で述べるＬＥＡＰＳは、大きなキャッシュフローを生み出すので非常に魅力的である。

◆売り戦略のリスク管理

売り戦略は始めに収入が入る。オプションを売れば売るほど収入が増えていく。

しかし手持ちの資金量を無視してオプションを売りすぎれば、リスクは大きくなる。忘れてはいけないのは「理論的に、売りの損失は無限大」だということだ。

したがって売り戦略をとる前に、数量について自分のルールを決めることが先決である。資金を使いきってはいけない。半分は残す。できれば3分の2を残す。それでも証拠金売買なので、収入は十分入るはずだ。

具体的なリスク管理内容は次のとおりである。

- ●資金量：資金は半分〜3分の2は残す。
- ●数量：売る枚数は最初から決めておく。ファーOTMのオプションのデルタが0・20や、それ以下でも1（最大）として計算しておく。
- ●為替レートやボラティリティのチェック：建て玉を毎日チェック。
- ●分散：ひとつの銘柄に集中しない。分散を図る。
- ●ポジション調整の技術：ロール＝乗り換えを考える。

流動性の問題を除くと、株式の空売りや先物取引と異なるオプション・ネイキッド売りの最大のリスク要因は「ガンマリスク」であろう。ここで、デルタとガンマについて簡単に説明しよう。

◆デルタとは

原資産価格の変動とプレミアム（オプション価格）変動の関係を表す概念である。原資産（株価や先物価格）が1ドル上昇したときに、コールのプレミアムは何ドル増加するか…ということを表す。

例えば、デルタが20％なら、原資産が1ドル上昇したとき、コールのプレミアムは1ドルの20％、つまり0・20ドル増加する。

デルタは0％から100％の間である。これはプットも同じだ。またコールもプットもATMでデルタが50％、ITMに入ると限りなく100％に近づき、反対にOTMではアウトの方向に離れるにしたがって限りなくゼロに近づく。

別の言い方をすると「デルタが100％であることは、オプション価格の変動と原資産価格（株価や先物価格）の変動とが同じである」ことを意味する。つまりデルタ100％のコールとは、株を100株所有しているのと同じなのだ。

●デルタ100％＝株を100株所有

◆ガンマとは

原資産価格が変動したときに、デルタがどう変化するかを表すものだ。デルタは０％から１００％の間で変化する。例えば、ＯＴＭコールのデルタが当初20％だったとしよう。これは株数にして20株に相当する。

例えば、株価（原資産価格）が上昇してＡＴＭになれば、デルタは当初の20％から50％に増加する。ポジションの大きさは、当初の20株から50株相当の大きさに変わる。これを「ガンマリスク」という。

ＯＴＭのオプションを多く売っていると、このようなガンマリスクが存在するので注意しなければならない。つまり、当初のポジションよりもリスクが大きくなるわけだ。

よくファーＯＴＭのオプション売りで破綻するケースのメカニズムである。

◆ファーOTM売りで破綻した実例と推薦図書

一度はウォール街に〝天才〟の名を轟かせたヘッジファンドマネジャー、ビクター・ニーダーホッファーは、Ｓ＆Ｐ５００先物プット売りですべてを失った後にこう言った。

「My calculations were perfect. There could've been 99.9% chances for winning!（私の計算は完璧だった。99・９％の確率で勝てるはずだった）」

私は次のように言った。

「What you've seen IS what you must believe.（あなたが見たものこそが現実なのだ）」英語のイントネーションでは「is」を強調して発声する。

私は当時、氏とは反対のS&P500先物コールを売っていた。当事とったポジションの根拠は「高値圏から勢いよく落ちたマーケットは元の高値に戻るには時間がかかる」というものだ。

ニーダーホッファーのように「My calculations were perfect」などと言うつもりはない。私は99・9%勝つと強く信じていたわけではないからだ。危険を感じたら、いつでも逃げてポジションを建て直す用意をしていた。このゲームはすべてを失ったときがゲームセットである。彼はゲームのルールを忘れていたのかもしれない。

氏の名誉のために付け加えたいが、ニーダーホッファーはその後株式トレーダーとして見事に立ち直り、自身のヘッジファンドを立ち上げた。そして『Practical Speculation』（邦訳『実践的スペキュレーション』現代書林）という著書を世に出した。読みごたえのある本である。ぜひ一読をお薦めしたい。

◆迷ったら基本に帰る

皆さんはこのリスクを避けるために「ガンマリスクをヘッジする」などという難しいことをやる必要はない。ゲームをより複雑にするだけだ。

再度述べるが守ってほしいことは、自分の資金量に照らし合わせて売る枚数を初めから決めておくことである。ファーOTMのオプションのデルタが0・20やそれ以下でも1（最大）と計算しておく。そしてひとつの銘柄に集中せず分散を図ることである。

オプション売り戦略は元来単純なゲームだ。私は今日まで「単純さをキープすること」に徹することで、利益を上げてきた。迷ったらこの言葉を思い出してほしい。

Keep It Simple, Stupid!（単純にやれ、バカヤロウ！）

略して「KISS」である。自分のポジションに自分なりの〝違和感〟を覚えたら、それは身体が注意信号を発しているのである。ポジションを多くとりすぎていないか、オプションのポジションや数量が相場変動の波長と合っていないのではないか。そんなときは立ち止まって振り返り、基本に立ち帰ろう。

ガンマリスクやデルタリスクをヘッジすることで頑張れば頑張るほど、ゲームはどんどん複雑になっていく。早めに切って立て直すことだ。

「Keep it simple!」

余談だが、ヘッジファンドの帝王ジョージ・ソロスは、背中の痛みが警告を与えてくれたそうである。

◆通貨オプションにおける有効な戦略

短期の流れに沿ってコールまたはプットを売る戦略が、通貨オプションでは有効な戦略である。理由は次のとおりである。

◎通貨変動の主な特徴

①一度トレンドが形成されると長く続く傾向にある。
②トレンド形成中の途上でレンジ相場が形成され、それが長く続く傾向がある。
③トレンド形成中のレンジ相場は、俗に「チョッピー（choppy）」といわれる方向感がない状態である。

ここで重要なことがある。多くのFXトレーダーがやっているような薄い値ザヤを稼ぐスキャルピングは、通貨オプションではできない、というよりも、やってはいけない。通貨オプションはBID－ASKが広いからだ。

また通貨オプションではボラティリティに基づくトレードを行わない。理由はボラティリティが恒常的に低水準で、価格の歪みがほとんどないからである。

通貨オプションで利益をとるには、トレンドに乗るか、あるいはレンジで時間価値を稼ぐ戦略が一番いいのである。その意味でもポジションを複雑にせずシンプルな戦略がいい。

図表7.1　ユーロ（対ドル）日足

通貨の動きは〝近視眼的〟に見るより、一歩距離を置いて見るほうがよいだろう。私はデイトレーダーのように相場の短い足は見ない。日足や週足を中心に見る。ときどき８時間足や４時間足を参考にすることもあるが……。

本来チャートを見ないで数字で取引をするが、比較的短期となる通貨オプションの取引では、流れを見るためにチャートを活用している。ただし、通貨のＬＥＡＰＳではチャートは用いない。私の具体的なやり方とその根底にある考えを説明しよう。

通貨オプションの取引例①ユーロコール売り（対ドル）

図表７・１のチャートはユーロ（対ドル）の日足である。ユーロは２００９年からずっと下降トレンドを形成している。私は当初ユーロが

図表7.2　コールを売る戦略の損益図

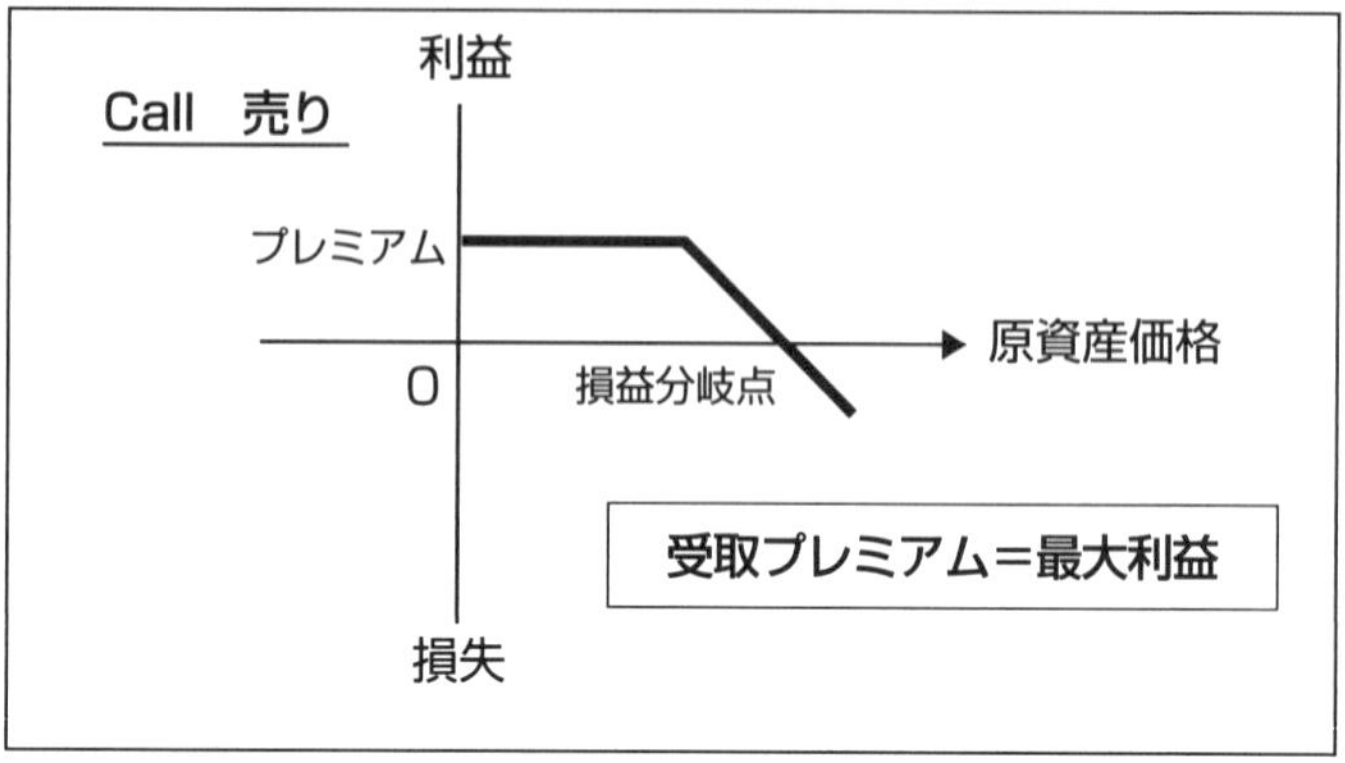

1・38〜1・35台のとき、レシオヘッジ（ATMのコールとプットを売る戦略）をもっていたが、調整していくうちにコール売りに大きく傾いていき、途中でプット売り（ユーロが1・35台のとき）を買い戻した。

プット売りは損失になったが、コール売りの数量が圧倒的に多いので、それからの利益で損失は補えた。

さらにコール売りをロールしながら継続的に増し玉し、今（2010年4月限）に至っている（**図表7・2**はコール売りの損益図）。

通貨オプションの売り戦略ではOTMを対象にし、タイムディケイを利用して利益を上げることが多い。通貨はボラティリティが恒常的に低く、1日で極端に大きく変動することは少ないからだ。

例えば、現在1・27台のユーロが一日で1・35台に上昇する可能性は極めて低い。FXトレーダー

図表7.3　ユーロの１時間足

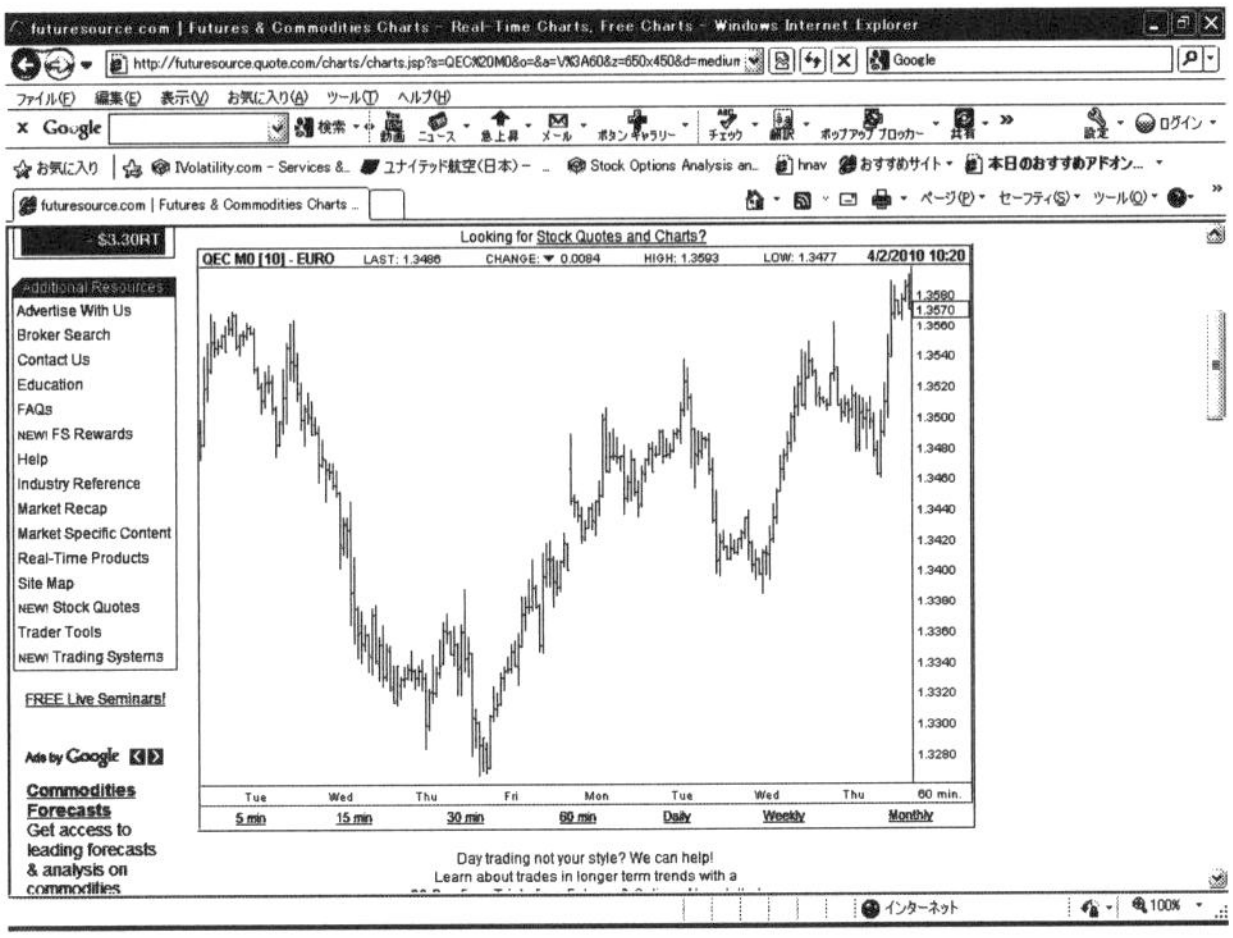

futuresource.com

なら1・27台で売るところを、私は通貨オプションの1・35コールを売るといった具合である。

この方法は「KISS」の典型だ。シンプルながら、その効果は十分すぎるほどなのである。通貨の変動特徴を考えたとき、この方法が最も効率的かつ楽に利益を上げられるのである。

通貨オプションの取引例②ユーロプット売り（対ドル）

図表7・3ユーロの1時間足を見てみよう。短期レンジのトップにいる。ここからさらに上昇すればプット売りを増し玉する。このように通貨オプションでは短期取引が有効とはいっても、分足チャートのような非常に短い足を見てもあま

図表7.4　プットを売る戦略の損益図

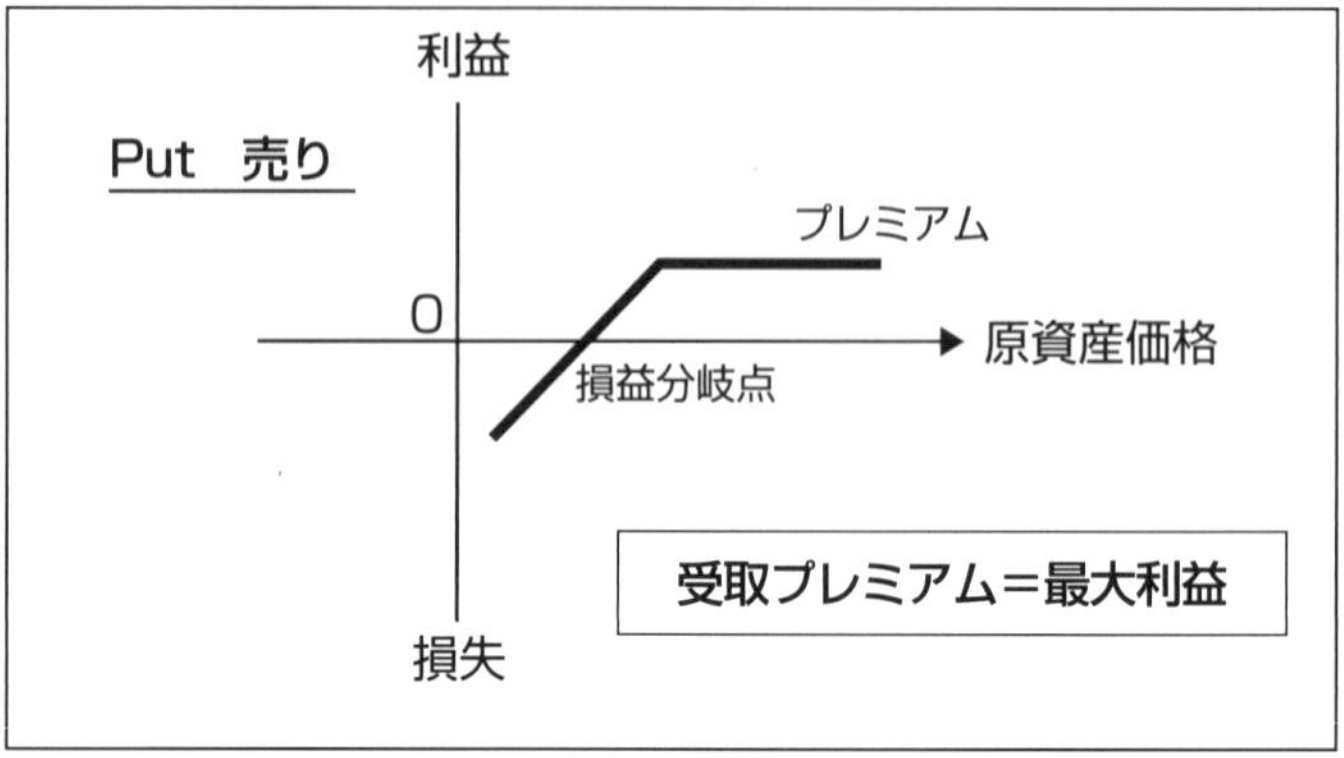

り役に立たない。トレンドやレンジの確認は時間足や日足、週足で行うとよい（**図表7・4**はプット売りの損益図）。

通貨オプションの取引例③ユーロのコールとプット売り（対ドル）

次に挙げるのは短期の通貨オプション戦略である。ユーロは対ドルである。

例えば、ユーロ6月限価格が1・3486で、1・3096～1・3904のレンジを想定した。

GLOBEXユーロ5月限1・35コール
1枚売り@220
GLOBEXユーロ5月限1・35プット
1枚売り@184
プレミアム合計：220＋184＝404

このようなポジションをとって、ユーロの変化に合わせて調整していく。通貨オプションはこれに限らずいろいろなやり方があるが、私はATMのコールまたはプット、あるいはその両方を売る戦略をとることが多い。買う戦略も可能だが、時間価値を払わない戦略を選択している。通貨はもみ合いが長く続くケースが多く、オプション買いでは時間コストがかかるからだ。

◎トレンドに沿ってポジションをとる場合
●トレンドの方向に沿ってATMのコールまたはプットを売る。
●ATMのデルタは50％であり、原資産のリスクの半分である。
●ガンマリスクを考慮しても、ATMオプション1枚売りのリスクは、先物（原資産）1枚のリスクと最大で同じになる。

GLOBEXの通貨先物オプションでは「futuresource.com」を利用するとよい。チャートや原資産（先物）価格、さらにオプション価格（デルタやガンマなどのギリシャ文字）も見ることができる。

2. スプレッド

第5章で説明したように、コールやプットの売りと買いを組み合わせて同時に実行する取引である。組み合わせはさまざまだ。ここではより実践的で、個人トレーダーが実行可能なものを取り上げて説明しよう。

①OPS（Option Purchase Strategy）

ＯＰＳはコールの買いとプットの買いの組み合わせである。スプレッドはオプションの買いと売りの組み合わせがほとんどだが、ＯＰＳは例外である。

コールは買う権利であり、プットは売る権利なので、２つの市場のコールとプットの買いを組み合わせて、それぞれ反対の方向をとる。利益はサヤである。ＯＰＳは必要となる資金がオプション購入資金だけなので、小額での投資が可能であることと、リスク限定のポジションであることから、個人投資家には手がけやすい戦略だ。

ポイントは次のとおり。

◎ＯＰＳのポイント

●サヤ変動：一定のレンジ内での変動を想定する。

●限月：同限月で30～45日の残存期間のあるものを選ぶ。
●権利行使価格：ATMまたはITMを対象。OTMは対象外。できれば時間価値がより小さいITMがよい。
●組み合わせ通貨の選択：できるだけレンジを形成している2つの通貨、およびサヤのトレンドがはっきりしている通貨ペアがあれば、そのトレンドに乗る目的で選択する。

通貨オプションの取引例④OPS（ユーロ／日本円）

米国のオプション取引所の通貨オプションの例を挙げる前に、日本円について説明しよう。

通常ドル円は1ドル＝93円と表示されるが、米国のオプション取引所ではこれとは逆になる。1円＝0・010752ドルと表示され、さらにこれを1万倍にして107・52と表示される。GLOBEXの日本円先物ではそのまま0・010752と表示している。慣れないと混乱するので注意が必要だ。

では**図表7・5**を見てみよう。日本円は106・29、ユーロは127・51である。ユーロは1・27551を100倍にして表示される。

このサヤ（価格差）は次のとおり。

図表7.5　円とユーロのサヤチャート

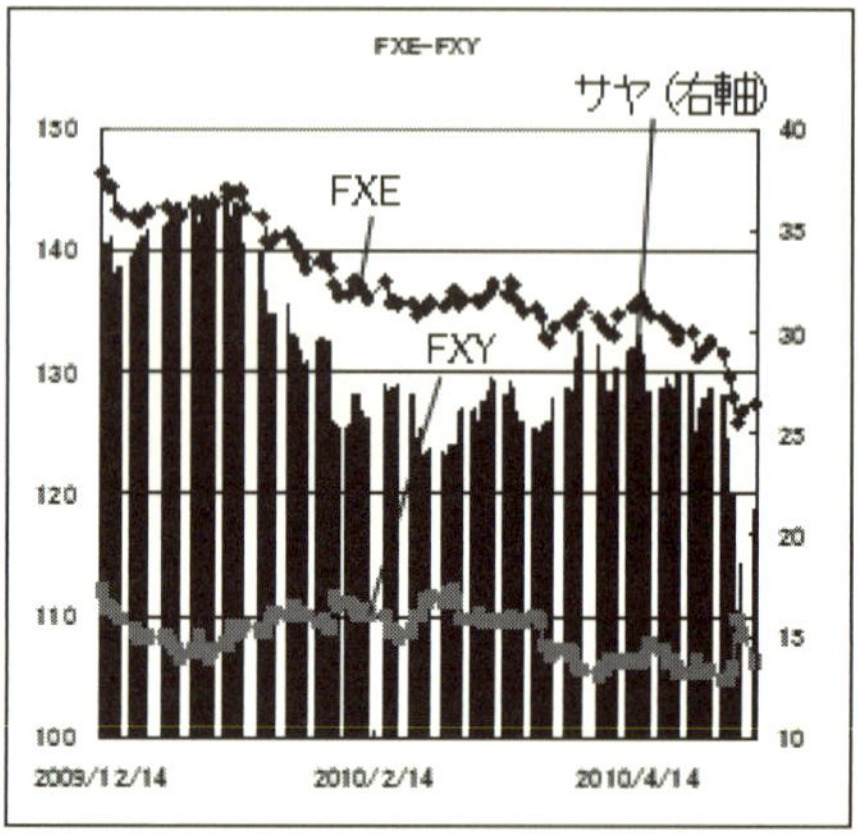

日本円：106・29
ユーロ：127・51（100倍表示）
サヤ：127・51－106・29＝21・22

この21・22のサヤが今後縮小すると期待しその方向に賭けるなら、ユーロのプットを買い日本円のコールを買う。

例えば、次のようなポジションである。

ユーロ6月限128プット1枚買い@2・90
日本円6月限107コール1枚買い@2・10
プレミアムの合計：2・90＋2・10＝5・00

この場合、支払うプレミアムは5・00である（1セットにつき500ドル）。

サヤが期待どおり変動し、プレミアムの合計が増加すれば利益となる。

反対に、この21・22が今後拡大すると期待しその方向に賭けるなら、ユーロのコールを買い日本円のプットを買う。

例えば、次のようなポジションである。

ユーロ6月限127コール1枚買い@2・80
日本円6月限106プット1枚買い@2・10
プレミアムの合計：2・80＋2・10＝4・90

この場合、支払うプレミアムは4・90である（1セットにつき490ドル）。サヤが期待どおり変動し、プレミアムの合計が増加すれば利益となる。

通貨オプションの取引例⑤OPS（英ポンド／ユーロ）

図表7・6を見てみよう。通貨連動型ETFオプションが便利なので、これを用いて取引する。通貨のレートは、株価と同様に扱っている。

例えば、英国ポンド（対ドル）の実際レートが1・5700であれば「157・00」と表示される。株式オプションと同じ扱いで1枚は100株（倍率100）である。

ユーロも同様で、実際のユーロ（対ドル）レートが1・3700なら「137・00」とな

図表7.6　通貨連動型ETF

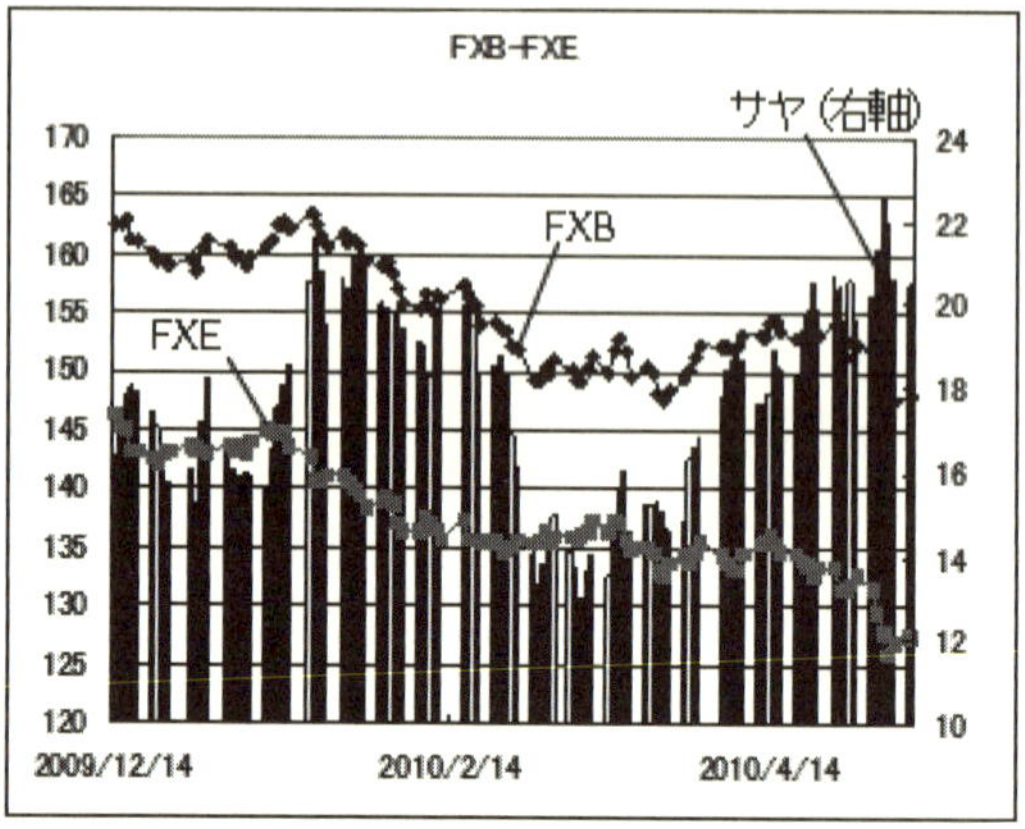

図表7.7　場帳

2/16/10	FXA	FXB	FXC	FXE	FXF	FXY	GLD
GLD							109.62
FXY						110.05	-0.43
FXF					93.30	16.75	16.32
FXE				137.41	-44.11	-27.36	-27.79
FXC			95.47	41.94	-2.17	14.58	14.15
FXB		157.37	-61.90	-19.96	-64.07	-47.32	-47.75
FXA	90.31	67.06	5.16	47.10	2.99	19.74	19.31

る。そしてこの通貨のサヤは株式のサヤと同じように見る（図表7・7は場帳）。
例えば、次のようなサヤになっていたとする。

英ポンド：157.00（100倍表示）
ユーロ：137.00（100倍表示）
サヤ：157－137＝20

この20のサヤが今後縮小すると期待してその方向に賭けるなら、英ポンドのプットを買い、ユーロのコールを買う。

英ポンド：当限または2番限のプット買い
ユーロ：当限または2番限のコール買い

ＡＴＭやＯＴＭは時間価値のコストがあるので、対象とする権利行使価格はＩＴＭである。サヤが期待どおり変動し、プレミアムの合計が増加すれば利益となる。
逆に、この20のサヤが今後拡大すると期待しその方向に賭けるなら、英ポンドのコールを買い、ユーロのプットを買う。

英ポンド：当限または2番限のプット買い
ユーロ：当限または2番限のコール買い

ＡＴＭやＯＴＭは時間価値のコストがあるので、対象とする権利行使価格はＩＴＭである。サヤが期待どおり変動し、プレミアムの合計が増加すれば利益となる。

このコールとプットの買いの組み合わせは、支払ったプレミアムの合計が増加すると利益になり、減少すると損失が発生する。

ＯＰＳではないが、別のサヤ取りの仕方を紹介しよう。サヤの縮小（減少）方向にかけるポジションを、次のようにとることができる。

英ポンドコール売り―ユーロコール買い（ATMを対象）
英ポンド・プット買い―ユーロプット売り（ATMを対象）

これを組み合わせると「シンセティックポジション」になる。

②リバース・カレンダースプレッド

リバース・カレンダースプレッドは、同じ原市場のオプションの異なる限月のうち、残存期間の短いほう（期近限月）を買い、同時に残存期間の長いほう（期先限月）を売る戦略である。カレンダースプレッドの逆だ。

このスプレッドは、カレンダースプレッドや他のスプレッド同様、コール同士またはプット同士で仕掛ける。あるいはコールとプットの両方を仕掛ける場合もある。

利益となるのは次の状況だ。

●スプレッド取引を仕掛ける2つの限月のうち、期先限月のＩＶが期近限月のそれより高い場合で、期先限月のＩＶが減少したとき。
●相場変動によって期間近限月のタイムディケイ以上に、期先限月のプレミアムが減少した場合である。

通貨オプションの取引例⑥リバース・カレンダースプレッド（米ドル：対日本円）

では、米ドルでリバース・カレンダースプレッドを仕掛けた一例を紹介しよう。

ドル（対日本円）：89ドル
1月限90コール1枚買い＠1・90
4月限90コール1枚売り＠3・70

図表7.8　損益表

ドル	① 90C	④ 90C	スプレッド	損益
85.00	0.00	1.00	1.00	0.80
85.20	0.00	1.10	1.10	0.70
85.40	0.00	1.20	1.20	0.60
85.60	0.00	1.30	1.30	0.50
85.80	0.00	1.40	1.40	0.40
86.00	0.00	1.50	1.50	0.30
86.20	0.00	1.60	1.60	0.20
86.40	0.00	1.70	1.70	0.10
86.60	0.00	1.80	1.80	0.00
86.80	0.00	1.90	1.90	-0.10
87.00	0.00	2.00	2.00	-0.20
87.20	0.00	2.10	2.10	-0.30
87.40	0.00	2.20	2.20	-0.40
87.60	0.00	2.30	2.30	-0.50
87.80	0.00	2.40	2.40	-0.60
88.00	0.00	2.50	2.50	-0.70
88.20	0.00	2.60	2.60	-0.80
88.40	0.00	2.70	2.70	-0.90
88.60	0.00	2.80	2.80	-1.00
88.80	0.00	2.90	2.90	-1.10
89.00	0.00	3.00	3.00	-1.20
89.20	0.00	3.10	3.10	-1.30
89.40	0.00	3.20	3.20	-1.40
89.60	0.00	3.30	3.30	-1.50
89.80	0.00	3.40	3.40	-1.60

90.00	0.00	3.50	3.50	-1.70
90.20	0.20	3.80	3.60	-1.80
90.40	0.40	3.90	3.50	-1.70
90.60	0.60	4.00	3.40	-1.60
90.80	0.80	4.10	3.30	-1.50
91.00	1.00	4.20	3.20	-1.40
91.20	1.20	4.30	3.10	-1.30
91.40	1.40	4.40	3.00	-1.20
91.60	1.60	4.60	3.00	-1.20
91.80	1.80	4.80	3.00	-1.20
92.00	2.00	5.00	3.00	-1.20
92.20	2.20	5.10	2.90	-1.10
92.40	2.40	5.20	2.80	-1.00
92.60	2.60	5.30	2.70	-0.90
92.80	2.80	5.40	2.60	-0.80
93.00	3.00	5.50	2.50	-0.70
93.20	3.20	5.60	2.40	-0.60
93.40	3.40	5.60	2.20	-0.40
93.60	3.60	5.70	2.10	-0.30
93.80	3.80	5.70	1.90	-0.10
94.00	4.00	5.80	1.80	0.00
94.20	4.20	5.80	1.60	0.20
94.40	4.40	5.90	1.50	0.30
94.60	4.60	5.90	1.30	0.50
94.80	4.80	6.00	1.20	0.60
95.00	5.00	6.00	1.00	0.80

スプレッド：3・70－1・90＝1・80

リバース・カレンダースプレッドでは、このスプレッド（1・80ドル）が縮小すると利益になるが、逆にスプレッドが拡大すると損失が発生する。

この戦略の1月限の満期時点における損益は**図表7・8**のとおりである。ただし1月限のコールが満期を迎えたときの4月限のコールは、そのときのIVの状況やデルタによって変わるので、ここではイメージとしてとらえてほしい。

③デビットスプレッド

デビットスプレッドは、オプションの買い玉のプレミアムが売り玉のプレミアムよりも大きく、差し引きで支払いとなるスプレッドである。代表的な戦略は、次の2つである。

- ●コールのブルスプレッド＝原市場の価格が上昇するとポジションが利益になる。
- ●プットのベアスプレッド＝原市場の価格が下落するとポジションが利益になる。

通貨オプションの取引例⑦デビットスプレッド（ユーロ：対ドル）

ユーロ（対ドル）が1・2700とする。このとき2010年6月限127コール（127

コールは権利行使価格1・27のコールを意味する）を2・50ドル（プレミアム）で1枚買い、同時に同限月130コール1枚を1ドルで売ったとする。

ユーロの水準：127・00（ユーロは100倍表示）
10年6月限127コール1枚買い@2・50
10年6月限130コール1枚売り@1・00

支払いプレミアム：2・50－1・00＝1・50
最大期待収益：1・50（＝130－127－1・50）
最大損失　：1・50（売買手数料を除く）

これは「ブルスプレッド」といい、ユーロの上昇によって利益を得ようとして仕掛ける戦略である。

同じ状況でベアスプレッドをとってみよう。

ユーロ（対ドル）は1・2700である。2010年6月限127プット（127プットは権利行使価格1・27のプットを意味する）を2・50ドルで1枚買い、同時に同限月124プット1枚を1ドルで売ったとする。

ユーロの水準：127・00（ユーロは100倍表示）
10年6月限127プット1枚買い@2・50
10年6月限124プット1枚売り@1・00
支払いプレミアム（コスト）：2・50−1・00＝1・50
最大期待収益：1・50（＝127−124−1・50）
最大損失　　：1・50（売買手数料を除く）

これは「ベアスプレッド」といい、ユーロの下落によって利益を得ようとして仕掛ける戦略である。

④クレジットスプレッド

クレジットスプレッドは、デビットスプレッドと反対で、売り玉のオプションプレミアムが買い玉のそれよりも大きく、差し引き受け取りとなるスプレッドである。このスプレッドの代表的なものは次の2つであるが、デビットスプレッドと区別するために以下のように呼んでいる。

●プットのブルスプレッド＝通常、プットのクレジットスプレッドと呼ぶ
●コールのベアスプレッド＝通常、コールのクレジットスプレッドと呼ぶ

クレジットスプレッドではブル・ベアとコール・プットの関係が、デビットスプレッドとまったく逆である。通常混乱を避けるために「ブルスプレッド」「ベアスプレッド」というときはデビットスプレッドを指し、クレジットスプレッドでは「コールのクレジットスプレッド」「プットのクレジットスプレッド」という言い方をするので注意が必要だ。

またクレジットスプレッドでは売り玉と買い玉がデビットスプレッドの逆となるので、同じユーロの例で説明しよう。

通貨オプションの取引例⑧クレジットスプレッド（ユーロ：対ドル）

ユーロが1・2700とする。このとき2010年6月限127コールを2・50ドルで1枚売り、同時に同限月130コール1枚を1ドルで買ったとする。

ユーロの水準：127・00（ユーロは100倍表示）
10年6月限127コール1枚売り＠2・50
10年6月限130コール1枚買い＠1・00

受け取りプレミアム（クレジット）：1・50（＝2・50－1・00）
最大損失　　　　　：1・50（＝130－127－1・50）
最大期待収益：1・50（売買手数料を除く）

これをコールのクレジットスプレッドといい、ユーロの下落または一定のレンジ相場によって利益を得ようとして仕掛ける戦略である。

同じ状況でプットのクレジットスプレッドを説明しよう。

ユーロは1・2700、2010年6月限127プットを2・50ドルで1枚売り、同時に同限月124プット1枚を1ドルで買ったとする。

ユーロの水準：127・00（ユーロは100倍表示）
10年6月限127プット1枚売り＠2・50
10年6月限124プット1枚買い＠1・00

受け取りプレミアム（クレジット）：1・50（＝2・50－1・00）
最大損失　　　　　：1・50（＝127－124－1・50）
最大期待収益：1・50（売買手数料を除く）

これはユーロの上昇または一定のレンジ相場によって利益を得ようとして仕掛ける戦略である。

⑤ストラングルスワップ

通貨オプションや債券オプションは、経済指標の発表や政府の政策発表後に大きく変動することが多く、ストラングルスワップが有効である。

この場合の注意点は、利益が出たところでしっかり利益を確保することだ。また流動性を十分にチェックすることも大事である。

通貨オプションの取引例⑨ストラングルスワップ（ユーロ）

２０１０年3月10日にギリシャ政府が、金融危機問題が片付いたことを発表した。それまでユーロ安の要因だった問題が片付いたことでユーロは一気に反発すると思ったので、その時点でまだ保有していたリバース・ストラングルスワップを解消して（若干の利益だった）、ストラングルスワップを仕掛けた。ポジションは次のとおり。

【仕掛け】３／10　ユーロ@１・３５８２
ユーロ３月限１・３６コール１枚買い@76

ユーロ4月限1・36コール1枚売り@172
スプレッド：172―76＝96

ユーロ3月限1・36プット1枚買い@95
ユーロ4月限2・36プット1枚売り@193
スプレッド：193―95＝98

↓ストラングルスワップのスプレッド（合計）@96＋98＝194

【手仕舞い】3／12　ユーロ@1・3787
ユーロ3月限1・36コール1枚買い@210
ユーロ4月限1・36コール1枚売り@273
スプレッド：273―210＝63

ユーロ3月限1・36プット1枚買い@23
ユーロ4月限1・36プット1枚売り@90
スプレッド：90―23＝67

↓ストラングルスワップのスプレッド（合計）@63＋67＝130

これらは実際に取引した価格である。スプレッドは194から130に縮小し、利益を確保できた。この間のユーロ（対ドル）のボラティリティ（IV）はほとんど変化していない。純粋に原資産の価格変動（HVの増加）から利益を得たものだ。

⑥カバードコールとレシオヘッジ

私は数年にわたって日本円のカバードコールを実行している。手持ちの日本円資産に対して、日本円コールを売っているのだ。手持ちの日本円資産とは、換金できる円資産のことである。それらに対して円コール（＝ドルプット）を売っている。通貨レートの水準次第ではドルを買ってもいいと思っているからだ。この水準ならドルを買ってもいいというレベルに合わせ権利行使価格を選ぶ。

例えば、1ドル＝80円。それは日本円では逆数の1円＝0・0125ドルである。つまり125コールを売るのだ。ドルがその水準まで下がって（円高）権利行使されたなら、手持ちの日本円を売って米ドルを買えばよい。

円コールの売りポジションにリスクはない。円資産によってカバーされているからだ。円高になって権利行使されると円ショート・ドルロングポジションをもつことになる。そうなれば今度は一転して円プット（＝ドルコール）を売る。円カバードコールがドル・カバードコールに変わるというわけだ。これが通貨取引の面白いところである。

しかしここ数年、円コールが権利行使されていない。これによって蓄積された円コールのプレミアムが大きい（レシオヘッジについては次章でも詳しく説明している）。

通貨オプションの取引例⑩レシオヘッジ（日本円）

では、通貨オプションを用いたレシオヘッジを紹介しよう。

図表7・9は日本円（ＦＸＹ）の原市場価格、**図表7・10**はＦＸＹオプションのボラティリティチャートである。

レシオヘッジをＡＴＭのコールとプットの売りで実行する。権利行使されてもいいように、数量は必ず手持ち資金の範囲内にする。

通貨取引は権利行使されると株を買うわけではない。これが株式オプションと異なるところだ。手持ちの通貨量が相対的に（外国通貨のレートに合わせて）変化するだけで、それは依然としておカネであり、口座の預け金として他のトレードに使うことのできるものである。だから通貨オプションは「やるだけの価値がある」というのが私の考えである。

大事なことは、必要以上にレバレッジをかけないことだ。

図表7.9　日本円

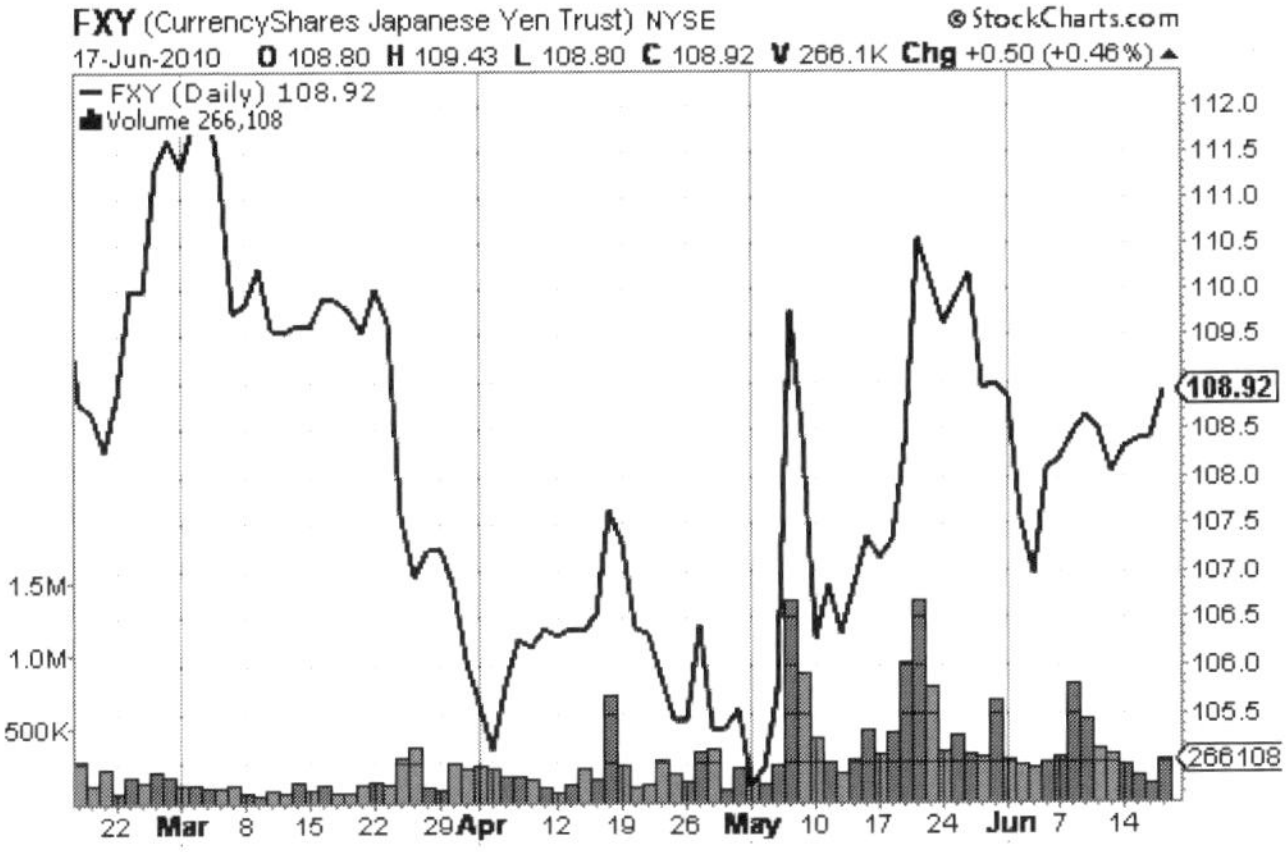

図表7.10　日本円

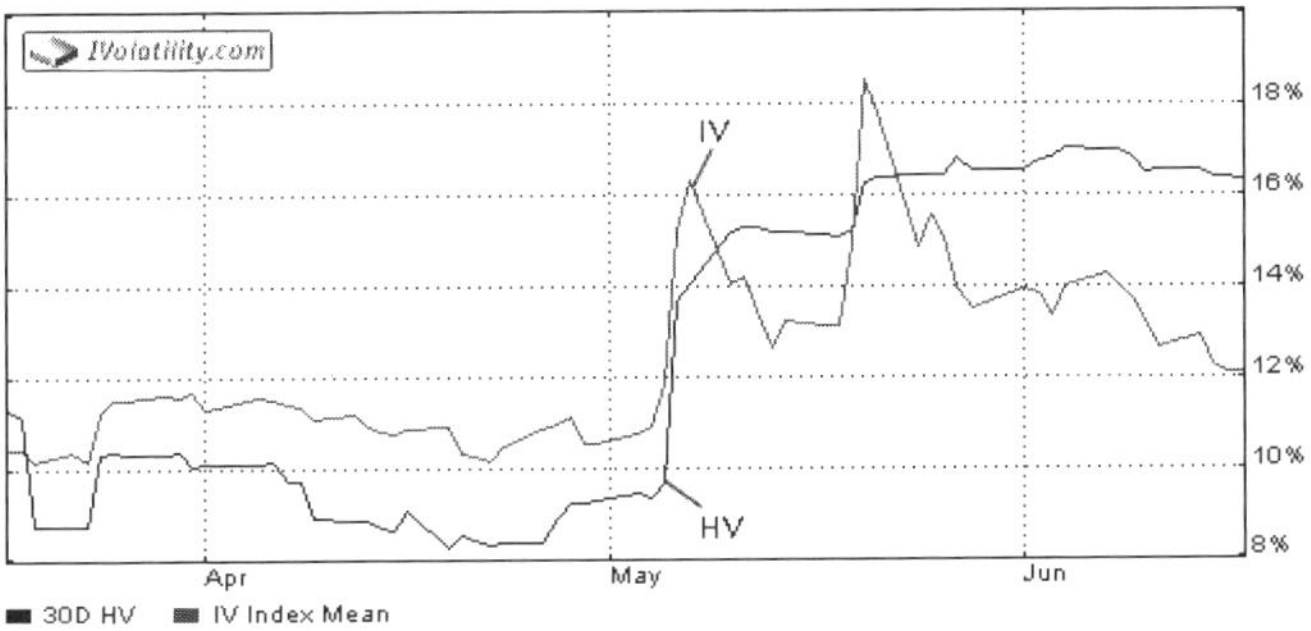

日本円7月限109コール売り@1・40ドル
日本円7月限109プット売り@1・60ドル

このポジションの損益分岐点は、106・00～111・00である。円高になり109コールが権利行使されれば、円売りドル買いのポジションをもつことになる。そして今度は、日本円111プット（＝ドルコール）を売ればよい。これを繰り返すとよいだろう。

3．通貨オプションのまとめ

ユーロコールを売り続けてきた私は、ひとまず買い戻して利益を確保した。ユーロは本書を執筆している2010年7月現在も下降トレンドを形成中である。しかし、ちょっと疲れたので、ひとまずポジションを解消し様子を見ることにした。

図表7・11と**図表7・12**は過去2年間のユーロの動きである。見れば分かるように、株式オプションと通貨オプションは大きく異なる。通貨オプションは株式オプションと比べると、ボラティリティが恒常的に低く、あまり大きい変化はない。したがってボラティリティの変化を利用したトレードは、通貨オプションではほとんど価値がないといえる。

つまり通貨オプションにおけるポイントは、通貨自体の変動をよく観察し、その特徴に着眼したうえでオプションの商品構造がもつ優位性を利用すべきだということだ。私はこのようにボラティリティが低くプレミアムが小さい通貨オプションでも、通貨変動の特徴を利用して売りを多用する。

通貨変動の特徴については冒頭で述べているが、再度掲げると次のようになる。

①いったんトレンドが形成されると、長く続く傾向にある。
②トレンド形成中の途上でレンジ相場が形成され、それが長く続く傾向がある。

図表7.11　ユーロ(２年)

図表7.12　ユーロ(２年)

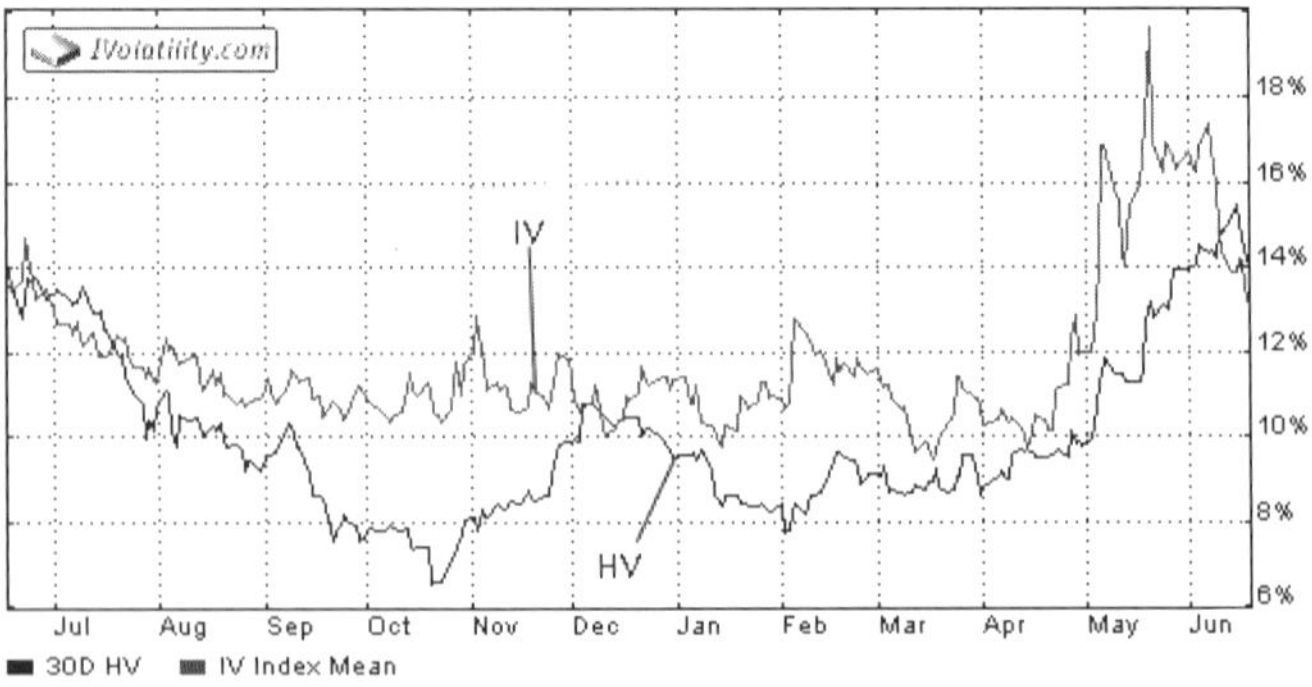

③トレンド形成中のレンジ相場は俗に〝チョッピー〟（choppy）といわれる方向感がない状態である。

また株式オプションと異なる通貨オプションの際立った特徴は、通貨取引が2つの通貨であるということ、一方の通貨のコールがもう一方の通貨のプットを意味するということだ。つまりユーロ・ドルでは「ユーロコール＝ドルプット」「ユーロプット＝ドルコール」を意味する。

ユーロコールを売るということはドルプットを売ることを意味し、ドルに対して強気の投機目的か、あるいはユーロを売ってドルを買うことを意図した通貨交換の目的にした取引を可能にするのである。

◆通貨オプションは権利行使されることを想定して仕掛ける

私は通貨オプションを売るときは、権利行使されることを想定して取引する。つまり通貨を買ってもよいと思ってポジションをとるのである。

「通貨を買ってもよい」という意味は、「権利行使されて強制的に通貨を買う羽目に陥っても、その用意ができている」という意味である。「羽目」という意味は〝困った状況〟ということだが、困った状況が実際に困るようなら、取引はしない。

ユーロコールを売って権利行使された場合は、ユーロの売りポジションをもつことになるが、これはドル買いのポジションでもある。そして今度はそれに対してドルコールを売る。これはカバードコールであるが、ドルが下落トレンドを形成していればドルコールを売り増ししてレシオヘッジを作るのである。

◆通貨は相対的に動いている

2010年5月からギリシャショックを発端とするユーロ圏の経済危機が要因で、ユーロは連日下落した。今度は米国経済失速懸念が起きてユーロは一時回復するが、これは自力回復ではない。米ドルが弱くなったのである。円相場も同じである。円高ではなく「ドル安」「ユーロ安」なのである。

通貨市場をこのように俯瞰して見ると、各国の綱引きの様子が見えてきて面白い。これが株式オプションにはない通貨オプションの魅力である。年初からずっと弱気を貫いて続けてきたユーロコール売りは買い戻した後、レンジ相場を想定して（いや、十分に安くなったユーロがいつ戻ってもいいように）1・19～1・29の幅広い範囲で利益になるポジションをとっていた。

2010年7月のユーロの戻りは、敵失（＝ドルの急落）によるもので、ユーロの強さを反映したものではない。つまりユーロが再び急落する可能性があるということだ。だから私は上記のようなポジションをとりながら身構えている。

一方のドルは円に対しても弱い。わが国の通貨は面白い位置づけだ。円独自の動きというより、〝相対性の理論〟によって動かされている。

相対性の理論というのはアインシュタインの物理学理論ではない。ドルやユーロの動きの狭間にあって、本人の意思あるいは力とは関係のないところで動かされているという意味だ。

通貨の価値はもう一方の通貨の価値によって増減する。日本の経済事情で円の価値が動くこともあるが、もう一方の通貨価値の変化によって変化を強いられることもある。今の日本円の動きは、日本経済の強さの反映ではなく、米ドルやユーロの失速に伴う相対的な強さを表しているのだ。

ということで、円リッチな私は円コールを売っている。日本円を手放して、安い外貨を買うつもりで円コール売りを実行しているのである。

ただし「ユーロが将来崩壊する可能性」について示唆する著名人がいるので、ユーロを買うのは考えたほうがよいかもしれない。かのヘッジファンドの帝王ジョージ・ソロスもその一人である。

第８章　退屈だが侮れない市場〝ＬＥＡＰＳ〟

ＬＥＡＰＳとは「Long-Term Anticipation Securities」の略で「株式長期オプション」のことである。長期とは米国の法律的な定義で９カ月以上を意味する。仕組みは通常のオプションと同じで、期間だけが異なる。

これまで長きにわたってＬＥＡＰＳで多くの利益を上げてきた。比較的短期のオプション取引で得た利益を再投資用として活用してきたのである。

しかし、今は考え方を１８０度改めた。これまでの再投資といういわば消極的なスタンスから、積極的スタンスに方針を変えたのである。

今では私のポートフォリオのコアのひとつとして取り入れている。お金を遊ばせることなくＬＥＡＰＳで運用するのである。定期預金よりもはるかに高い利率で運用できる。レバレッジ（証拠金によるレバレッジ）を効かせれば、その利率をさらに向上させることもできる。しかもその利息に相当する収入は即座に手に入る。

つまりキャッシュフローが生まれるのである。ＬＥＡＰＳは１～２年後の期日までそのままにしてもよい。もちろん、対象とするＬＥＡＰＳの銘柄は慎重に選択する必要があるし、リスク管理も必要である。しかし、キャッシュフロー管理の技能を身につければ、先取りしたプレミアム収入とレバレッジをうまく活用して十分な利回りを得ることができるのだ。

LEAPSはキャッシュフローを活用した戦略であり、おカネに仕事をしてもらうビジネスである。キャピタルゲインを狙う〝トレード〟ではない。

◆キャッシュフローという最大のメリット

こんな素晴らしいことに、なぜこれまで気づかなかったのか。その理由は、多くの投資家が長期戦略を好まないように、実は私も「LEAPSのタイムディケイは遅く、利益が確定するまでに時間がかかる」ことばかり気になって、LEAPSのもつ最大の利点であるキャッシュフローに目がいかなかったからだ。

まだ〝金持ち父さん〟の思考が理解できていなかったのである。これにもっと早く気づいていれば、もっと時間のレバレッジを効かせることができたであろうと反省している。

LEAPSについてあまりご存じない方は、拙著『最新版オプション売買の実践』（パンローリング）第7章を参照していただきたい。そこではLEAPSのプット売り戦略を紹介している。

本書で紹介するのは、保守的なプット売りである。また、レシオヘッジ戦略ではLEAPSのコール売りとプット売りの両方を採用している。

１．プット売り戦略

ＬＥＡＰＳのプット売りはネイキッド売りではあるが、権利行使されたときに権利行使価格で株式を購入するだけの資金があれば〝損失限定型のポジション〟となり、無限大のリスクを負わない。

カバードコールと戦略的に同じだ。カバードコールは当初から株式を購入するのに対し、ＬＥＡＰＳは権利行使されて初めて株式をもつことになる。しかし期日までに株価が権利行使価格以下まで下落しなければ、当初受け取ったプレミアムが利益として確定するのである。

対象銘柄は個別銘柄であれば、株価が安定している優良銘柄、ほかにＳＰＹまたはＤＩＡといった株価指数連動型ＥＴＦがよいだろう。数量は権利行使価格に基づいた原資産額の２倍を限度とする。例えば、資金量が１万ドルなら、権利行使されたときに２万ドルで買える範囲内の数量を限度とするということだ。また「分散」についても考える必要がある。

ＬＥＡＰＳプット売りの取引例①ＫＯ

図表８・１と**図表８・２**はＫＯの株価とボラティリティチャートである。45ドルまで下がらない、45ドルまで下落したら株式を保有してもよいと思うなら、ＫＯの45ドルＬＥＡＰＳプ

図表8.1　KO

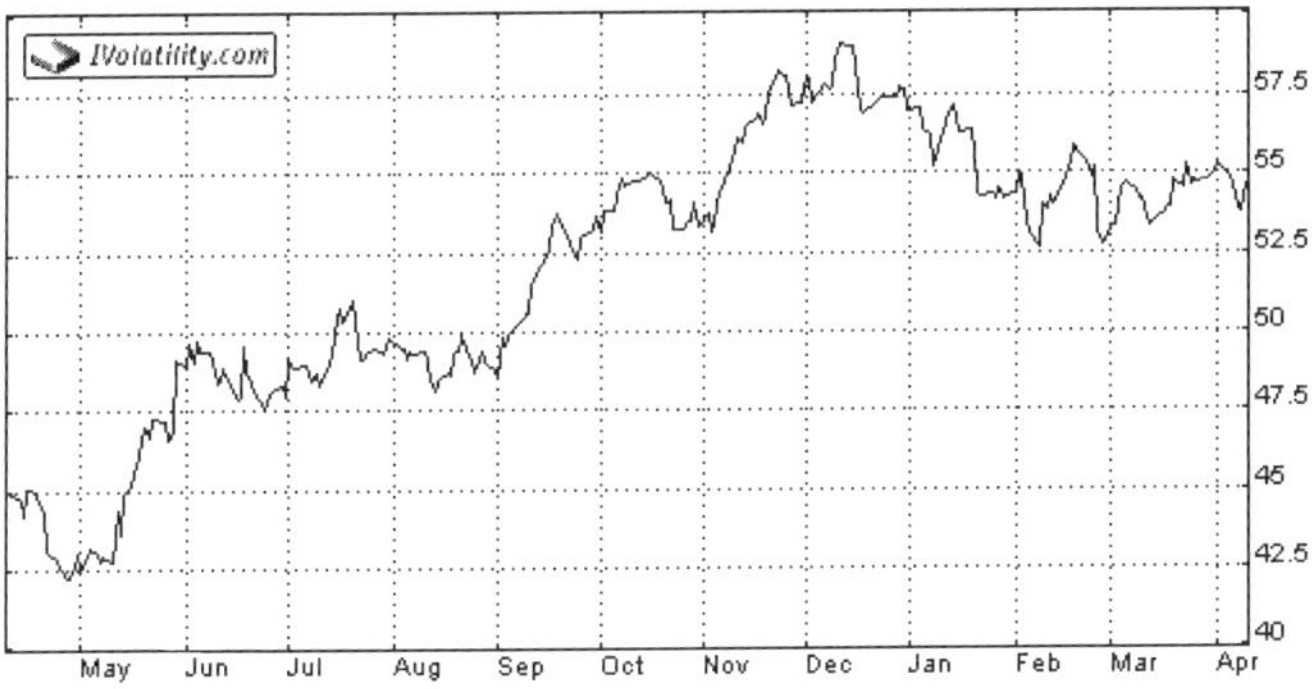

図表8.2　KO

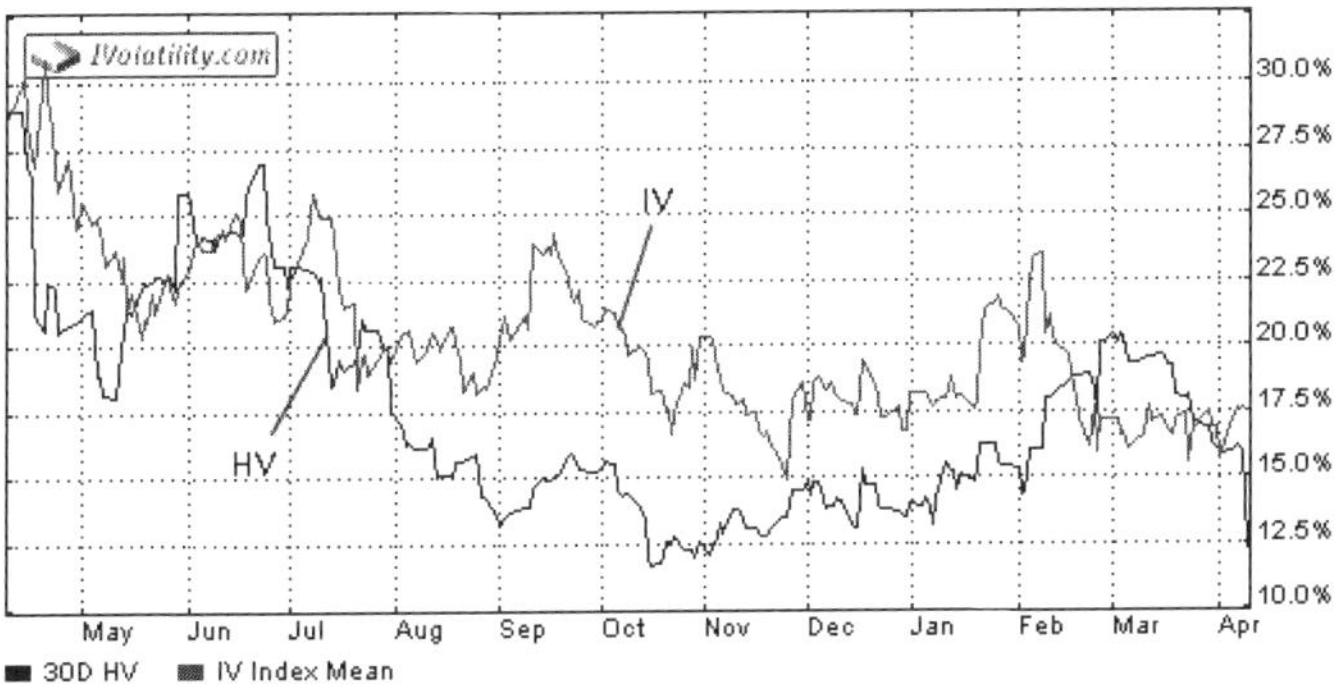

ットを売る。

取引枚数は、資金量が1万ドルなら「(1万ドル×2)÷(45ドル×100株)=4・44(枚)」を限度にする。

ポジションは次のとおり。

2012年1月限45プット4枚売り@3ドル×4
必要証拠金：3600ドル
受け取りプレミアム：1200ドル

2012年1月限45プットはプレミアムが3ドルである。4枚売れば1200ドルの収入が入る。元本に対して12%の収入だ。

悪くない取引ではないだろうか。この1200ドルを通貨オプションや債券オプションで運用してもいいだろう。

これらは極めて保守的な例だが、もう少しリスクの幅を広げてボラティリティの高い銘柄を対象にするなら、さらにプレミアム収入を増やすことが可能だ。あるいは権利行使価格をATMに近づけることもできる。このKO45LEAPSプット売りに要する証拠金は1枚につき900ドル、4枚の売りで3600ドルである。

LEAPSプット売りの取引例②UAUA

図表8・3と**図表8・4**はUAUAの株価とボラティリティチャートである。10ドルまで下がらない、10ドルまで下落したら株式を保有してもよいと思うなら、UAUA10ドルLEAPSプットを売る。

取引枚数は、資金量が1万ドルなら「(1万ドル×2)÷(10ドル×100株)＝20(枚)」を限度にする。

ポジションは次のとおり。

2012年1月限10プット20枚売り@2ドル×20
必要証拠金：4000ドル
受け取りプレミアム：4000ドル

UAUAの株価は20ドル台である。株価が10ドル、つまり半値になったら買ってもいいと思うなら、2012年1月限10プットを20枚売ることができる。プレミアムは2ドルなので、収入は4000ドル。元本1万ドルに対して40%の収入を得ることができる。

これらの戦略では、LEAPSプットの評価損は気にしない。先取りしたキャッシュフロ

図表8.3　UAUA

図表8.4　UAUA

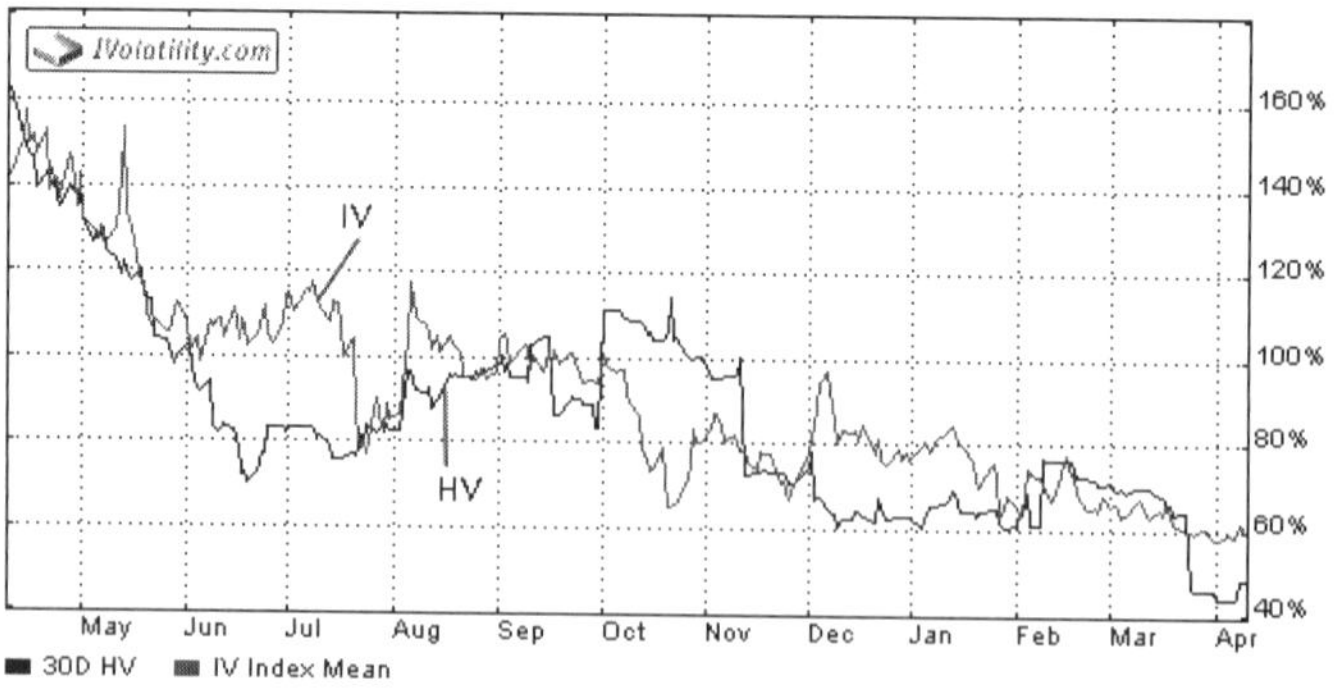

ー（現金収入）の活用を考えればいい。もし気にするなら、後ほど説明するレシオヘッジ（DOPS）戦略でポジションを管理するとよいだろう。

参考までに、私は2009年からSPYのLEAPSプットを売って、そのキャッシュフローを短期戦略（ボラティリティを売る戦略や通貨オプション等）に使っている。そして同LEAPSプットを増し玉している。

より大きなプレミアム収入を狙って、ボラティリティの高いLEAPS銘柄を分散して保有したいと考えている。もちろん権利行使されたら現物株を購入して、LEAPSコールを売って収入を得るつもりだ（カバードコール戦略）。

だから大きなレバレッジはかけない。LEAPSが生むキャッシュフローだけで十分である。

◆銘柄選択とLEAPSプット売りのポイント

ここで、銘柄の選択とLEAPS売り戦略におけるポイントを整理しておこう。

銘柄の選択は、株価が5ドル以下の低位銘柄か優良のいずれかだが、低位株を対象にすると根気とトレードの技術が要るので、誰もが簡単に実行できて成果を上げやすい保守的な優良銘柄を中心とする。株価指数でもよい。

①銘柄選択

●優良銘柄（ダウ採用消費関連銘柄、株価指数、株価指数連動型ＥＴＦ、商品連動型ＥＴＦ、通貨連動型ＥＴＦなど）。

●株価が下降トレンドではない。

●証拠金に対して十分なプレミアム収入がある。

●株価変動の少ない保守的な消費関連銘柄がよい。

②レバレッジ

2倍程度を限度とする。マージン口座では資金の2倍のポジションを保有できるからだ。この間のポジションの評価損は一切気にしない。

③保有期間

期日まで1～2年間保有。権利行使されたときは現物株を購入する。

④権利行使され現物株を購入したら

カバードコール戦略でＬＥＡＰＳコールを売る。

⑤プレミアム収入の再投資
大きなプレミアムが先取り収入として入ってくるので、寝かせることなく運用し利回りを上げる。

⑥ロールオーバー（乗り換え）
限月の乗り換えや、異なる権利行使価格LEAPSへの乗り換えである。

LEAPSプット売りの取引例③USO

図表8・5と**図表8・6**はUSO（原油ETF）の株価とボラティリティチャートである。現在の価格は41ドル台。25ドルまで下がらない、25ドルまで下落したらこのETFを保有してもよいと思うなら、25ドルLEAPSプットを売る。

2012年1月限25プット1枚売り@1・20ドル
必要証拠金：500ドル
受け取りプレミアム：120ドル
用意する資金：1250ドル（＝25×100株÷2）
年換算利回り：5・5％（保有期間638日）

図表8.5　USO（原油ETF）

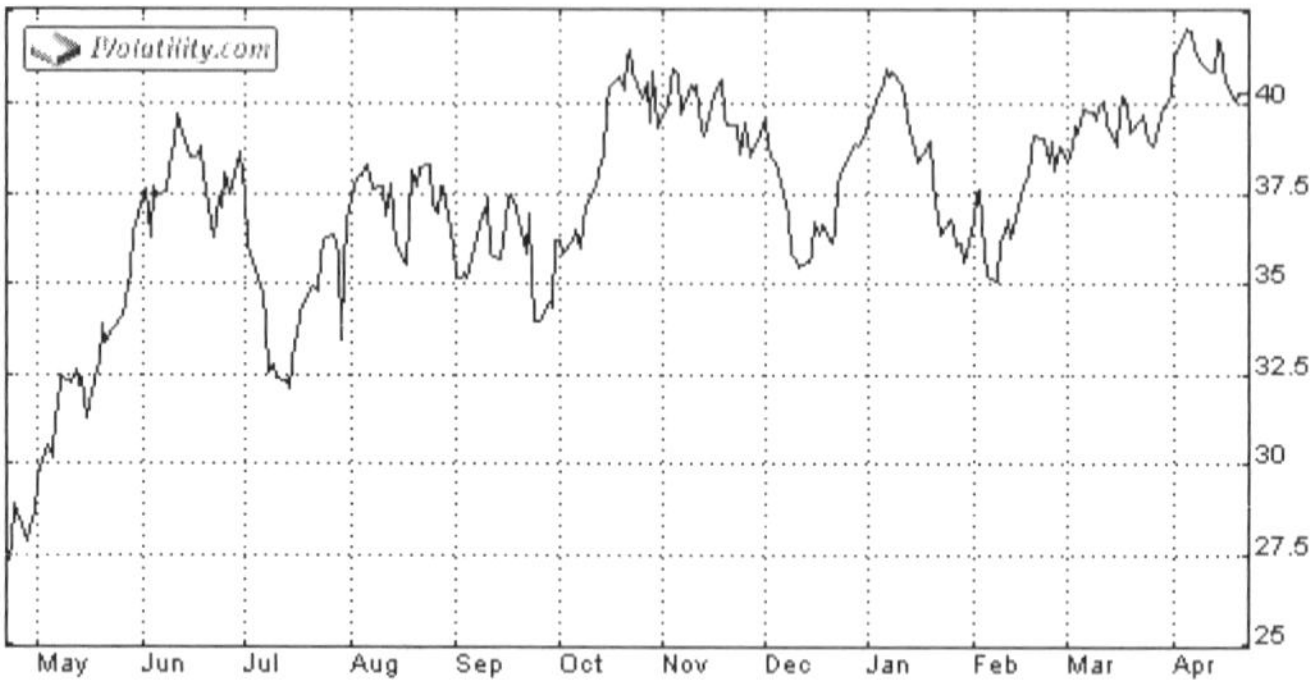

図表8.6　USO（原油ETF）

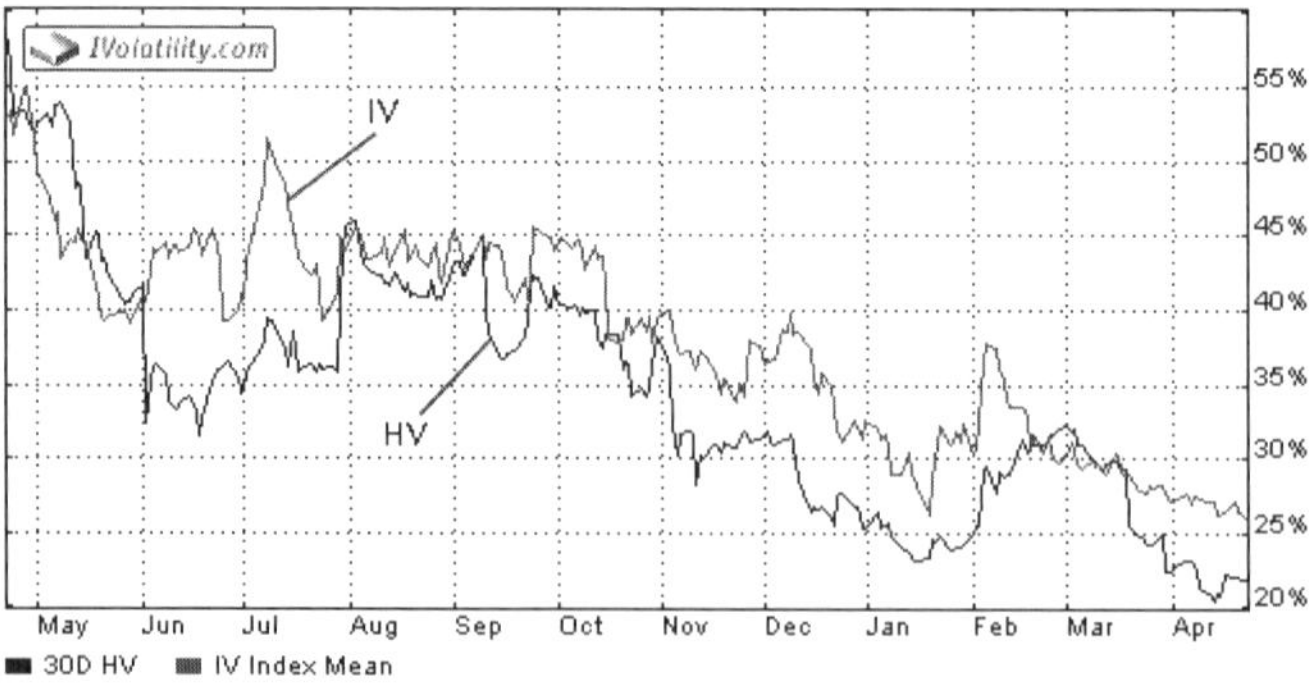

2012年1月限25プットを売ると1枚につき、120ドルの収入が取得できる。資金を1枚につき1250ドル（＝25×100株÷2）用意する。この場合の利回りは年換算（保有期間638日）5・5％だ。

この利回りを上げたければ、次の選択肢がある。

●権利行使価格をもっと上げる。
●レバレッジをさらにかける。
●ボラティリティのより高い銘柄（プレミアムが大きい）を対象にする。

LEAPSプット売りポジションは、ボラティリティによって利回りに大きな差が出る。私は基本的に保守的な戦略をとるが、レバレッジによって利回りを増加させることもできる。ちなみにLEAPS専門の投資家はこのレバレッジを巧みに操作することで、利回りを向上させて大きな収益を上げている。

LEAPSプット売りの取引例④UAUA

先に仕掛け例として紹介したUAUAは、保守的銘柄ではないが、利回りを上げるための分散銘柄としては存在価値がある。**図表8・7**を見ると、株価は21ドル台である（**図表8・8**

図表8.7　UAUA

図表8.8　UAUA

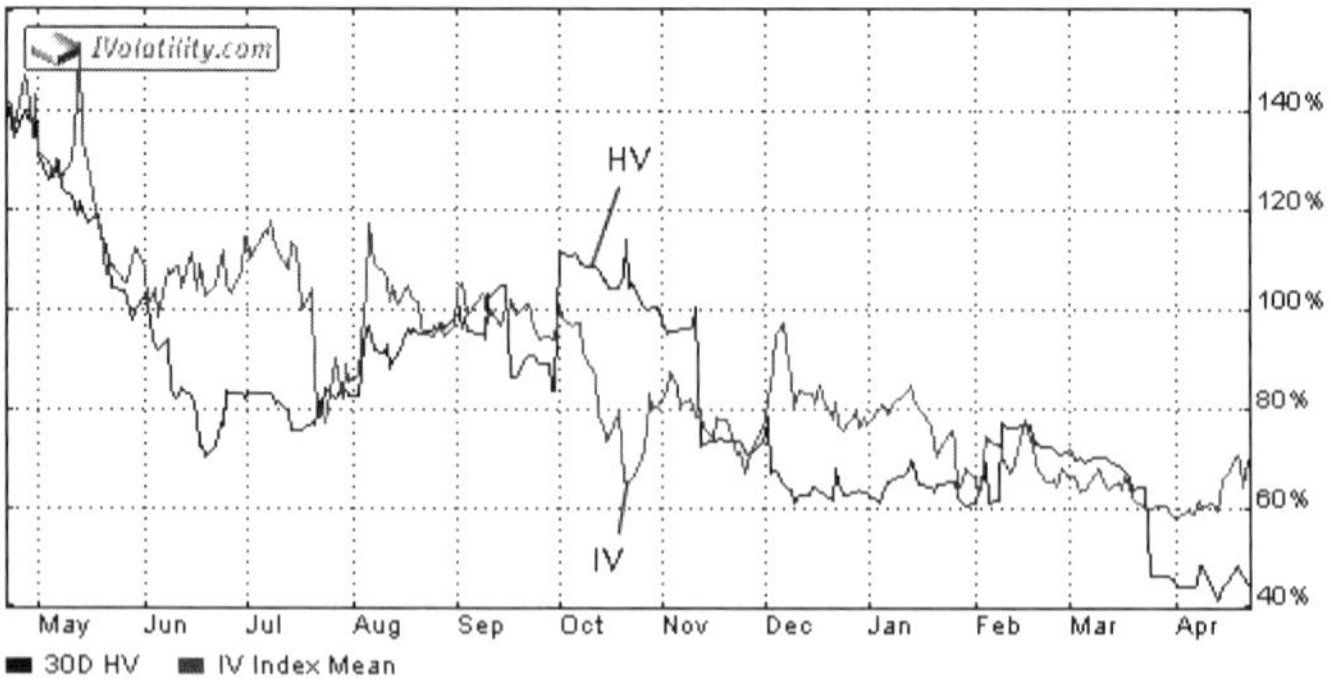

はボラティリティチャート）。
7・5ドルまで下がらない、7・5ドルまで下落したら株式を保有してもよいと思うなら、UAUA7・5ドルLEAPSプットを売る。

2012年1月限7・5プット1枚売り@1・10ドル
必要証拠金：150ドル
受け取りプレミアム：110ドル
用意する資金：375ドル（7・50ドル×100株÷2）
年換算利回り：16・78％（保有期間638日）

2012年1月限7・50プットを売ると1枚につき、110ドルの収入を取得できる。資金は1枚につき375ドル（7・50ドル×100株÷2）用意する。この場合の利回りは年換算（保有期間638日）16・78％である。

LEAPSプット売りの取引例⑤SHLD

図表8・9と**図表8・10**は、以前から何度も手がけている銘柄SHLDである。初めて手がけたころの株価は30ドル台だったが、いつの間にか100ドルになっている。この間LE

図表8.9　SHLD

図表8.10　SHLD

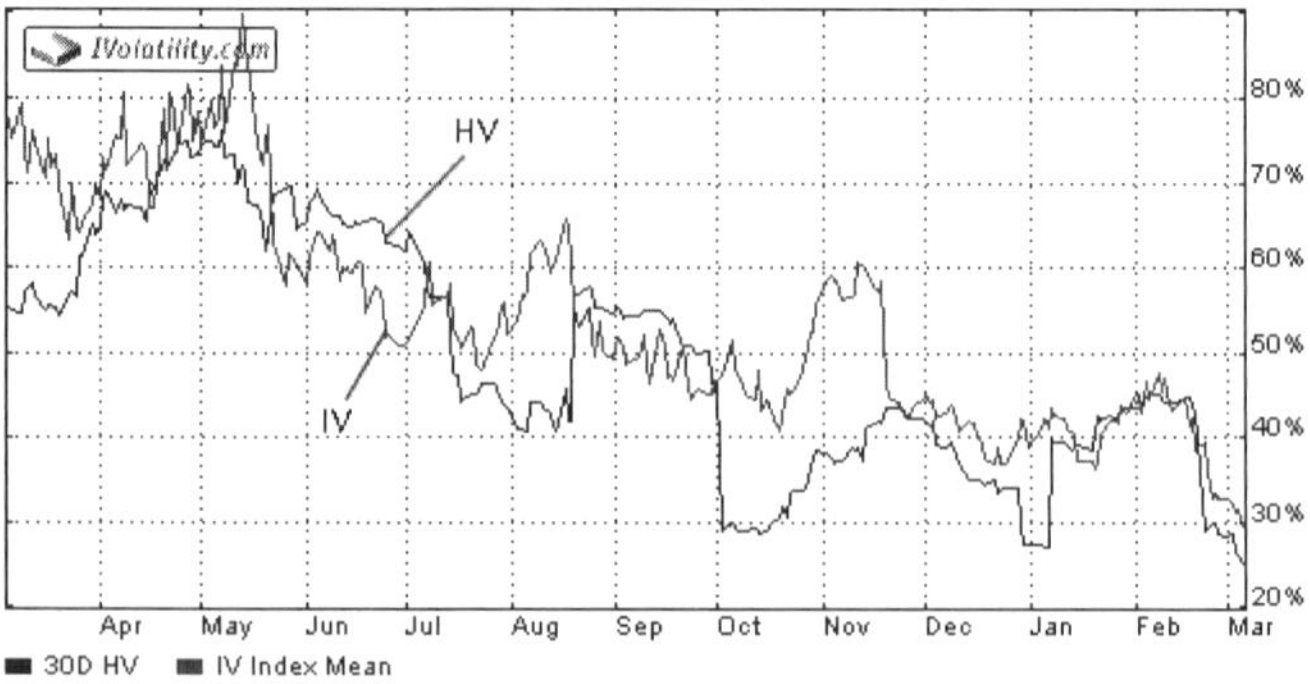

APSプットを売り続けてきたのである。

50ドルまで下がらない、50ドルまで下落したら株式を保有してもよいと思うなら、SHLD50ドルLEAPSプットを売る。

2012年1月限50プット1枚売り@5ドル
必要証拠金：1000ドル
受け取りプレミアム：500ドル

5ドルのプットを売るだけで500ドルの収入が入る。これに要する証拠金は1000ドルである。証拠金の半分がプレミアム収入である。

LEAPSプット売りの取引例⑥

高い利回りを狙って低位銘柄だけを対象に、LEAPSポートフォリオを組んでいる投資家がいる。その場合は分散を十分にやらないと、リスクが高くなるので注意しなければならない。

図表8・11の株価は現在4・86ドルである（**図表8・12**はボラティリティチャート）。

4ドルまでは下がらない、4ドルまで下落したら株式を保有してもよいと思うならば、次

図表8.11　低位銘柄

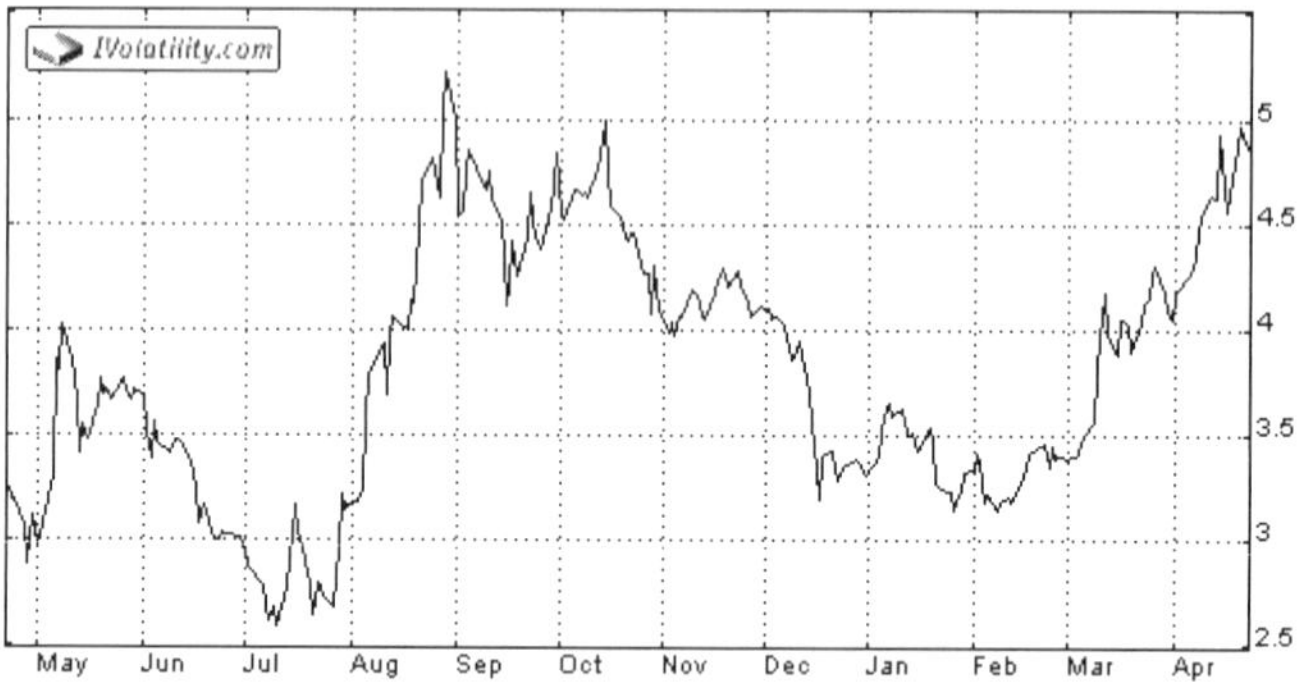

図表8.12　低位銘柄

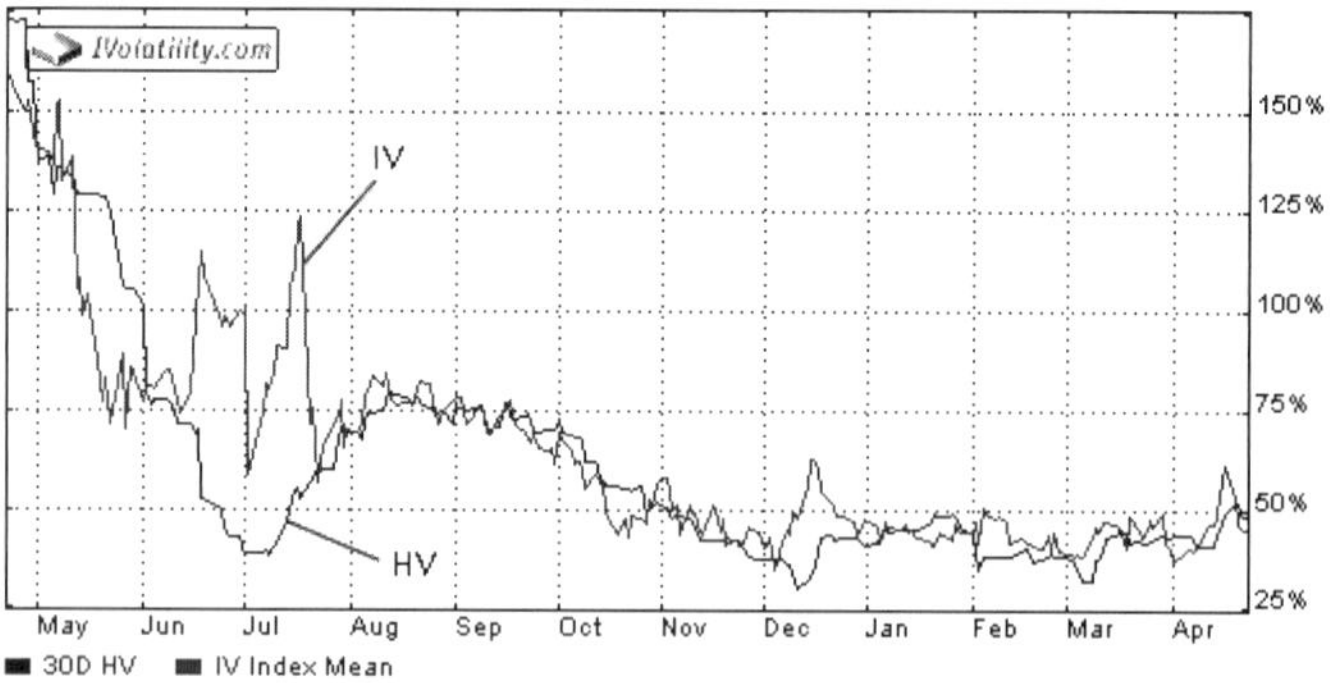

のように仕掛ける。

2012年1月限4プット1枚売り@0・73ドル
必要証拠金：80ドル
受け取りプレミアム：73ドル
用意する資金：200ドル（4ドル×100株÷2）
年換算利回り：20・88％（保有期間638日）

2012年1月限4プットを売ると1枚につき、73ドルの収入を取得できる。資金は1枚につき200ドル（4ドル×100株÷2）用意する。この場合の利回りは年換算（保有期間638日）20・88％である。

参考までに利回りを算出したが、実際には利回り計算はしない。獲得したいキャッシュフローを計算し、そのキャッシュフローを得るためにどの銘柄を選択し、LEAPSをどれだけ（数量）売ればいいかを逆算する。その後でリスクについて考えるというのが、私のやり方である。

2. レシオヘッジ

レシオヘッジの基本形は「カバードコール」だ。

カバードコールとは原資産を実際に所有してコールを売る手法のことで、レシオヘッジはこれを基にして、原資産の動きに応じた売り玉の調整をする戦略である。

特に原資産の下降局面では、売り玉の枚数を増やしていくのがポイントだ。そうすることで買い玉に支払うプレミアム以上の受け取りプレミアムが得られるからだ。

これまで私は「ＡＴＭのコールとプットを売り、状況に応じて比率を調整していく戦略」をＤＯＰＳと呼んできた。しかし、今後はレシオヘッジのカテゴリーに含めることとした。つまりＤＯＰＳとは呼ばない。そのほうが論理的に説明しやすく、すべてを関連づけやすいからだ。

その理由の根拠を、ウォルマート（ＷＭＴ）の３つの事例で説明しよう。

ＬＥＡＰＳのレシオヘッジ――ＷＭＴ（ケース１）

ＷＭＴ株を１００株買ったとする。買値は１株あたり50・４０ドルだった。同時に２０１２年１月限50コールを２枚売った。プレミアムは６・２０ドルだった（計12・４０ドル）。

図表8.13　ケース１の損益図

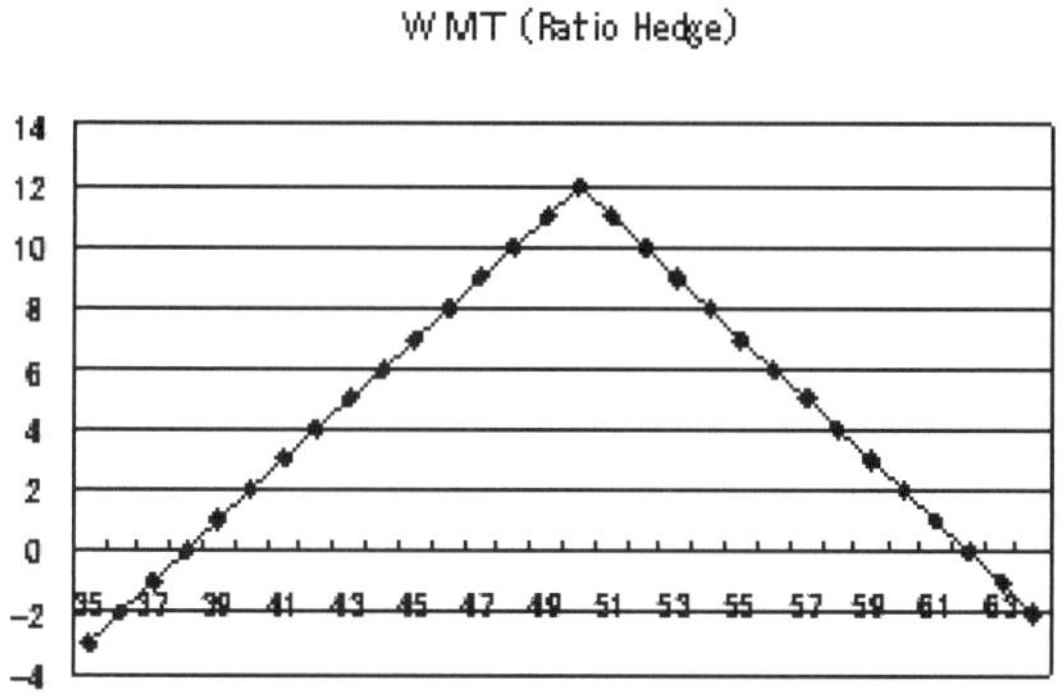

　このポジションの損益図は、**図表８・13**である。

ＬＥＡＰＳのレシオ・コールスプレッド――ＷＭＴ（ケース２）

　２０１２年１月限40コールを１枚買ったとする。プレミアムは12・５０ドルだった。同時に、２０１２年１月限50コールを２枚売った。プレミアムは６・２０ドルだった（計12・４０ドル）。

　このポジションの損益図は、**図表８－14**である。

ＬＥＡＰＳのＤＯＰＳ――ＷＭＴ（ケース３）

　２０１２年１月限50コールとプットをそれぞれ１枚売ったとする。プレミアムはそれぞれ６・２０ドルと６・５０ドルだった。

図表8.14　ケース２の損益図

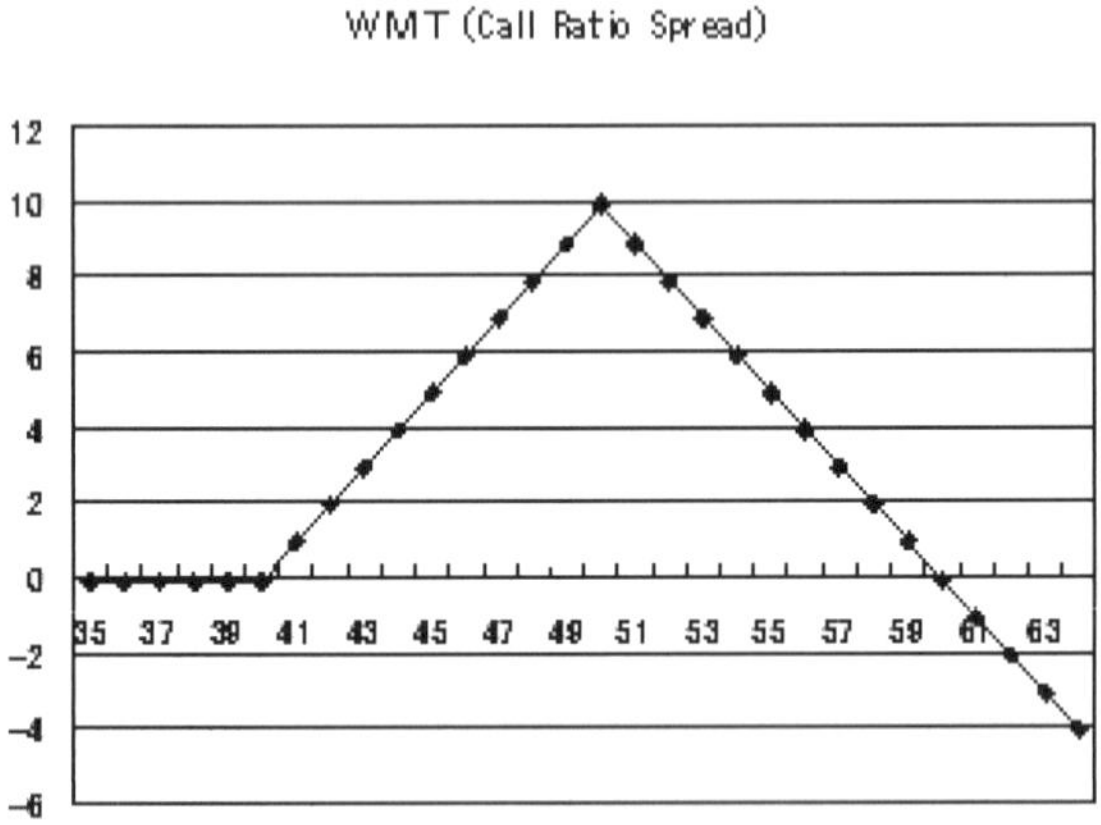

図表8.15　ケース３の損益図

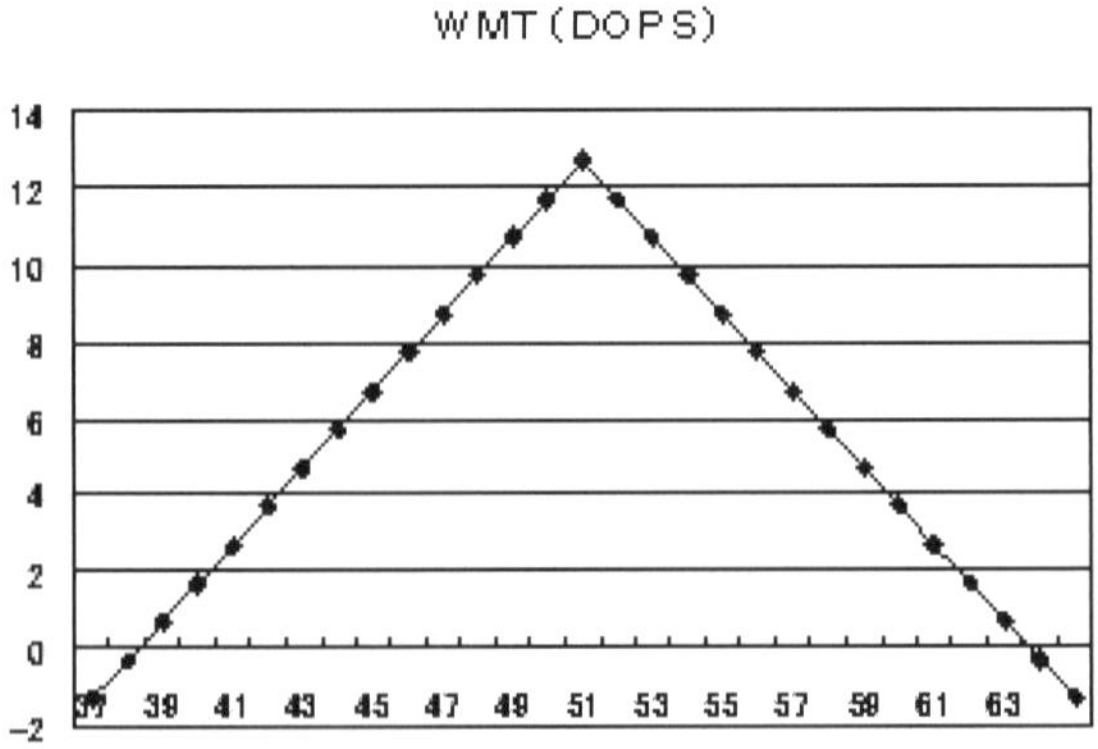

このポジションの損益図は、**図表8・15**である。

以上の3つの戦略は、それぞれ「レシオヘッジ」「レシオ・コールスプレッド」「DOPS」と名称を異にしているが、基本的には同じ戦略である。

【ケース1】現物の株式を購入し、そのヘッジとしてLEAPSコールを2倍の比率（株式100株に対してコールを2枚）で売る。
【ケース2】現物の株を買う代わりにITMコールを買い、同時にコールの買いに対して2倍の比率でATMコールを売る。
【ケース3】ATMのコールとプットを1枚ずつ売る。

ケース2は株式を買う代わりに、下値リスクが限定できるコール買いを用いているので、下値リスクをほぼ完全にヘッジできる。しかし基本的な戦略としては、株式購入の代わりにコールのITM買いを用いているのでケース1と同じである。

ケース3は株を買う代わりにATMプットを売る。驚くべきことに、ケース1とケース3もほぼ同じといえる。つまり、この3つの戦略は基本的に同じなのだ。

ケース1とケース3の大きな違いは必要資金の大きさであろう。ケース1では株式を買うので、より多くの資金を必要とする。一方、ケース3では株式を買う代わりにATMのプッ

図表8.16　レシオヘッジ戦略比較表

	ケース1	ケース2	ケース3
戦略名	レシオヘッジ	レシオ・コールスプレッド	DOPS
手法	①現物株を購入 ②コール売り（2倍）	①ＩＴＭコール買い ②ＡＴＭコール売り（2倍）	①ＡＴＭコール売り ②ＡＴＭプット売り
資金	株式購入のために大きい資金が必要	①と比べて少なくてすむが、ＩＴＭコール買いの時間価値にコストがかかる	①の20％（証拠金）の資金ですむ
調整	調整のたびに、資金が必要になる		有利なポジションに調整できる機動性がある
特記事項		下値リスクを完全ヘッジ	タイムディケイを狙ったポジション

トを売るのだから、証拠金は株価の20％しかかからない。株式を信用で買ったとしても50％の証拠金を必要とする。

ポジション調整を必要とするときに、ＡＴＭプット売りの代わりに毎回現物株を購入すれば、ますます資金を食うことになるだろう。その意味ではケース２で挙げたＩＴＭコール買いのほうが、現物株購入と比べて資金が少なくてすむ。ただし、ＬＥＡＰＳのＩＴＭコールにも時間価値が含まれるので、ここに余分なコストがかかってしまう。

このように考えたとき、ケース３が実質的にはレシオヘッジとして好ましい戦略だと思う。オプションのタイムディケイを狙った戦略であり、〝原型〟のレシオヘッジより少ない資金で、株価の広いレンジを利用することができる。かつ状況に応じて比率を調整する

図表8.17　WMT（２年チャート）

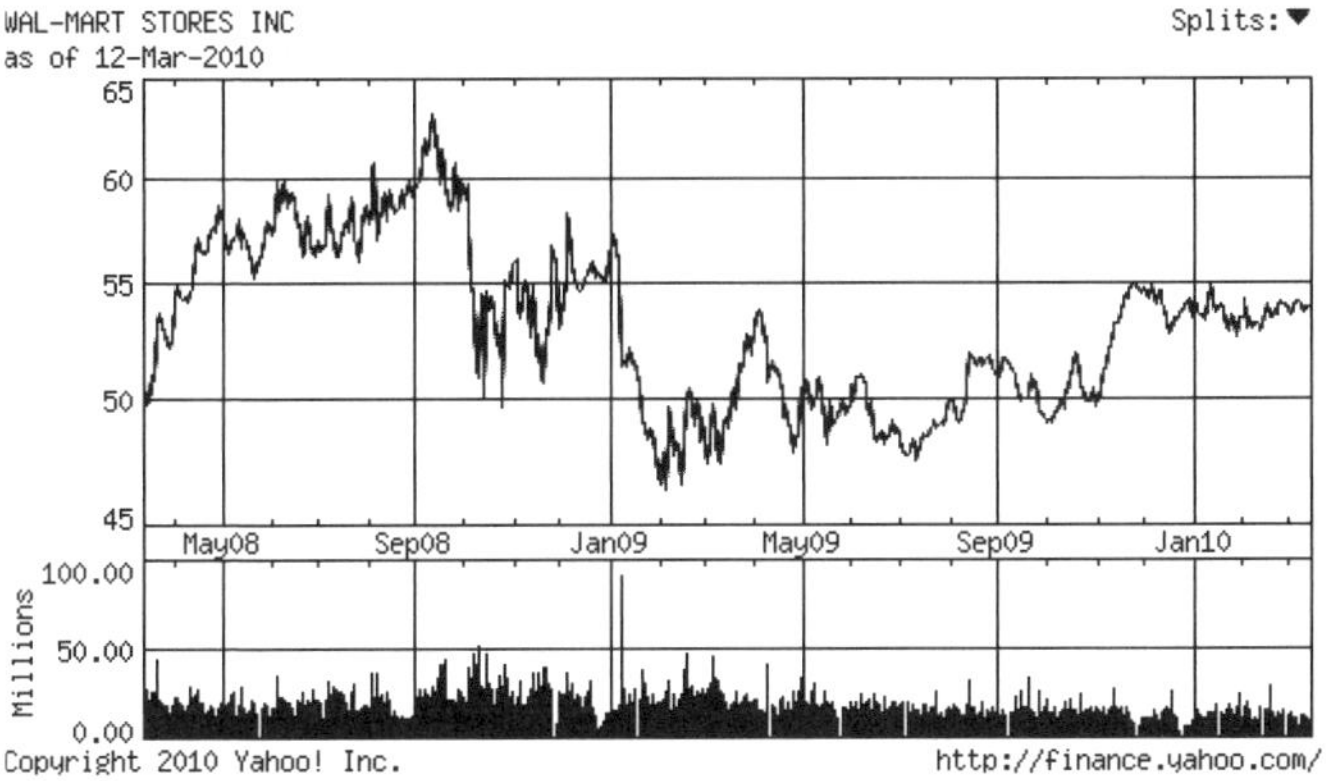

ことでより有利なポジションに作り変えていく機動性と柔軟性がある。

３つの戦略を整理すると**図表８・16**になる。

◆分割売買と逆張りがポイント

シンプルなものほど奥が深いという。これもそのひとつだろうと思う。本格的にやろうとすればトレードにおける〝波乗り〟（英語ではよくサーフィンに例えられる）の技術が求められる。

このトレード技術の基本は「分割売買と逆張り」である。説明事例で挙げたＷＭＴは株価の上限・下限が限られている（**図表８・17**参照）。

●上限に近づいてきたら順張りのプット売

りではなく、逆張りでコール売りを分割で行う。

●下限に近づいてきたら順張りのコール売りではなく、逆張りでプット売りを分割で行う。

このWMTのようにレンジが限られている株価変動で失敗する原因の多くは、レンジの上限において順張りでプットを売り、レンジの下限においては順張りでコールを売ることにある。整理すると次のようになる。

●波の上限での間違った仕掛け

株価の波の上限では、すでにもっているコール売りに評価損ができているので、それを補おうとプット売り玉を入れたとする。その後株価が反落すれば、プット売り玉にも評価損が出て、コールと合わせて「団子での評価損ポジション」となる。

●波の上限での正しい仕掛け方

ここではもっていたプット玉を買い戻して利益を確保し、様子を見ながらコール売りに増し玉を入れる。プット玉がゼロで、コール売りオンリーになってもよい。

●波の下限での間違った仕掛け

波の下限ではその逆だ。下限においては、それまでもっていたプット玉に評価損が出ている。それを補おうとコール売りを入れる。その後株価が反騰すればコール売りにも評価損が発生し、上限と同じように〝団子の評価損ポジション〟になってしまう。

●波の下限での正しい仕掛け方

ここではそれまでのコールを買い戻して利益を確保し、プットを売り増しする。

ＷＭＴの株価はゆっくり動き、かつ変動の幅が限られているので、波乗りはそれほど難しくないはずだ。このような波乗りを実行しているプロの株式トレーダーがいるが、ＬＥＡＰＳではもっと簡単なはずである。

また株価変動の波に乗ってコールとプットを売る戦略（レシオヘッジ）は、必ずしもＡＴＭを対象にせず、より積極的に「ディープＩＴＭ」を対象にすることもできる。例えば「株式を買う代わりにディープＩＴＭプットを売る」「空売りの代わりにディープＩＴＭコールを売る」といった具合だ。

これまでＷＭＴという極めて保守的な銘柄を例に説明してきた。だが、保守的だからといって、この先永遠に同じレンジが保証されるわけではない。仕掛けをするにあたって「このレンジは今後も続くだろう」と想定しているにすぎない。これを忘れてはいけない。

常に確率との勝負なのである。ただこのようにボラティリティが恒常的に低く価格変動が非常に緩やかな〝優良銘柄〟では、ＬＥＡＰＳのコールとプットを売る戦略はリスクの低い戦略であるといえるだろう。

◆エド・ソープの予言

レシオヘッジを開発したエド・ソープは「Selling straddle is very similar to the basic system」と述べている。

ここでいう「selling straddle」とはＤＯＰＳ戦略であり、「the basic system」とはレシオヘッジを意味している。つまり、ＤＯＰＳ戦略がレシオヘッジと非常に似通っているということだ。

当時はコールやプットはＯＴＣ（店頭取引）のみで取引され、数量も限られていた。また現在のようなＬＥＡＰＳは存在しなかった。

ＤＯＰＳとレシオヘッジの違いについて、氏は次のように述べている。

> Selling straddle differs from taking a basic system position in that the straddle seller has no control over when the investment will terminate. The holder of the options may exercise them any time within the control period.

【著者要約】オプションがいつ権利行使されるか分からないので、DOPSにはコントロールがきかないリスクがある。

しかしそれはオプション取引の経験がない氏の誤解、または誤ったイメージに基づく論理上の考えだと思う。

ATMのコールとプットを売れば株価変動によっていずれかがITMに入り、オプションの買い手はいつでも権利行使ができる。損益図における利益の範囲内で早期に権利行使されれば、オプションに時間価値が残っているはずなので、利益を早めに確定できる可能性のほうが高い。またそうでなかったとしても、ポジションを再構築することで維持可能なのである。

エド・ソープはワラントを用いてレシオヘッジの原型モデルを創りあげたが、当事ワラント市場が消滅する恐れについても言及していた。さらに将来発展する可能性のあるオプションを用いる案を示唆していたのだ。氏が現在生きていれば、LEAPSを活用したであろうことは間違いないだろう。

LEAPSのレシオヘッジ取引例――WMT

先ほど掲載した**図表8・17**はWMT（ウォルマート）の過去2年間の株価の推移を表して

図表8.18　WMT

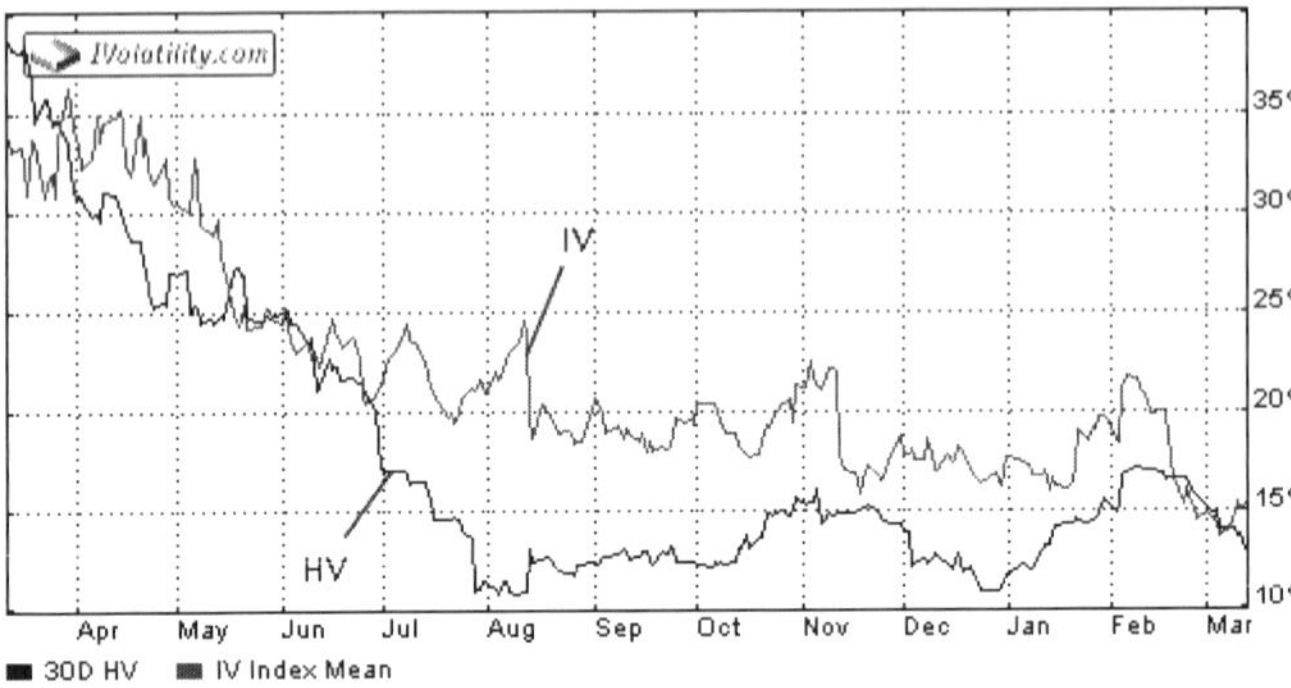

いる。動きを追ってみよう。この銘柄は恒常的にボラティリティが低い。この狭い値幅を見れば、誰でもオプション売りで利益を上げられると思うだろう。

実際そのとおりなのだが、やってみると退屈で長続きできる投資家はほとんどいない。私が冒頭で「根気こそ成功の条件」と掲げた理由が分かってもらえるだろう。しかし調整の方法を知れば飽きない戦略に変貌するのである（**図表8・18**はボラティリティチャート）。

株価は53・90ドル。
ATM近辺の権利行使価格は55ドル。
2012年1月限55コール1枚売り
@4・60
2012年1月限55プット1枚売り

@4・60
プレミアム合計：9・20ドル
想定レンジ：45・80～64・20ドル

したがって2012年1月の期日までに、株価が45・80ドルから64・20ドルの間であれば利益を得ることができる。過去2年間その範囲にあり今後も変わらなければ、十分利益を得る可能性は高い。

しかし現実的には当初のポジションを期日まで保有することはない。タイムディケイによってプレミアムが早めに剥げれば決済して利益を確保できるし、また株価変動に応じて増し玉を含めたポジション調整を行う。

このポジションをどのように調整していくかを解説していこう。

図表8・19と**図表8・20**を見てほしい。その後、株価は56ドル台に上昇した。ポジションの調整は必要ない。しかし、増し玉を行うなら、とりあえず株価がさらに上昇してもいいように55プットを1枚売る。

株価は56ドル台
2012年1月限55コール1枚売り@4・60

図表8.19　WMT

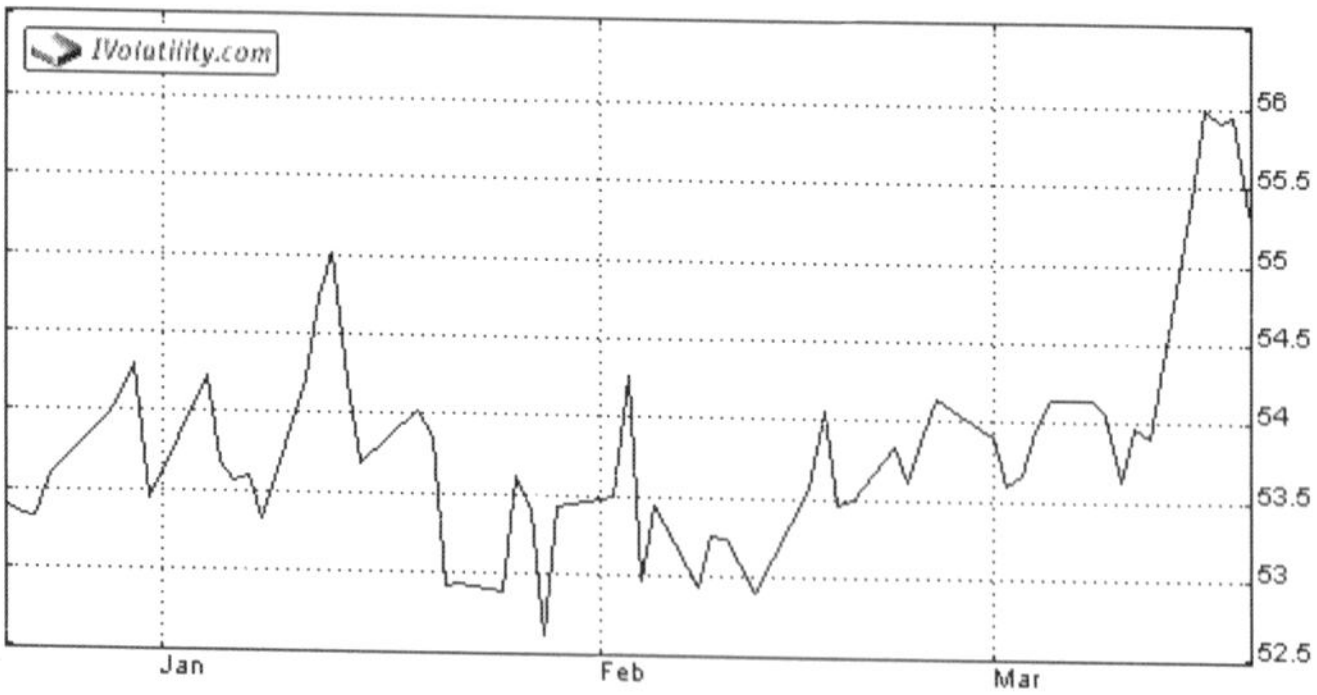

図表8.20　WMT

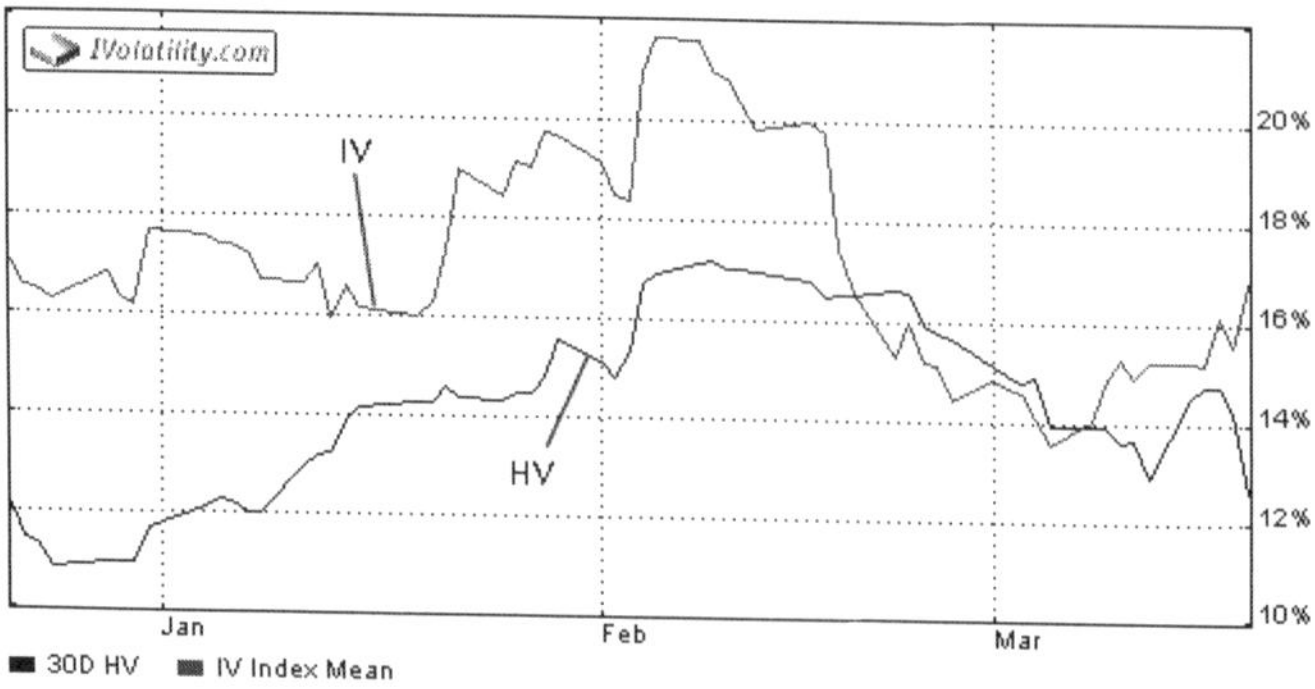

2012年1月限55プット1枚売り@4・60
2012年1月限55プット1枚売り@5・90（増し玉）
プレミアム合計：15・10ドル
想定レンジ：45・15～70・10ドル

株価が上昇したのにプットの価格が上がったのは、IVが増加したためだろう。LEAPSを用いたレシオヘッジは退屈かもしれないが、侮れない戦略である。

ここ数年軽視できない利益が上がっているのだから。そして〝保険屋〟（売り戦略専門のトレーダー）にとってこの銘柄は優良顧客のはずだ。またトレードが専業でない個人投資家にとっては、余裕のあるポジションをもつことができる。

一見退屈そうに見えるポジションだが、調整によって面白くなっていくはずだ。

取引例は便宜上数量（枚数）を1枚ずつにしているが、1単位という意味で理解してほしい。資金量に応じて1単位＝5枚、あるいは1単位＝10枚としてもよい。

WMTの株価はさらにその後1週間、それほど変化しなかった（図表8・21と図表8・22参照）。そこで55コールと55プットを増し玉した。

したがって、ポジションは次のとおり。

図表8.21　WMT

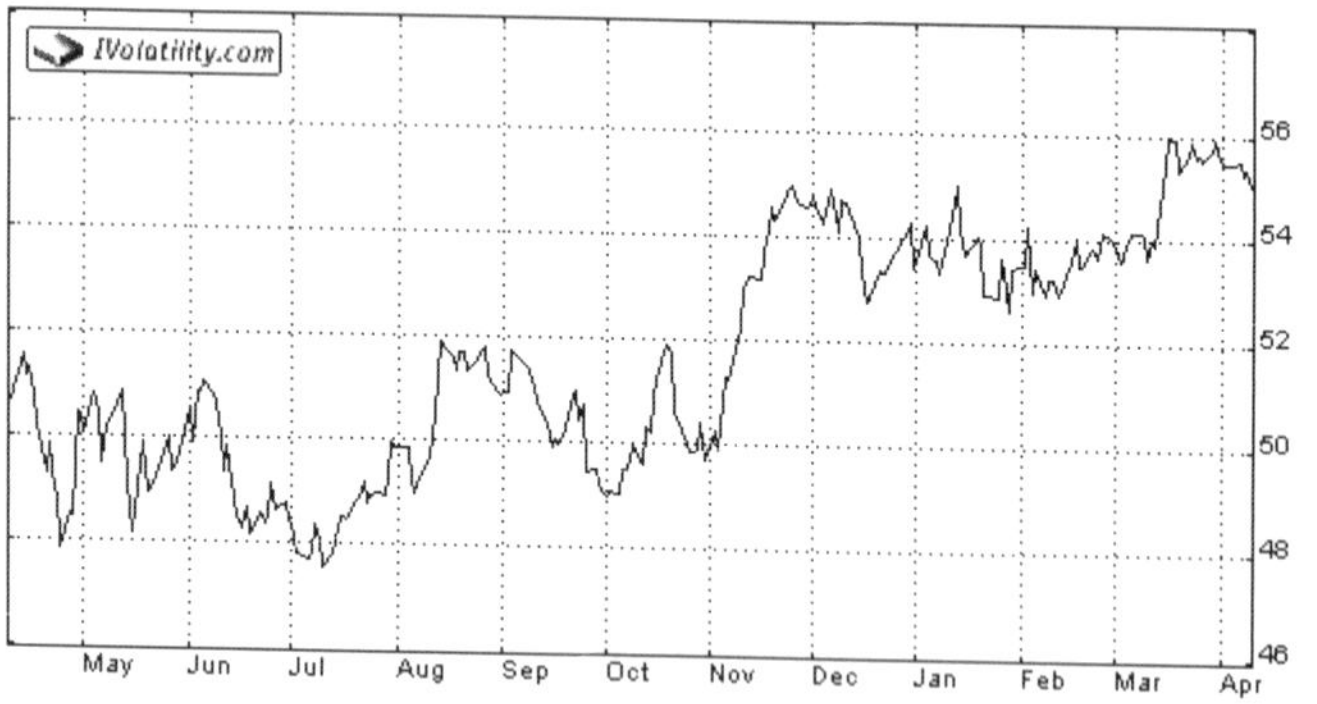

図表8.22　WMT

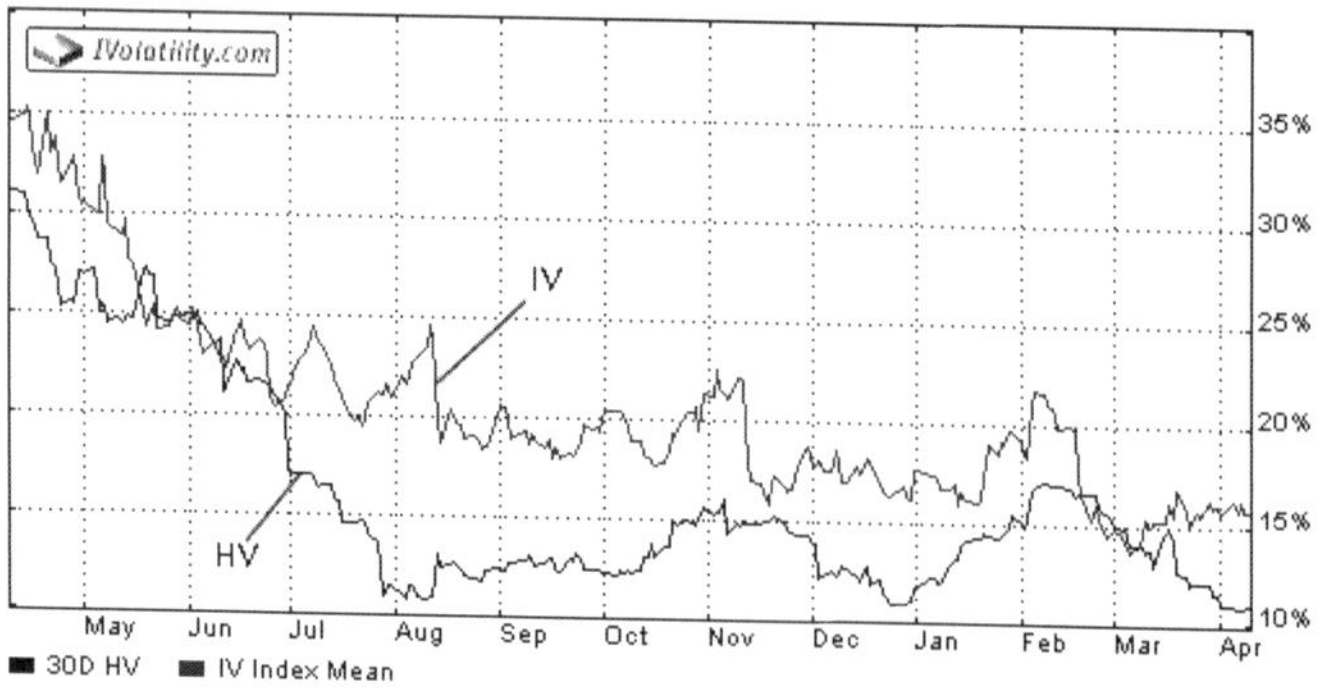

図表8.23　取引例 8.22の損益図

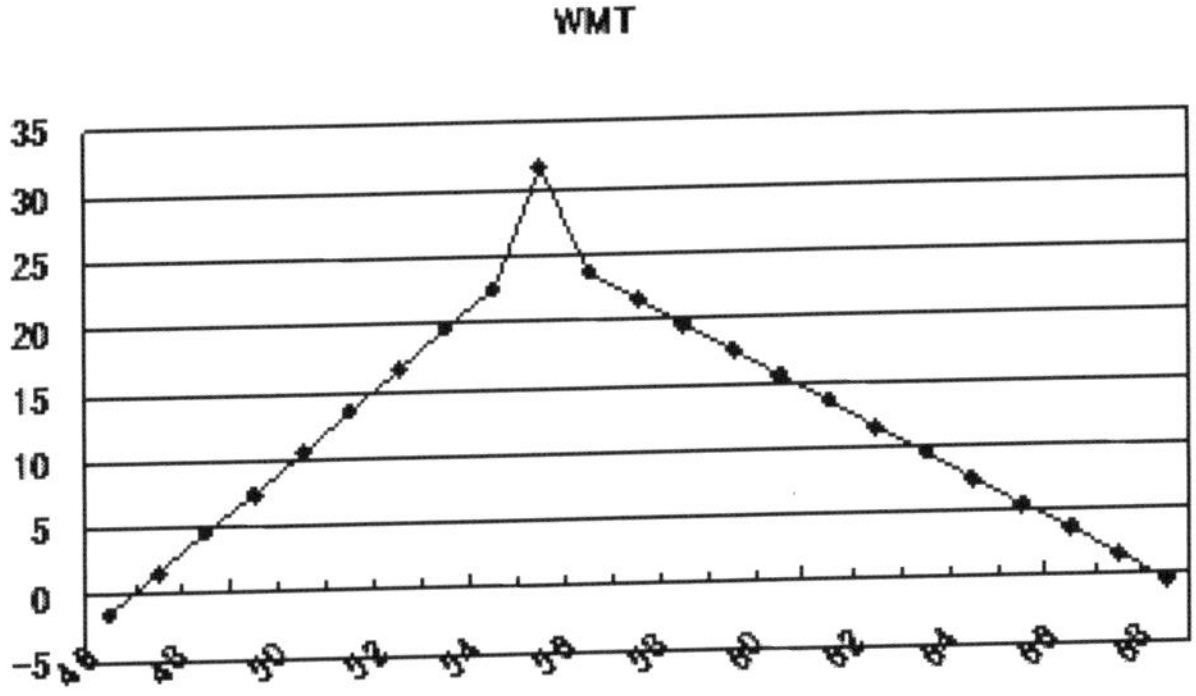

2012年1月限55コール1枚売り
@4・60
2012年1月限55コール1枚売り
@5・20（増し玉）
2012年1月限55プット1枚売り
@4・60
2012年1月限55プット1枚売り
@5・90
2012年1月限55プット1枚売り
@5・85（増し玉）
2012年1月限55プット1枚売り
@6・10（増し玉）

図表8・23は、このポジションの損益図である。

3．通貨LEAPS

ＦＸの取引経験がある方ならお分かりだと思うが、ＦＸは通貨ペアのうち金利の高い通貨を買うと金利収入を受け取ることができる。これは実際には取引する２つの通貨の金利差であり「スワップ金利」と呼ばれる。

スワップ金利は通貨変動に関係なく確実に手に入る。これはＬＥＡＰＳと似ている。ＬＥＡＰＳを売るとプレミアムを確実に取得できる。それは通貨変動には関係がない。ＦＸよりもＬＥＡＰＳのほうが優れていると思われるのは次の点である。

●金利収入に代わるプレミアム収入を1～2年分先取りできる。
●金利の高い通貨を売っても金利に相当するプレミアムを手にすることができる。
●それらは金利収入よりもずっと多い。

この先取り収入でさらにオプションを売ることもできるし、債券を買うこともできるので、より安全に（＝借金することなしに）レバレッジをかけることができるのである。

先ほど述べたように、米国市場で日本円は通常のドル円表示（1ドル＝93円）の逆数である。1ドル＝93円は、1円＝0.010075ドルである。通貨連動型ＥＴＦでは取引単位を

図表8.24　日本円（FXY）

100株として、これを1株107・50ドルと表示して取引される。

もし逆数表示が分かりづらく混乱するようなら、通常のドル円表示のチャートを見てもよいだろう。本音を言うと、これまで数え切れないほど日本円オプションを取引してきている私自身も面倒だと感じている。面倒ではあるが高い恩恵を被っているので、今なお日本円オプションの取引はしている。

通貨LEAPSコール売りの取引例

図表8・24は日本円（FXY）の過去1年の動きを表している。

最もリスクの低いやり方は、レバレッジをかけない手法だ。かけたとしても2倍までなら許容できる。

1ドル＝80円台にまでは下がらない、1ドル＝80円台近くになったらドルを買ってもいいと思うなら、次のように仕掛ける。

ＦＸＹ2012年1月限120コール1枚売り@3・70（＝83円ドルのプット売り）
必要証拠金：2400ドル
受け取りプレミアム：370ドル
用意する資金：8300ドル（レバレッジ2倍なら4150ドル）

1枚（＝100株）につき約8300ドルが口座にあるなら心配ない。レバレッジ2倍ならその半分の資金を用意しておく。証拠金は1枚につき2400ドル。1枚につき370ドルのプレミアム収入が手に入るので、証拠金に対しては15・40％の収入となる。8300ドルの資金に対しては4・45％。年率に換算すると、証拠金に対しては8・74％、資金に対しては2・52％だ。レバレッジ2倍では、それぞれ年率換算17・48％、5・04％となり、いずれにしてもスワップ金利と比べて悪くない数字である。

通貨LEAPSプット売りの取引例

さらに口座の資金がドルなら円プット（＝ドルコール）を〝リスクなしに〟売ることができる。なぜならドル資産に対するカバードコールになるからだ。これはおススメである。

例えば、1ドル＝100円になったらドルを売ってもいいと思うなら、次のように仕掛ける。

FXY2012年1月限100プット1枚売り@3・65（＝ドルのコール売り）
必要証拠金：ドル資産に対するカバードコールなので必要なし
受け取りプレミアム：365ドル
口座にある資金：1万ドル

このプレミアム収入は、1枚につき365ドル。口座に1万ドルの資金があるなら1枚売ってもリスクはない。権利行使されるなら、それはドルが上昇したことを意味するので円ベースの資産は増えているうえに、プレミアムを受け取ることができる。そしてドル資産に対するカバードコールなので証拠金は要らない。

先ほどの円コール（＝ドルプット）売りの収益利率とこの円プット（＝ドルコール）売りの収益率を合わせ、さらにレバレッジの活用を含めると、思いがけない高い収益率を得ることができる。

そこにFXの短期トレードのような高度なトレード技術は必要ない。

通貨ＬＥＡＰＳのカバードコール取引例

外国口座にある資金が米ドルで、原資産が米ドルなら、その資金の範囲内で米ドルのコール（＝円プット）を売ることで、リスクなしでプレミアム収入を獲得できる。

例えば、ＦＸＹ２０１２年１月限95プットは、１０５・２６円／ドルコールと同じである。ドル円レートが１０５・２６円を超えれば権利行使される。しかし、その場合はドルを１０５円で売ることと同じだ。もともとドルをもっていればリスクはない。

そしてプレミアム２・５ドル（１枚につき２５０ドル）を手にすることができる。ＡＴＭの１０５プット売りなら、プレミアム収入は１枚につき６５０ドルだ。

ＦＸＹ２０１２年１月限95プット１枚売り＠２・５０（＝１０５円／ドルのコール売り）
必要証拠金：ドル資産に対するカバードコールなので必要なし
受け取りプレミアム：２５０ドル

ＦＸＹ２０１２年１月限１０５プット１枚売り＠６・５０
必要証拠金：ドル資産に対するカバードコールなので必要なし
受け取りプレミアム：６５０ドル

ちなみに米証券会社のＥ＊ＴＲＡＤＥなどは資金をドルで預ける。一方、米国の先物取引会社は資金を日本円など世界主要通貨で資金を預けることができる。

通貨ＬＥＡＰＳのレシオヘッジ取引例

図表8・25は日本円（対ドル）の1年間の動き、**図表8・26**はボラティリティチャートだ。通貨は変動の激しいマーケットだというイメージがあるかもしれない。だが、実はそれほど大きくない。特にドル円相場の変動は小さい。個別株と比べてもずっと小さい。だから長期にわたってタイムディケイをとる戦略には向いているのである。

そして口座にドルがあることで円プット（＝ドルコール）を売ってドルが上昇し権利行使されても、ドルを売れるだけの資金があればリスクはない。また円コール（＝ドルプット）を売ってドルが下がって権利行使されれば、ドルを安く買うことができる。

そこでＦＸＹを用いたレシオヘッジ戦略をとる。ＷＭＴ同様にこのポジションの調整・増し玉を行っていく。

ＦＸＹ：105・60
2012年1月限105コール1枚売り@7・70
2012年1月限105プット1枚売り@7・40

図表8.25　日本円（対ドル）

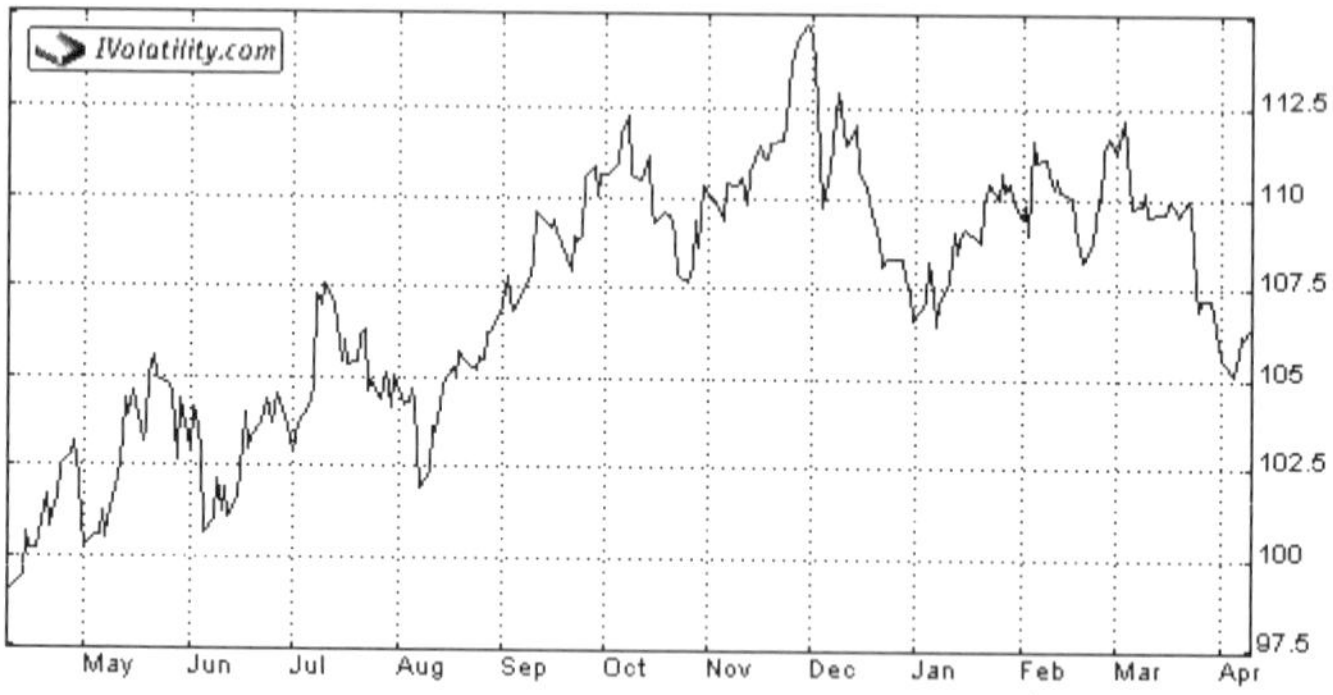

図表8.26　日本円（対ドル）

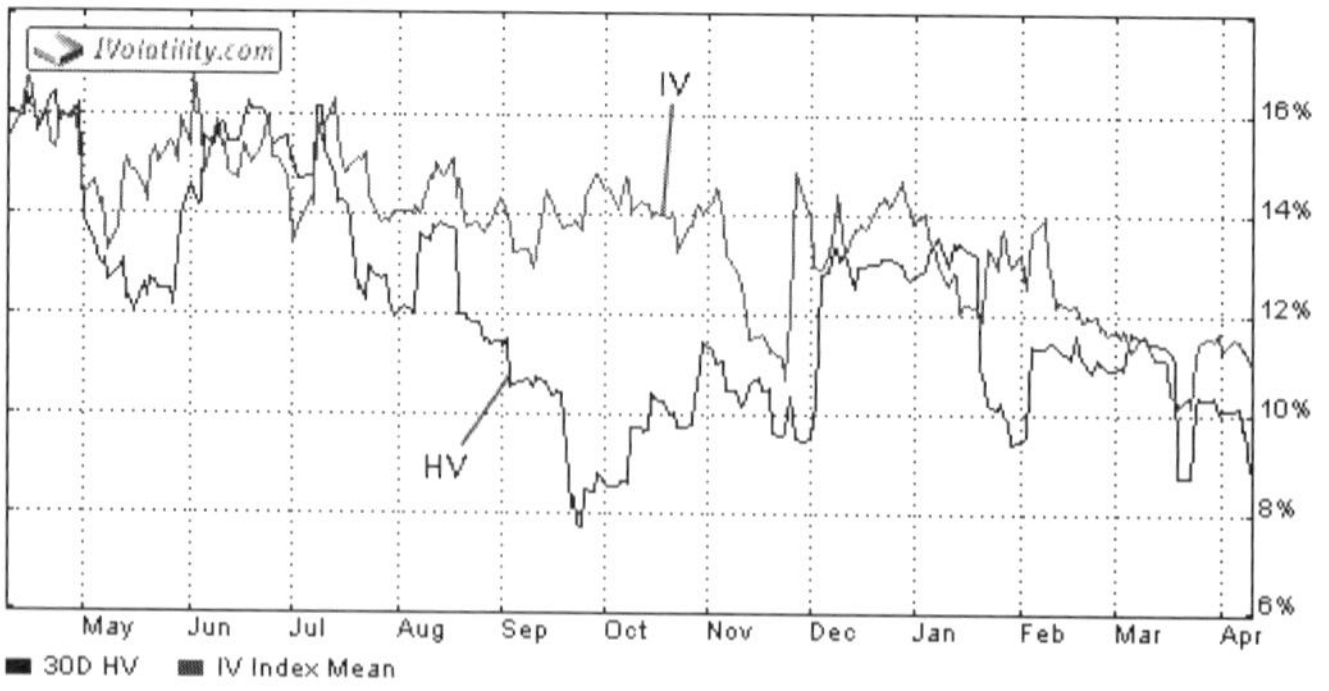

プレミアム合計@15・10（＝1510ドル）
利益になるFXY想定範囲：89・90～120・70
ドル円レート換算：82・85円／ドル～111・24円／ドル）

1単位は1枚でも5枚でも10枚、あるいはそれ以上でもよい。円がやや上昇したので円105プットを1単位増し玉した。

2012年1月限105コール1枚売り@7・70
2012年1月限105プット1枚売り@7・40
2012年1月限105プット1枚売り@6・50（増し玉）
利益になるFXY想定範囲：78・74～106・00（ドル円レート換算）

このポジションが利益になる範囲は、ドル円換算で78・74円～106円と非常に広い。そしてこの範囲はポジション調整によって、余裕をもって変更できるのである。

この後コール売りを増やし、コールとプットの数量をほぼ同等にした。これによって利益範囲は90～120（83円台～111円台）になった。さらに円安方向にいけば、105コール売りを増やしていく（**図表8・27**と**図表8・28**参照）。

図表8.27　日本円（対ドル）

図表8.28　日本円（対ドル）

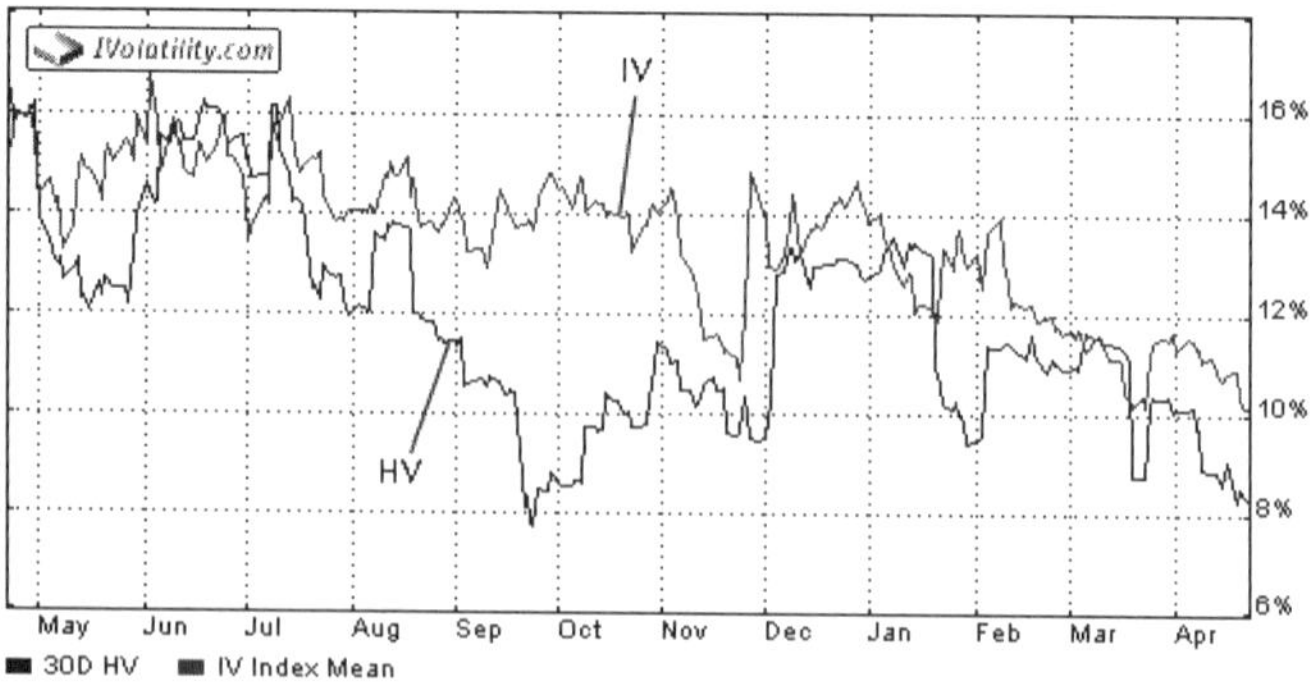

4．保守的戦略としてのプット売りのために

冒頭でこれまで再投資用としてLEAPSでの売り戦略を行ってきたと述べたが、そのときに行っていることがある。S&P500採用全銘柄を対象に月足チャートを描いているのだ。もちろん手書きではなくエクセルを用いている。そしてそれをプリントアウトして、いつでも見られるようにする。

LEAPSのような長期戦略には月足が有効だ。ファンダメンタルズはほとんど考慮しないが、見たければ「finance.yahoo.com」で閲覧可能な各銘柄の「Key Statistics」を参考にするとよいだろう。

そのとき着目するのは企業業績の四半期ごと、年ごとの比較である。それらの情報は比較して数字の推移を見ることが大事だ。一時点だけの数字を見ても価値がない。

私が重視するのは株価のサイクルだ。毎年5月、9月、10月は急落、暴落が起きやすいので注意して見ている。再投資用としての保守的スタイルでは、徹底して安値を拾うようにプットを売る。ムリをせず株価が高いときは休むのである。

月足を描いていると、それぞれの銘柄のサイクルがだんだん見えてくる。そしてチャートの形は銘柄によってそれぞれ違うことにも気づく。

例を挙げてみよう。紙面のサイズ上、十分な表示ができないことを容赦いただきたい。エ

図表8.29　YHOO

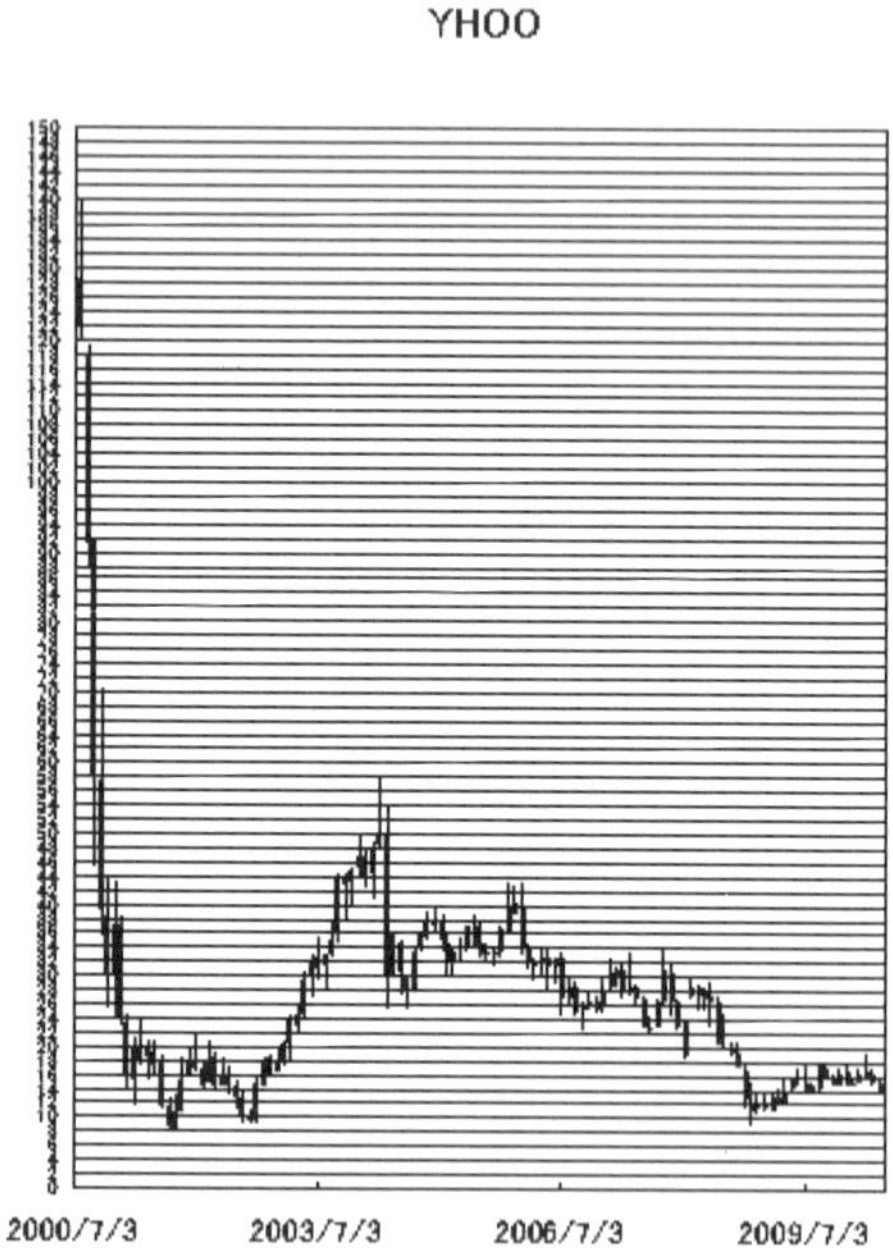

クセルで描いた場合は、拡大し目盛りの大きさを一定にする。これがチャートを見るうえで大事なポイントだ。

図表8・29はS&P500採用銘柄YHOO（ヤフー）の過去10年の月足グラフである。株価のサイクルが何となく感じとれると思う。

グラフから受ける感じからはまだ底とは言い切れないが、近いかもしれない。株式投資ならまだ買えないが、LEAPSプット売り戦略なら実行できる。現水準より下の権利行使価格を狙ってプットを売るのである。

ＡＴＭを売ってもプレミアムが大きいので、株価が低水準のときは底が確認できる前にやや早めに出動してもいいだろう。余裕をもって分割でプットを売れるだけの資金量があればなおよい。底を狙って安い株価のプットを売る場合は基本的にＡＴＭを対象にする。

多くの銘柄の月足をこのように描いてみると、実感として分かってくることがある。例えば、２０１０年は多くの銘柄が5月の頭に天井を打ち、そして、同年6月半ばの戻り天井から急落し、本書執筆中の同年7月頭においてなお下げの途上にある。一部の銘柄は底に近い。もうしばらくすれば上げのサイクルに入るかもしれないし、底練り（底値圏でのレンジ相場）に入るかもしれない。

底練りの状況ならプット売りは最適である。タイムディケイを稼ぐ戦略のプット売りが利益を得るには株価が上昇する必要はないのだから。これが株式との異なる点であり魅力でもある。この状況でのプット売りはリスクが極めて低い。

余談ながら、Ｓ＆Ｐ５００オプションのレシオヘッジ、波乗り、ボラティリティトレードなどの戦略には、このようなＬＥＡＰＳ戦略のための作業が大いに役立っている。この保守的戦略も取引技術とけっして無関係ではないのである。

第9章　まったく異なる世界“コモディティオプション”

ここで紹介するコモディティオプションとは商品先物が原資産のオプションのことである。例えば、原油先物オプション、天然ガス先物オプション、金先物オプション、大豆先物オプション、コーン先物オプションなどが該当する。

株式オプションとの際立った違いは、第一に「先物オプション」であるということだ。先物オプションでは売り戦略を実行するうえで、マージン（証拠金）率が小さいというメリットがある。

先物オプションの売りに求められるマージンは、株式オプションのように一律ではなくSPAN方式によって決められる。これはCMEが独自に開発したマージン算出法で、ボラティリティやポジションの状況、デルタなどを考慮して算出される。一般的に株式オプションと比べるとマージン率がずっと低い。

第二の違いは、現水準から離れたオプション（ファーOTM）、特にファーOTMのコールが驚くほどの割高で取引されることが多いことである。

◎株式オプションとの違い
●先物オプションである。
●売り戦略における証拠金率が低い。
●ファーOTMコールの歪みが激しい。

コモディティオプションは、一般投資家にはあまり人気がない。しかし私はこの市場をとても気に入っている。

コモディティオプションでとる戦略は極めて単純なコール売りのみだが、ファーOTMコールの価格は著しく歪んでいることが多い。つまり優位性が高いのだ。

そのような優位性の高いオプションを売る戦略には、大いなる合理性がある。この合理性こそが、私がコモディティオプションを好む最も大きな理由なのである。

1．楽しい穀物相場のサイクル

穀物相場の面白いところはサイクルがあることだ。しかも極めて確率の高いサイクルである。穀物は1年草で自然に支配される。そして基本的に一定の水準の往復運動をしている。そのサイクルは誰でもイメージしやすいはずだ。それを大いに利用しよう。

シカゴ大豆先物コール売り取引例

私がコモディティオプションでとる戦略はいたってシンプルだ。ファーOTMコールの売り。これだけである。なかでも特に穀物オプションを好む。

図表9・1はシカゴ大豆先物2010年9月限の価格変動を表している。直近の価格は921セント、過去1年の最高値は1080セント以下である。残存期間60日の2010年9月限1300コールが取引されているのには驚かされる。

プレミアムは金額にして、1枚あたり100ドルである。同コールの権利行使価格1300ドルは、**図表9・1**のチャートが示す最高値よりずっと高い。特別な天候上の支援でもないかぎり、そのレベルに達する確率は極めて低い。このコールを売るだけなのだ。

ここで注意しなければならないのは、初めから多くの数量を売らないことだ。毎日先物市場の様子を見ながら、少しずつ分割して売ることがポイントである

図表9.1　シカゴ大豆先物

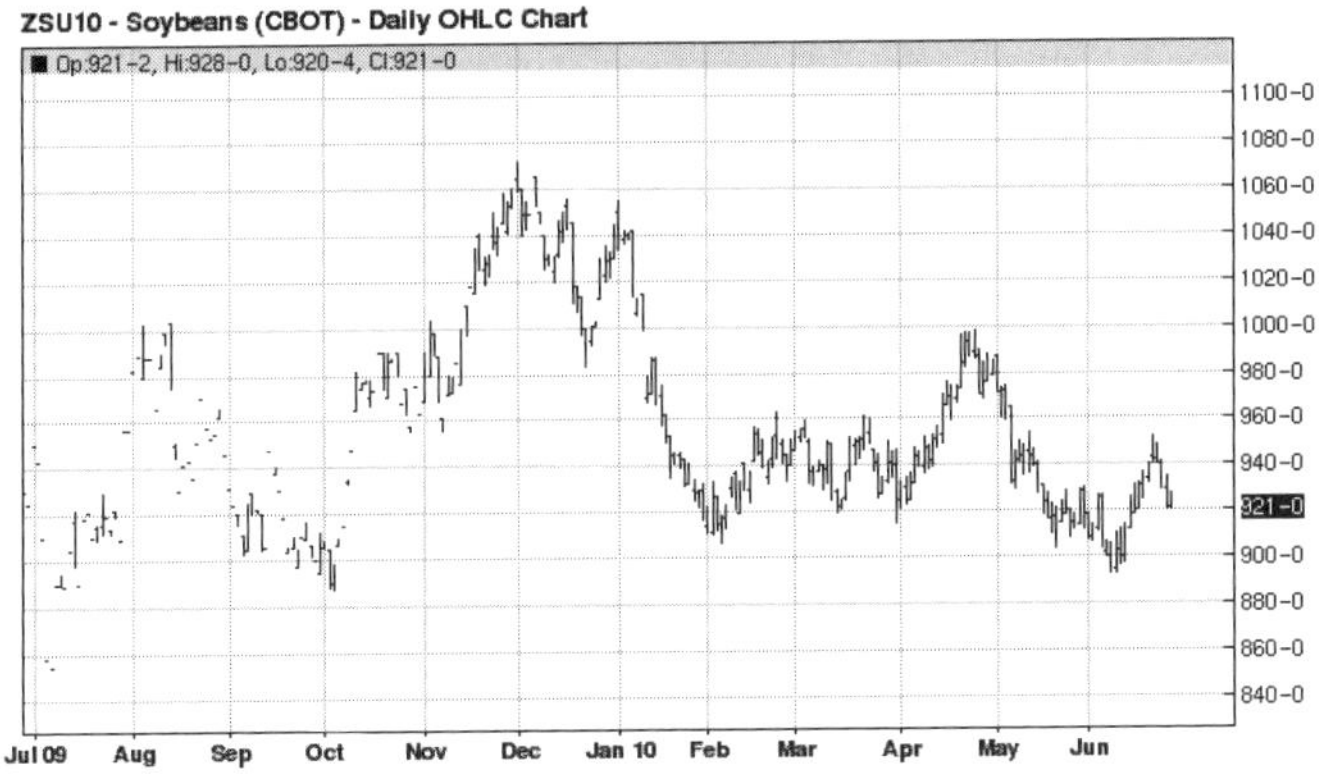

直近の価格：921セント
過去1年間の最高値：1080セント以下
2010年9月限1300コール1枚売り
@100

シカゴコーン先物コール売り取引例

コーンについても同様のことがいえる。コーンは大豆に比べて価格水準が低い。その割にファーOTMのコールは相当な割高で取引されていることが多い。これも大豆と同じくコール売り戦略一本で勝負する。

図表9・2はシカゴコーン先物2010年9月限の過去1年の変動を示したものだ。過去1年の最高値は450セント。そして直近の価格は349セント台である。残存期間60日の2010年9月限600コールが金額にして1枚あたり50ドルで取引されている。

図表9.2　シカゴコーン先物

図表9・2の最高値よりずっと高い権利行使価格のコールである。天候上の強烈な支援材料がないかぎり、そのレベルに達する確率は極めて低いといえるだろう。

単純にファーOTMのコールを売る。単純だが、その効果は十分に期待できる。大豆同様に、日々分割でゆっくり売っていく。

> 直近の価格：349セント台
> 過去1年間の最高値：450セント
> 2010年9月限600コール1枚売り
> @50

2. 流動性が豊富な原油先物

コモディティオプションの中で最も流動性が豊富で活発に取引されているマーケットは、原油先物オプションである。すでに紹介した穀物オプションほど単純簡単ではないが、このオプションのファーOTMのコールは、しばしば軽視できないほど割高の価格で取引されているので、それを狙うのは面白い。

原油は需要に比べて供給が限られている。やがて枯渇するという根強い見方があり、そのために現水準から遠く離れたコールが、しばしば驚くほどの割高で取引される。原油の史上最高値は2008年に140ドルを記録している。近い将来再びその価格をブレイクするだろうと言われているが、投機玉の規制や経済動向の影響も絡んで、**図表9・3**が示すようにレンジ相場が続いている。参考までに**図表9・4**は過去4年半のチャートである。

戦略としては過去1年の最高値よりも高い権利行使価格のコールを売る。そのようなコールは割高で取引されることが多く、残存期間1カ月程度の短期オプションでは1年の最高値に達する確率は小さい。

ただこれは自然という極めて確実性の高いサイクルをもつ穀物オプションと比べると、確実性では劣る。その観点からいえばタイミングを図るのもひとつの方法だろう。このタイミングとは高値圏から急落した後にコールを売ることである。経験からいえば、そのほうがず

図表9.3　原油先物

図表9.4　原油先物（4年）

っと無難だといえる。

第6章でも説明したが、高値圏から急落した相場は、再び高値に戻るまでにかなり時間がかかるのである。このパターンでのコール売りは非常に堅い戦略といえる。急落後に、元の高値より高い権利行使価格のコールを売るとよいだろう。

3．売り戦略に合理性があるゴールド市場

このように同じコモディティのコール売り戦略でも、原油と穀物ではやり方が異なってくる。最後に紹介したいのはゴールドである。

ゴールドは長期にわたって上昇トレンドを形成している（図表9・5）。だが、上昇波動は意外に緩やかだ。

直近のゴールド先物価格は1256ドルである。残存期間30日程度の1500コールが取引されている。プレミアムは1枚あたり50ドル程度だが、ボラティリティが恒常的に低いゴールド市場では同コールを売って勝つ確率は高い。

つまりオプション売りは堅い戦略といえるのだ。そのためにゴールドオプション市場には売り専門のプロのトレーダーが多く存在する。

図表9.5　ゴールド

（図表 9.1 ～ 9.5 は、www.barchart.com より）

第10章　技法が明暗を分ける

「画竜点睛を欠く」という言葉は誰でもご存じだろう。中国の著名な画家が竜を描き、最後に睛《ひとみ》を描き入れたところ竜が天に昇ったという故事に由来し、「物事を生かす中心となるものを欠くと、せっかくの全体が生きてこない」という意味である。

これまで長きにわたりオプション取引経験から得たものを紹介してきたが、最後にこの睛にあたる大事な点をお話ししたい。すでに触れてきているので念押しとなるが、もう一度耳を傾けてほしい。それは「取引技法」である。第6章で詳しく述べているが、これが最も肝心な点であり、この技法なくして成功はあり得ない。

オプション取引では戦略によって技法の重要度が異なる。

ストラングルスワップや一定パターンでの異常水準のボラティリティを売る戦略（コール売り）、先物オプションの歪んだ価格を売る戦略などは、取引技法の重要度がさほど高くない。株式オプションのレシオヘッジやLEAPSにおけるレシオヘッジ、LEAPSを活用した波乗り、S&P500オプションのボラティリティを売る戦略などは、技法の重要度がずっと高くなる。

特に、レシオヘッジは技法がモノをいう。私の戦略はどれもオプション市場の構造的優位性とオプションの金融商品的優位性を利用しているが、その優位性だけでは十分ではないのだ。これらの優位性に技法が加わることで、その効力は倍増する。技法とは取引を実行するための技術である。

技術というものは「知る」ことではなく「身につける」ものだ。子供のときに鉄棒で逆上がりや懸垂がすぐにできただろうか。すぐに泳ぐことができただろうか。周りの子供がやっているのを見ると簡単そうだが、いざ自分でやってみるとすぐにはできなかったはずだ。

同じように、頭の中だけで何度もトレードをイメージしたからといって、技量が上がるものではない。頭で理解するものではなく、体で覚えるものなのだ。

例えば、逆張りで分割売買というと簡単そうに聞こえる。しかし実際にはできない。ではどうすればよいか。ひたすら実践を繰り返すのである。

技法に関する簡単な例を挙げてみよう。**図表10・1**は数学の三角関数におけるサイン曲線である。

これを一定のレンジの中で上下変動を繰り返す株価に置き換えてみよう。このような変動から利益を上げるために最も効果的な技法は何だろうか。答えは「逆張り」による「分割売買（＝アベレージング）」である。これが最も効果的だ。

アベレージングとは日本語でナンピンのことである。株式取引ではあまり聞こえがよくな

図表10.1　サイン曲線

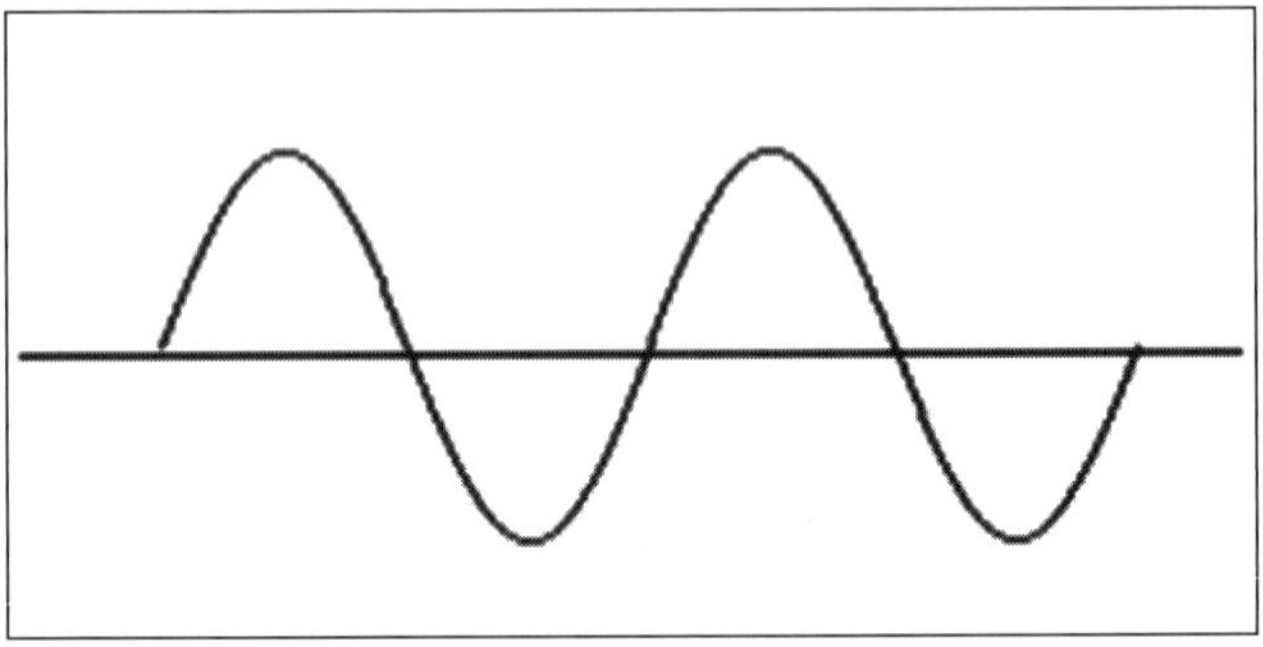

い言葉のようだが、英語では平均化するという意味である。売りの場合には平均売値を高くする（有利にする）ために行い、買いの場合は平均買値を低くする（有利にする）ために行なう。

上下運動を繰り返すボラティリティの波に乗る技法は、このアベレージングをおいてほかにない。技法は経験を積むごとにうまくなっていく。上達するためには、この技法を習得することである。

ではもう一度、**図表10・1**のサイン曲線を見ていただきたい。波動が下から上に向かっているところでは、コール売りの分割で売り上がり、波動が上から下に向かっているところでは、プット売りの分割で売り下がる。

これを実行することによって、どこで売買しても最終的に利益を得られる。分割売買によるアベレージングが効力を発揮するのだ。

図表10.2　WMT

●波動が下から上に向かっている
↓コール売りの分割で売り上がる
●波動が上から下に向かっている
↓プット売りの分割で売り下がる

では具体的にWMTで見てみよう。

図表10・2はWMTの過去5年の動きを示している。もちろん数学のサイン曲線のようなきれいな波動とはいえない。しかし上下のレンジが限られた中で変動しているのが分かる。

この狭いレンジの中でポジションをとり続けるかぎり、逆張り・分割によるアベレージングが最も効果的なやり方である。

悪い取引例

もう一度、**図表10・2**を見てほしい。ある投資家が、２００９年10月に50ドルを切ったところから、ＬＥＡＰＳ50コールを売り続けた。下げ波動において、レンジの下限に向かいながら順張りでコールを売ったのである。うまくいくだろうか。結果は言うまでもない。失敗は初めから見えていた。なぜならやり方を端《はな》から間違っているからだ。

上限下限のレンジはせいぜい10ドル幅である。そしてＬＥＡＰＳはＡＴＭのコールもプットも、ボラティリティの水準にもよるが、プレミアムは５～６ドルある。

先ほども述べたが、このケースでの基本は逆張りの分割売買である。レンジの真ん中から下では、株を買い下がるようにプットを売り続ける。レンジの真ん中から上では、株を売り上がるようにコールを売り続ける。これが正統なやり方なのだ。これこそが、波動に乗るトレード技法（＝波乗り）である。

何度も言うが、頭で理解しても実行できなければ意味がない。悪い取引例の投資家のように、実際にやってみると容易には実行できないものだ。心理的に楽な順張りに走ってしまう。その楽なことを続けているかぎり、成功はない。

ＷＭＴはＬＥＡＰＳの波乗り技法を習得するには、最も適した銘柄のひとつである。ぜひ挑戦してみてほしい。そして頭だけでなく体で覚えてほしい。トレードは実技である。頭の中だけで実現し得るものではない。そして実技こそが成功のカギを握っているのだ。どんなに構造的優位性のあるオプションを用いても、トレードの技法が未熟であるかぎり成功への道のりは見えてこないのである。

おわりに

ようやく長い本文を終え、内容を要約《ようやく》すべきところまできたことに私は踊躍《ようやく》している。ここでは私は予想される私の主張への反駁を要扼《ようやく》（攻撃に備える）しなければならない。

楽しんでいただけただろうか。本書は拙著『私はこうして投資を学んだ』の続篇というべきものである。このタイトルは、30年以上も前のベストセラー、松元道弘著『私はこうして英語を学んだ』（実日新書）をもじったものであった。

同書は、日本から一歩も外に出ることなく英語を習得した生粋の日本人が、そのノウハウを著したものである。一見初心者向けの〝ハウツー本〟の印象を受けるが、内容のレベルは相当に高い。英語への志向が高い読者を対象にしていることは明らかだ。

同様に『私はこうして投資を学んだ』もそれを目指した。投資の〝ハウツー〟レベルを超えた高いレベルを志向したのである。

あれから5年が過ぎた。この間のマーケットの変化は激しく、また歴史に刻まれるべき大きな出来事もあった。ひとつは２００８年秋に起きたいわゆるリーマンショックである。そしてもうひとつは2010年5月のギリシャショックから始まったミニクラッシュである。世界中が翻弄され多くの投資家が大きな痛手を被っている。

本書で何度も述べているが、これらは予測し得た事態なのである。第6章の「サイクルとの出合い」で詳しく説明しているが、高い確率で何かが起きるだろうことはサイクルが示していたのだ。

私は取引においてサイクルを最も重んじている。常にサイクルを見据えたポジションをとっている。だから世間が騒いでいるときにも、冷静にサイクルを利用した利益を手に入れることができる。それは誰にでも可能なのだ。つまり誰でもサイクルを利用してマーケットに勝つことができるのである。私は自らの取引体験を基に「いかにしてマーケットに勝つか」ということを本書で示したかったのである。

突き詰めていくと「マーケットに勝つための条件」つまり〝ウイニングエッジ〟は次の3つに集約される。

①優位性の高い戦略を知る。
②サイクルを重視する。
③取引技法を習得する。

「勝つ確率の高い戦略を知り、起きる確率の高いサイクルを取り入れ、何度も実践を重ねて取引技法を磨く」――。私はこうして今に至った。私が培ってきたものが少しでも、皆さんのお役に立てば…と願ってやまない。

前著『私はこうして投資を学んだ』の「あとがき」でも記したが、『マーケットの魔術師』から引用したトム・バッソの言葉をもう一度掲げて本書の締めくくりとしたい。

人生は、今、一度しか見ることができない映画であるかのように考えるのです。同じ場面は二度とないのです。夢中になって、理解して、楽しまなくては！

謝辞

パンローリング社編集責任者の世良敬明さん、お待たせしました。執筆を依頼されお約束してから1年以上の歳月が流れてしまいました。辛抱強く待っていただきありがとうございました。また、本著の執筆にあたりいろいろと我侭を聞き入れてくださり重ねて感謝します。

そして中村千砂子さん、編集ご苦労様でした。中村さんには感謝したいことが2つあります。

ひとつはいつものことながら英語訛りの私の日本語を読める文章にしてもらったこと、オプションマーケットという世界を分かりやすく表現してもらったことです。中村さんの知識と理解、そして多大な協力なしに本書の誕生はありませんでした。ありがとうございます。

もうひとつの感謝はワールドカップをとおして、これまで抱いていたサッカーへの認識を180度変えてくれたことです。退屈なゲームと思っていたサッカーが、実はオプションにも通じる戦略性の高いゲームだったと気づき、今ではすっかり虜になりました（笑）。素晴らしいサッカーとの出合いを与えてくれたことに感謝！

デザインの竹内吾郎さん、また余計な仕事を増やしてしまったようです。いつも素敵な装丁をありがとう。それからオプション倶楽部担当の中澤顕治君、いつもさまざまな業務をありがとう。末尾となってしまいましたが、パンローリング社社長の後藤康徳さん、大変お待たせしました。

最後に、本書を手にし読んでくださった読者の皆さんすべてに感謝します。皆さんの幸運を祈ります。

そして最後の最後に、

Mr. Market, Thank you! I learned a lot from your behavior.

２０１０年７月

著者記す

付録――オプション倶楽部ブログより

ギリシャショックに端を発した不透明なヨーロッパ情勢は、今なお先が見えていない。多くの投資家が大きな波に飲み込まれ、身動きできない人も多いことだろう。このような状況がオプション取引者にとっては大きなチャンスとなることを、この間のブログ（http://www.optionclub.net/blog.html）を通じて知ってほしい。株式トレーダーが不安や戸惑いを感じていたとき、オプション取引者はどのように感じていたのかが、臨場感を伴って伝わってくるはずだ。

ボラティリティはバロメーター（2010年2月5日）

今日はちょっと難しい話になるかもしれない……。昨夜S&P500が久々に急落し、ボラティリティ指数が26ポイントまで跳ね上がった。1月22日も株式市場が急落してボラティリティ指数が27ポイントに跳ね上がり、そのときからボラティリティを売る戦略に賭けていたが、前日までにボラティリティが22ポイントまで下落していた。ポジションのほとんどは前日までに解消し、昨夜は寄り付きで残玉を解消した。

ボラティリティは市場参加者の感情を表している。低水準にいるときは参加者が安心しきっているので、そのようなときは株式市場が急落することがある。逆に市場が急落してボラティリティが跳ね上がると、株式市場が反発する。私はこのような市場参加者の感情の起伏を利用しているともいえる。

オプション取引は株式の代替商品として利用することができるが、ボラティリティに目を向けると一般の株式投資家には見えないものが見えてくる。実は、昨夜の米株式市場が急落する前に〝Ｓ＆Ｐ５００プットを買い、ナスダック１００コールを買う〟というスプレッドを組んだのだが、これもボラティリティの動きの習性に基づいてとった行動だった。

サヤ変動はしばしばボラティリティの動きと一致するのである。別の言い方をすると、ボラティリティは均衡点を求めて増加減少を繰り返す。均衡点から離れれば離れるほど、均衡点に戻ろうとする力が働く。それをボラティリティが示しているように見える。

オプション（2010年2月10日）

In my opinion, options are the single best way to creat wealth and the "safest" way to invest in the stock market, especially in the bear markets. by an options trader living in California

（私の意見では、オプションは富を作る唯一最良の方法で、特に弱気相場の株式市場に投資するための〝最も安全な〟方法である。カリフォルニア州在住のオプショントレーダー）

これには私も同感だ。実際私もベアマーケットで多くの投資家が苦しんでいるのを横目に、たくさん稼いできた。もちろん、オプションで……。オプションは多くの投資家が思っているほど複雑でもないし、難しくもない。また複雑な仕組みなど知る必要もない。ファミコンを覚えるように〝ゲームのルール〟を覚えればいいのだ。

資金は１０００ドルからでも参加できる。これもオプションの大きな魅力のひとつだ。資金がある人は資金を多く投入できるやり方で、資金の少ない人は資金が少なくもできるやり方でできる。オプションで儲ける方法はひとつではないのだ。

通貨オプション（2010年2月14日）

日本の個人投資家の間でＦＸが今なお人気である。私は通貨オプションを通じてＦＸ市場に参加している。そこで通貨オプションについて少し述べたい。

通貨オプションとして欧米の個人投資家の中で最も人気があるのがＦＸＥ（ユーロ連動型ＥＴＦ）である。出来高が最も多いのもＦＸＥである。通貨オプションはほかにＦＸＹ（日本円）、ＦＸＢ（英国ポンド）、ＦＸＣ（カナダドル）、ＦＸＦ（スイスフラン）、ＦＸＡ（豪州ドル）があるが、FXEほどは人気がなく出来高は少ない。出来高は少ないが取引は可能だ。通貨オプションに興味があるならこれらをお勧めする。

通貨オプションはほかに相対取引（銀行や業者間）やGLOBEXで取引できるが、ユーロに関していえば個人投資家にとってFXEにかなうものはないだろう。サイズは株式オプションと同じく100株（倍率100）を1単位にしている。

通貨オプションは、FXオプションのように短期で多くの取引を繰り返すと、確実に資金を失う。通貨オプションで利益を上げる最も確実な方法は、長めのトレンドにオプション買い戦略で乗ることだ。FXで10ピップスをとるといったトレードではなく、1回の取引で1000ピップス以上をとるイメージをもつ。

通貨オプションを売ってプレミアムをとってもいいが、通貨市場と通貨オプションの特性を知らなければ、通貨オプション売りは恐らく最終的には負けるゲームになるであろう。株式オプションと異なり、ボラティリティが低く価格の歪みが少ない。そのようなオプションでは売り戦略に優位性がないのだ。私は通貨オプションを売ることもあるが、株式オプションとはやり方が違う。

FXEの取引時間は米株式オプションの取引時間と同じである。FX市場は24時間市場なので、これがネックになると考えるのは理解できないわけではないが、長めのトレンドからオプション戦略をとるトレーダーには、それはネックにはならない。

オプション取引は思ったより簡単！（2010年2月21日）

オプション取引は一般の投資家が考えているほど難しくない。いや、難しくないというより簡単なのである。株式投資よりも先物取引よりも、そしてFXよりもはるかに簡単なのである。

オプションに興味をもち概念から学ぼうとすると、小難しい数式やモデル、ギリシャ文字が登場するのは事実だ。しかしこれはオプションというものの実体を説明するために不可欠なものであって、利益を上げることとはまったく別次元の話なのである。

オプションの本質を知ってしまいさえすれば、株式や先物よりもずっと簡単なのである。「難しくて手が出せない」と考えている方にとっては、キツネにつままれたような話かもしれない。あるいはひょっとしたら騙そうとしているのではないか、と不安に思う方もいるかもしれない。そうではない。美辞麗句を並べ立てて皆さんを騙そうとしているわけではけっしてない。心からの本音なのだ。

私が過去最も成績が良く、より積極的に行ったオプション戦略は高いボラティリティを利用したものだった。したがって私のオプション取引における基本的な考えは、高いボラティリティを対象にすることだ。

オプションのプレミアムはとんでもないほどに大きく歪む傾向がある。さらにボラティリティが高いほど、オプション価格の歪みの度合いが増す。言い換えると、高水準のボラティリティが価格の大きな歪みを誘うともいえる。その歪みを利用することがオプション戦略の醍醐味であり、オプション取引で成功する秘訣なのである。相場の上下変動（方向性）に賭けているのではないのだ。これが通常の相場とは異なるゲームだといえる所以《ゆえん》である。

私は欧米の株式（個別株）オプションを好む。個別株オプションの中には通常では考えられないほどボラティリティの高い銘柄が存在し、それが素晴らしい収益の機会を提供してくれるからだ。〝オプションの本質〟を知る者にとっては、いや本質を知ってしまった投資家にとっては、垂涎《すいぜん》の的ともいえる贅沢な市場なのである。

2月相場も順調（2010年2月23日）

先週木曜日（日本時間金曜日朝）アメリカの利上げが発表されると、時間外取引のGLOBEXで米株価指数先物（S&P500先物）が1％以上急落した。ボラティリティが低下すれば利益が出るポジションを大量に抱えていたので、それまでの利益を市場に返すはめになるのでは…という懸念が脳裏をかすめる。が、結果は幸いにも杞憂に終わった。

米株式市場は安定的な動きを見せ、S&P500IV（ATMのコールとプットの平均）は一時16％台まで減少し、とっていたポジションの評価益が膨らんだ。2月の利益を確保した今、ボラティリティが再び上がってくれないかと期待しながら様子見をしている。もし上がらないなら、アメリカの個別株オプションを物色しよう。今から3月の利益をどうやって上げるか思いを巡らしている。狙いは当然！　高いボラティリティが誘う価格の歪みである。

通貨オプション（2010年2月24日）

日本では、個人投資家の間でＦＸが非常に流行っているようだ。私のところにもＦＸオプションについて問い合わせがときどき寄せられる。

オプションでは、通貨（外国為替）を原資産とするオプションをＦＸオプションとはいわない。例えば、ドルの対円レートが90円のとき、１ドル＝90円の権利行使価格のプットを買うとしよう。この場合はドルのプットを買うことになるが、同時にこれは円コールを買うことを意味する。ご存じだと思うが、外国為替は２つの通貨のペアを取引する。そして通貨を原資産とするオプションは、ペアの一方がコール、もう一方がプットという関係になる。

したがってＦＸオプションというより、個々の通貨のオプションなので、〝通貨オプション〟という言い方のほうがピンとくる。ちなみに英語ではcurrency options（currency＝カレンシー＝通貨、options＝オプションの複数形）という。

理屈はともかく、今後ドル安になるという思惑の下にその方向に賭けるなら、ドルのプットを買うか、ドルのコールを売ればいい。思惑どおりに動けばドルのプットの価値が上がり、ドルのコールの価値が下がるので、利益を得られるわけである。思惑と反対の方向にいけば、損失を被ることになるのだ。

通貨オプションと株式オプションはどう違うか？　これもよく訊かれることだが、理論面ではなく取引の実践面についていえば、株式オプションは通貨オプションに比べてボラティリティが激しくオプション価格に大きな歪みが生じやすい。これに対して完全なプロのマーケットである通貨オプションでは、そのような〝歪み〟はほとんど見られない。

このような理由から通貨オプション取引では、株式オプション取引とは手法を変えている。株式オプションではボラティリティを利用しオプション価格の歪みから利益を上げる戦略をとるが、通貨オプションではひたすら通貨変動の動き（トレンド）にベットしてオプションを取引している。

ＦＸと通貨オプションはどちらが簡単か？　株式オプションなら、私は株式オプションのほうが１００倍簡単だと豪語することができる。しかし通貨オプションとＦＸについては、通貨オプションのほうが簡単だと豪語できるだけの経験がない、というのが本音である。通貨オプションの経験は、株式オプションと比べると期間的に非常に限られているものの、現在のところ「まあ、いけるかな」という感触は得られているが……。

このブログでも披露するので期待してほしい。

昨年12月からユーロ・プット買い（対ドル）＆ユーロ・コール売り（対ドル）の組み合わせで中期のトレンドにベットしている。ユーロドルが1・50ドル台のときだった。現在ユーロドルは１・３５ドル台なので、「まあ、いけるかな」と思っているわけである。途中ロール（限月乗り換え）し、何度か増し玉（利乗せ）している。通貨オプションではデイトレはしない。通貨オプションのデイトレは〝宿無し〟への近道だからである。

ジム・ロジャーズ氏にも聞いたことがあった。彼は「Absolutely, it's a fast way to go to a poorhouse!」と言っていた。今はユーロのダウントレンドに乗っている心地良さを感じている。

通貨オプションをどこで取引するか。これもよく訊かれる質問だ。オプションを提供しているＦＸ業者は非常に少なく、ＦＸ業者のオプションを取引したことがない。現在ＧＬＯＢＥＸ（ＣＭＥの電子取引プラットフォーム）とＣＢＯＥ（シカゴオプション取引所）の通貨オプションを対象にしている。いずれも取引上何の問題もない。ＣＢＯＥのユーロドルのオプションは出来高が急増している。

株式オプションを好む理由（2010年2月25日）

「オプション取引を最もそれらしくしているのは、ボラティリティの変化が誘導するプレミアムの歪みであり、それを利用して取引することこそがオプション取引だ」と信じて疑わない私は、米株式オプションに最大の魅力を感じる。

例えば、米国の株式市場には現在ＨＶが40％で、ＩＶが２００％という銘柄が存在している。これは特殊なケースではあるが、こういう例が控えめにいっても〝かなり多く〟見られるのである。株価は安定し、かつ限られた動きを見せているのに、ＩＶが異常に高いのである。何かが期待されているというわけである。

しかし材料が何かは関係ない。重要なのはボラティリティが異常に高く、オプション価格が大きく歪んでいるという事実だ。そしてその歪みは、異常なボラティリティにはやがて必ず起こる〝崩壊〟とともに修正されるのだ。これは必然のコースである。その必然を利用して儲けるのである。

どうだろうか？　株式オプションで儲けるのは、そんなに難しいことではないと分かっていただけるだろうか。これは単なるレトリックではない。美辞麗句を並べ立てているのではないのだ。私は過去何度もそのような状況を利用して利益を上げてきたのだ。それを経験すればあなたも、オプション取引の虜になること間違いなしである。

ゴールドマーケット（金相場）（2010年2月26日）

あなたは相場でおカネを儲けたいと考えていますか？　おカネを儲けたいと考えているなら、今から話すことに注意深く耳を傾けてほしい。

手元に、ある投資会社から送られてきたレポートがある。これを読んで確信した。実は私はゴールド（金）オプションの取引で負けたことがなかったのである。ゴールドマーケットに詳しいわけではない。ただ何となくやって儲けていた。実に運が良かったといえるが、最大のポイントは、この市場はオプションプレーヤーにとっては負けるほうが難しい市場だったのだ。これ以上語ると波紋を呼びそうなので、ここで止めておこう。興味のある方は、金相場の統計をとって数字を観察してみてほしい。あることに気づくはずだ。そして取引はオプションのほうがいいだろう。この市場からおカネを吸い取る手段としては……。

商品オプション（2010年3月1日）

今年の原油相場はオプション戦略家にとって非常にやさしい展開が続いている。今のところ負けるほうが難しい展開といえる。商品相場オプションは戦略をうまく使いこなせば、けっして難しいものではない。レンジやトレンドが読みやすいからだ。そういう意味では商品オプションは面白い。唯一の難点は流動性だ。しかしこれもETFを使うことで解決できる。アメリカの商品連動型ETFはオプションも流動性が豊富である。一度のぞいてみてほしい。

3月相場（2010年3月2日）

米株式市場の3月はプラスで始まった。1月22日に米市場が急落し、期待された1月相場に冷や水が浴びせられたが、2月半ばから盛り返し3月に突入した。その間ボラティリティは、一時急上昇したが、結局予想以上に低下し、S&P500オプションのATMコールとプットのＩＶの平均は15％台。

ボラティリティの水準から推測すると株式市場の急落があっても不思議ではないが、雰囲気的には株式市場の安定的な動きと共に、ボラティリティはさらに低下するかもしれない。かもしれない…ということを忘れずにいてほしい。ボラティリティの低下から利益を得るポジションは、ほとんど決済して（＝利益確保）ポジションがないだけに、ひと波乱ほしい。オプションはボラティリティが増加したときがチャンスだからだ。

オプショントレードで最も興奮させられる瞬間（2010年3月4日）

昨夜はＭＤＶＮ（＝米株式銘柄）一色であった。それほど3～4週間待たされた自分の〝ストラングルスワップ〟に興奮した一夜だった。取引に興奮するとはプロにあるまじきことかもしれない。皆さんは笑うかもしれないが興奮してしまう。

ストラングルスワップでは同じような成功体験を過去何度も味わっているが、いつも興奮する。達成感が素晴らしいのだ。昨夜は「ビューティフル！」と叫んでしまったほどだ。特に今回はストラングルスワップのポジションをとってから長く待たされ、じらされ、そして3月限のタイムディケイを心配させられて、途中（数量的にはストラングルスワップより少ないものだったが）、ネイキッドのコールとプット売りを入れては買い戻すといったことを繰り返した。そしてついに…、ついに報われたのだ！

私がオプション取引をやっていてよかったと思える瞬間でもある。この戦略はボラティリティを利用したトレードとしてはあまりにも強烈だ。ボラティリティの低下に賭けたスプレッドポジション（スプレッドが縮小すると利益になるポジション）のスプレッドが一瞬にしてゼロ、またはほとんどゼロになる瞬間！　過去何度も同じ経験をしているが、いつも興奮を禁じえない。

通貨オプション（2010年3月9日）

アメリカの株式オプション取引所で通貨連動型ETFオプションが取引できる。ユーロ（対ドル）オプションのBID－ASKの両サイドに数千枚単位の値を出しているマーケットメーカーがいるので、取引に問題はない。個人の通貨専門のトレーダーにはぴったりの市場だと思う。

ちなみにユーロは、昨年12月から続いた下降トレンドが一服してレンジ相場に入っている感がある。2月からの狙いは（下降トレンドで上げたプット買いから利益を確保して）このレンジ相場でタイムディケイ（＝時間価値の減少）から利益を上げることだ。

米株式市場（2010年3月11日）

S&P500（米株価指数）が高値圏で神経質な動きを見せている。一方でボラティリティがじわりじわりと上げている。きな臭いにおいが漂ってきた。ボラティリティスプレッドの斥候（試し・探り）玉を仕掛けて様子を見ながら感触を味わいたいと思う。

2匹めのドジョウ（2010年3月12日）

先週ストラングルスワップというオプション戦略で、米国株式オプションのボラティリティの崩壊から利益を上げた。今年、最も興奮させられるトレードだった。そして今週、2匹目のドジョウを捕らえた。同じく戦略はストラングルスワップだ。オプションボラティリティの歪みから利益を上げる手法としては、これほど威力のあるものはない。

トリプルウィッチ（2010年3月16日）

昨夜は寄り付き前からS&P500先物が下落しており、寄り付き後にさらに下がったので久々に急落かと思いきや、引けにかけて戻した。ボラティリティも当初上げていたので期待した。ボラティリティスプレッドを仕掛けるチャンスと思ったのだが……。線香花火的だった。今週末はトリプルウィッチ（3人の魔女＝S&P500先物の納会、S&P500オプションの納会、株式オプションの納会）なので、相場が荒れることに期待したい。オプションのトレーダーにとっては、荒れたマーケットの〝価格の歪み〟が商売のチャンスなのだ。

オプションを使った堅いレバレッジ（2010年4月2日）

4月に入っても米株式市場は強いといった雰囲気だ。マーケットを見るときは、S&P500（米株式市場）、Tボンド（米債券）、ユーロドル（通貨）、原油&金（商品）等を主に見る。またそれぞれの市場のボラティリティを見る。なぜか？　マーケットは相互に関連性をもっているからである。

典型的なパターンは、S&P500とTボンド（つまり株式市場と債券市場）の間でおカネが頻繁に行き来しているということなのだ。いつも同じパターンではないが、〝株式が買われて債券が売られる〟あるいはその反対という動きはよく見られる。そしてそれらはドルの動きに影響を与える。通貨は欧州と米国が主導のマーケットだ。その意味でもユーロドルの動きは見逃せないのである。

では4月初めの戦略は？　この状況は目先の動きを見てトレードする人には向かない。大きな資金があってそれをバックに運用するトレーダー向きである。参考までに現況における戦略を考えてみよう。

昨年3月に世界の株式市場が底を打ち、現在まで長い長期トレンドを形成している。今後マーケットが反落しても、その〝底〟まで戻ることはない（万一のときの資金は保有しプロテクトしている）…という想定の下に長い期間のプット（LEAPS）を売ってファイナンス（資金調達）する。

このファイナンスはおカネを返す必要のないものである。だから借金によるレバレッジではない。その資金を短期で回すという戦略なのだ。これは従来やってきたもので、けっして目新しい戦略ではない。かのバフェット氏も実行している戦略なのである。彼は賢くも現在と違ってボラティリティが非常に高いときに、ミスプライスを利用して長期の株価指数プットを売ったのだ。

次はオプションでファイナンスしたおカネをどう役立てるかだ。この金額分が損失となっても最終的ブレークイーブン（損益分岐点）は（株式市場の大暴落がなければ）確保できるので、何にでも使える。株式を買ってもいいし、債券を買って金利を稼いでもいいだろう。私はその資金の一部を使ってユーロドルのコールとプットを売り、さらにプレミアムを稼ぐ戦法に出た。さらにドルが80円まで下がったらドルを買いたいので、80円コール（＝ドルプット）を売った。これも長期である。大きなプレミアムを得るために……。この話の続きはまた……。

ミスプライス（2010年4月7日）

〝ミスプライス〟という言葉をご存じだろうか？　文字どおりミス（＝誤った）＋プライス（＝価格）という意味である。オプションでは、このミスプライスが頻繁に発生する。これが私の主な収益源でもある。これだけを狙って稼いでいるプロも多くいる。私自身はこれを専門に狙っているわけではないが、一時期ミスプライスのオンパレードに驚いてはまったことがあった（笑）。

ミスプライスは株式オプションや商品オプションに多く発生する。２００７年後半から２００８年の商品バブル時代は控えていたが、最近また面白くなってきたようだ。昨夜は商品オプションのミスプライスを狙った。ミスプライスは必ず正常値に戻るので、これほど堅い戦略はない。トレードが生業のプロは、生活がかかっているのでこのような堅い戦略をとるのである。

ＦＸオプション（２０１０年４月８日）

昨年末からユーロが米ドルに対してずっと下げ続けている。ＦＸオプションでは、ＦＸトレードのようにチャートとにらめっこする必要はない。必死になって毎日薄い値ザヤを狙って売ったり買ったりする必要もない。ＦＸオプションのインプライドボラティリティ（ＩＶ）は、さまざまなオプション市場の中では最も低い水準にあり、さらにＦＸオプションでは恒常的にＩＶが低い。それでもＦＸオプションから十分なプレミアム収入を手にすることができる。

これと比べれば、ＦＸのデイトレードのほうがずっと難しいはずだ。なぜ皆やらないのかと思う。多分知らないからだろう。世の中には知ることでおカネになることが多々ある。大した技能は必要ない。簡単に利益を上げられることを知り、やり方を知って実行するだけだ。FXオプションとは2つの通貨のペアである。

この説明をする前に前置きをしておきたい。金融先物に詳しい方はご存じだと思うが、ユーロダラーという短期先物と短期金利先物オプションがある。これは通貨のユーロドルと混同されやすいので、〝ユーロ通貨〟として区別する。

では説明に入ろう。ユーロを対ドルで売るということは、〝ユーロ通貨を売り、ドルを買う〟ことを意味する。これと同様にユーロ通貨（対ドル）のコールは、ドルのプットである。これが他のオプションと違うところで面白い。

例えば、私がユーロのコールを売れば、それはドルのプットを売っていることを意味している。さて現在の私の戦略はユーロのコール売りだ。これでプレミアムを稼いでいる。スキャルピングのような薄い値ザヤよりずっと大きな収入を手にできる。私はこれを実行するにあたってチャートを見ていない。数字を見ているだけだ。数字が好きな人にはこちらのフィールドをお勧めしたい。オプションを使って通貨を安く買う方法もある。

例えば、ドルが対円で94円まで上昇したとしよう。「しまった。80円台のときにドルを買っておくんだった！」とあなたは思われるだろう。心配には及ばない。オプションを使ってドルを現水準より安く買う方法があるのだ。オプションは多才で、それはFXオプションについてもいえるのである。

私の投資法（2010年4月14日）

私の〝投資法〟には一貫した共通点がある。それらはオプションの市場構造と商品構造が生み出す〝優位性〟を利用しているという点だ。オプションの価格には〝価値〟があることをご存じだろうと思う。〝本質的価値〟と〝時間価値〟である。前者は株価と同じく原資市場の価格変動に基づいて変化する。オプションの本質的価値は、〝本質的な〟価値ではないという意味で誤解を誘う言葉だと思う。私は価格の変動ではなく、価値の変化に基づいて行動をとる。この価値の変化を誘導するのは、基本的に時間とボラティリティの2大要素なのだ。もしあなたが株式投資でうまくいっていないなら、オプションを取り入れてみてはどうだろう。

通貨連動型ＥＴＦのＬＥＡＰＳ（2010年4月15日）

通貨連動型ＥＴＦをご存じだろうか？　これは個人投資家のために存在するような商品だ。通貨取引といえば、日本では外国証拠金取引（ＦＸ）が個人投資家の間で人気だが、通貨オプションならこの通貨連動型ＥＴＦオプションがお勧めだ。なかでもＬＥＡＰＳである。通貨連動型ＥＴＦにはＬＥＡＰＳがある。

ＬＥＡＰＳとは9カ月以上の長期オプションのことだ。今なら最も長いＬＥＡＰＳの限月は2012年1月限である。これはとてもおいしい。すっかりはまってしまった。もしあなたがＦＸ取引でうまくいっていないなら、通貨連動型ＥＴＦのＬＥＡＰＳをぜひお勧めしたい。これは個人投資家のためにある商品といっていいだろう。

相場の「必然」（2010年4月20日）

必然……。必ず起きる現象。相場に絶対はないといわれるが、その〝絶対〟がオプション市場には存在する。私の投資法の基本は、その必然を利用することにあるのだ。

先週金曜日、いわゆるゴールドマンショックによって株式市場が下落し、ボラティリティが上昇した。私はこのような状況のなかに〝必然〟を見出し利益のチャンスをうかがう。タイムディケイもオプションにおける商品構造上の必然であり、私はそれを大いに利用している。

さらに自然サイクル。例えば、一年草の穀物には典型的なパターンがある。穀物の相場変動だけでなく、そのボラティリティにもサイクルがある。そして穀物の先物市場構造にオプションの市場構造・商品構造を加えると、必然の優位性は倍増する。相場を軽んじるわけではないが、そのような〝優位性〟を利用して取引すると、損失を出すことのほうが難しいと思える局面にしばしば出くわすのである。

ボラティリティをスマッシュ！（2010年4月23日）

昨夜はダウジョーンズが一時100ドルほど下げて、ボラティリティが跳ね上がっていた。ここぞとばかりに、まるでテニスのスマッシュのように叩いた。ボラティリティは一日でピークから2ポイント落ちた。2日間このような展開が続いている。

〝GSショック〟〝ギリシャショック〟に市場が反応しているが、それらは米国企業の好業績に打ち消されている。ボラティリティのそれに応じて動いているが、ボラティリティの反応は過剰であり価格を歪める。私は極めて冷静にそれを叩いているにすぎない。

4月度の総括（2010年4月30日）

ポルトガルの格付が下がったことで米株式市場が急落し、ボラティリティが久々に急騰したが線香花火の如くであった。この2日間でボラティリティは急落。この2日間はボラティリティトレードに貢献し、4月も先月に続き調子よく終わりそうだ。加えて今月はFXオプションがうまくいった。ユーロは昨年暮れからずっと下がり続けている。正直楽な勝負だ。ずっとユーロ・コールを売り続けている。もうそろそろと思っているところに〝ギリシャ問題〟〝ポルトガル問題〟でユーロがさらに下がった。願ったりかなったりの展開だ。

ちなみに、このFXオプションは24時間取引可能だ。海外市場、特にアメリカ市場でのオプション取引は日本が夜中の時間帯になるので、日本の昼間に取引ができるこのオプション取引の比重を高めている。

5月相場（2010年5月5日）

5月4日にギリシャ問題に絡んだ欧州経済危機に対する懸念から株式市場は急落した。欧州の問題があってもなくても、サイクルとしては5月に調整局面を迎えることが多いことを頭に入れていれば、そう慌てる必要もないだろう。米経済は欧州に比べれば堅調だ。ボラティリティが増加したところは、オプション価格が歪んでいるのでチャンスになる。FXオプションでは、ユーロのコール売りをなお継続している。

GW明けの相場（2010年5月6日）

GW明けは波乱の展開となったが、驚くべきことではない。過去の統計を見れば、5月頭に相場が崩れることが多いことが分かる。以前から言っているとおり〝サイクル〟の一部として構えていればよいのだ。金融市場はアメリカの影響力が最も強いが、今回はアメリカ市場も欧州の動きに翻弄されている。ユーロ圏の小国に大騒ぎし、株式市場が崩れボラティリティが大幅に増加した。ボラティリティをトレードするオプション取引者には、この場面はビッグチャンスだ。

が、日本にいていつも思うことは、極東は勝負するうえで地理的に不利だということだ。NY時間に合わせれば日本の夜中に仕事をしなければならない。これが何日も続けば身がもたない。

今回欧州で起きている問題を見て思った。日本時間午後3時から参戦できる欧州市場を主戦場にしよう！　ポジションはGW前から一貫してユーロ・コール売り、そしてボラティリティが上がった欧州株価指数コール売りだ。今利食い時を探している。

市場構造がもたらす〝優位性〟を生かす（2010年5月10日）

以前に株式市場のサイクルについて述べたことがある。掲示板には〝ひとり言〟と題して、〝長く続いている株式市場の上昇トレンドはいつまで続くのか〟と自問しつつ、サイクルを前提に5月頭までと暗示していた。サイクルは毎年ピタリと当てはまるわけではないが、注意を喚起する意味でとても重要なのだ。

２００８年9月を思い出してほしい。9月、10月はサイクルから見て重要な月である。株価の暴落が統計上多いのだ。そして何が起きたか？　多くの投資家が大波をかぶり、今なお余波を引きずっている〝リーマンショック〟が起きたのである。

そして5月は株式市場が調整局面に入ることが統計上多い月である。株価が急落するとボラティリティが増加する。私はサイクル論者である。拙著『私はこうして投資を学んだ』（パンローリング）の中には、米株式市場のサイクルについて詳しく書かれてある。

今〝ギリシャショック〟に端を発した世界株式市場の急落に、多くの投資家がうろたえているが、このギリシャショックやリーマンショックがあろうとなかろうと、サイクルに注意を払い、それに即した対応をとっていれば、少なくともこの荒波から身を守ることができたはずなのだ。それどころか、それをチャンスととらえて生かすことさえできたはずなのである。

『私はこうして投資を学んだ』からの抜粋を参考までに掲げよう。

株価は、1年中上がり続けることはありえません。この強さも4~5月には息切れするでしょう。そのため、5月は株式市場がいったん弱まる傾向にあるのです。そう多くの場合、5月は株式の売り時なのです。日本ならゴールデンウィーク後に株式市場が弱まる傾向にあります。

私は現在、非常に多くの市場と銘柄をウォッチし取引している。あまりにも手を広げすぎているという印象を与えるかもしれないが、戦略や手法にはすべて共通点がある。オプションの市場構造と商品構造がもたらす〝優位性〟を利用しているということである。どの市場も銘柄も同じではない。しかしどれにも市場構造と商品構造が生み出す優位性が認められ、利益機会を提供しているのである。私は一貫した戦略の下で、より多くの市場で利益を享受している。オプション取引をしている方は、自分に最も合っていると思われる市場や銘柄を対象にするとよい。市場の混乱に伴ってボラティリティが全市場的に増加した現在の状況は、これまでにないより多くの利益機会を提供しているように思われる。

知識と技術の向上のために（2010年5月13日）

例えば、LEAPS市場には堅い銘柄がたくさんある。堅い銘柄というのはどう考えても、損失を出すことのほうが難しいと思える銘柄だ。そのような銘柄では、「市場に落ちているおカネを拾いにいく」感じである。

私は同じ相場変動でも、ボラティリティという〝もうひとつの相場〟に依存する。なぜなら、異常に増加したボラティリティはひとつの例外もなく減少するからだ。これを知ると、例えば株式オプションのストラングルスワップがなぜ合理的な手法なのかも分かる。

しっかりとしたポジションをとるためには、理論をきちんと整理して正しく理解することがとても大事だ。そうすれば、LEAPSの単純な売りでも自信をもってポジションをとることができる。私がオプション勉強会で掲げている「知識と技術を向上させるために」という標語には、このような深い意味があるのだ。

昨晩はアメリカ株式市場が上昇したということよりも、私にとってはボラティリティが崩壊気味に大幅減少したということのほうがずっと重要だ。ひと晩でボラティリティの崩壊がもたらす幸運にあやかり、利益を手にすることができたからだ。

おカネが落ちているLEAPS市場（2010年5月14日）

アメリカの株式オプション市場にはLEAPSという長期オプションがある。残存期間が

9カ月超の株式オプションで、活発に取引されている。残存期間9カ月というのは法的な定義であり、これによって通常オプションと区別している。

このLEAPSは個人投資家にはうってつけのマーケットである。ちょっとのぞいてみてほしい。おカネがたくさん落ちていることに気づくはずだ。それを拾うだけで豊かになれる。特に5月頭にボラティリティが大幅に増加したときは、いつもよりたくさん落ちていた。この落ちているおカネは本来大した価値もないはずだが、ボラティリティが高くなると市場がつける価値が増大する。そしてボラティリティが下がると元の価値に戻り、やがて無価値になる。そんなものを拾って大丈夫かと思われるだろうが、この「拾う」という意味は、自分が売り手になってそれを欲しい者（買い手）に与えるという意味である。

わたしは1週間にわたってけっこう頑張っておカネを拾い続けた。今は少しスローペースで拾い集めている。

戦略的投資（2010年5月16日）

分散は重要だ。どんなに優れた投資家（トレーダー）でも、ひとつのことでいつもうまくいくはずがない。不運に遭遇することもある。魔がさすこと（＝ちょっとした「こころの隙」）もある。

集中投資で成功したとしてバフェット氏の投資例を挙げる人は多いが、氏もひとつの銘柄だけに集中して投資していたわけではない。KO（コカコーラ）、WFC（ウェルズファーゴ）、WD（ウォルトディズニー）など10以上の銘柄に投資している。

かってひとつか2つの市場や銘柄を集中してトレードしていた私も、現在ではS&P500（SPY）オプション／LEAPS、TLT・LEAPS、ユーロ、日本円、英国ポンド等の通貨オプション／LEAPS、いくつかの個別株オプション／LEAPSのストラングルスワップやレシオヘッジ、コモディティオプション等、銘柄・市場だけでなく手法も分散している。オプションを学ぶ初期の段階では「手を広げるな」と言うが、それとこれとは別次元の論議である。

短期のトレーダーはひとつあるいは2つの銘柄に集中してトレードするが、私はそのようなやり方とは決別している。短期の漣ともいえる〝短期相場の上げ下げ〟から利益を得るトレードとは一線を引いているのだ。私のオプションを使った投資は〝戦略的投資〟である。会社の成長にかける株式投資ではなく、市場の構造的な歪みや商品構造の優位性から利益を上げる。

さて分散は多すぎてもいけないが、ある程度は必要だ。ひとつのことがうまくいかなくてもほかで利益を上げられるように。「分散はプロの言い訳」と皮肉る人もいるが、それは違う。

危機こそチャンス（2010年5月16日）

S&P500は必ず見る。S&P500は市場を代表しているので、〝サイクル〟を見るのに適しているのだ。そして相場が急落してボラティリティが増加したときは、たいてい仕掛けのチャンスである。逆にボラティリティが低く、市場全体に安心感が広がっているときは注意が必要だ。

ボラティリティは逆に見る。ボラティリティが増加するときは、世の中の投資家が不安を覚えるようなことが起きている。今の欧州危機がそうだ。2008年の秋から2009年の春先まではリーマンショックだった。この間はオプション取引者にとっては投資のチャンスだったのだ。LEAPSなら積極的にATMでプットを売ってもよかった時期だ。

ボラティリティは強力な武器になる。ボラティリティがチャンスかそうでないかを教えてくれる。今は株式も通貨も債券もボラティリティが増加しているのでチャンスだろう。「ボラティリティから目を離さない」ことだ。WMTやKOといったオールドエコノミーのIVが大幅に増加したらチャンス到来だ。

今はリーマンショック後の2度目の大きなチャンスが訪れているといえる。何度も言うが、皆が不安を覚えているときはチャンスなのだ。

バフェット氏も世の中の不安の極みで投資すると言っている。私は2008年のリーマンショック後に積極的にボラティリティを売って大きな利益を上げた経験からも、バフェット氏の言葉には改めて納得の思いである。

既に亡くなっているが、ジョン・テンプルトンというアメリカ人の優れた投資家がいた。氏も同じ行動をとっていた。世の中が不安につつまれて株が大幅に売られたときに、買い出動することで儲けたのだ。短期トレーダーのように最高値をつけてブレークしたときに買い出動するのではない。また、最安値をつけてブレークしたときに売り出動するのでもない。完全な逆張りである。

この逆張りはトレードの技術のひとつとして論議されることが多く、短期トレーダーの多くは逆張りでナンピンすることはないという。それは禁じ手だといわれている。俗に〝ナンピンスカンピン〟と揶揄する者もいる。戦略的投資では全く違う。

私の投資行動は通常のトレーダーのそれとは大きく違う。トレンドに乗るというより〝次に来る〟サイクルに乗ることをイメージする。私はファンダメンタルズを基に行動をとるわけではない。行動をとるための基準は、①ボラティリティ②原資産の水準とレンジ、動き、サイクル③市場構造の歪みと商品構造がもたらす〝優位性〟といったものだ。

オプション戦略は〝売りとスプレッド〟の2つが基本である。単独でオプションを買うときはＬＥＡＰＳのＩＴＭを買うが、単独の買い戦略は実行せず、売りと組み合わせてスプレッドをとることが多い。あるいは通常オプションで行う〝ストラングルスワップ〟といったボラティリティスプレッドなどである。

【著者紹介】
増田丞美（ますだ・すけみ）

現在、“ヘッジファンド”運用の傍ら、「“プロをめざす個人投資家のための”オプション倶楽部」（http://www.optionclub.net） や「“知識ゼロから株式・通貨・コモディティオプションから利益を得る方法を学ぶ” オプション塾」（http://masuda.enjyuku.tv）を主宰している。投資銀行（在ロンドン）、CTA（Commodity Trading Advisor、在ニューヨーク）等を経て、WBP,LLC（ウィッシュ＆ブレインパートナーズ）代表執行役社長。米コロンビア大卒（SIPA/Class of '85）。
『最新版オプション売買入門』、『最新版オプション売買の実践』、『オプション倶楽部の投資法』（以上、パンローリング）、『日経225オプション取引　基本と実践』（日本実業出版社）や、『DVDオプション売買実践セミナー』『DVD個人投資家のための日経225オプション取引の基礎』等オプションに関する著書・DVDのほか講演も多数行っている。さらに。インタビューを収録したCD『日出る国の勝者たちVol.27』がある。

2010年 9月3日 初版第1刷発行

現代の錬金術師シリーズ⑮

ウイニングエッジ
――戦略的投資法とオプション

著　者　増田丞美
発行者　後藤康徳
発行所　パンローリング株式会社
〒160-0023　東京都新宿区西新宿7-9-18-6F
TEL 03-5386-7391　FAX 03-5386-7393
http://www.panrolling.com/
E-mail　info@panrolling.com
装　丁　竹内吾郎
印刷・製本　株式会社シナノ

ISBN978-4-7759-9102-2

FXで勝ち抜くための知識の宝庫

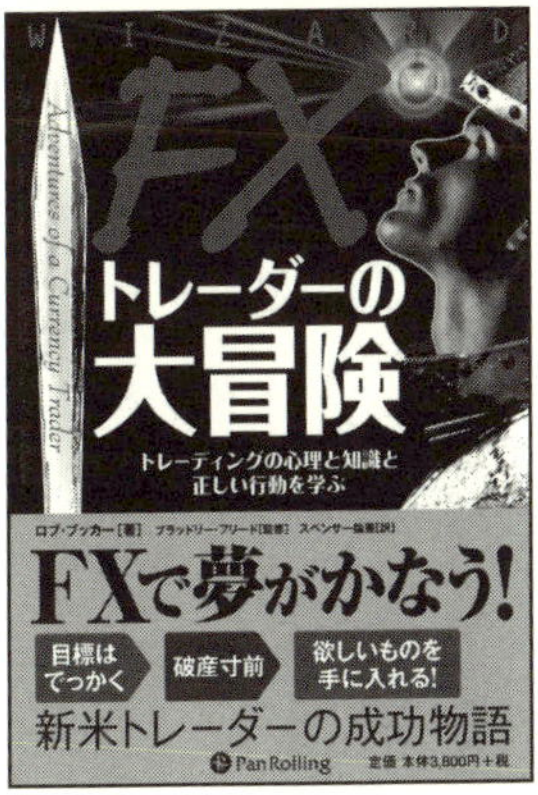

ウィザードブックシリーズ162

FXトレーダーの大冒険

著者：ロブ・ブッカー

定価 本体 3,800円+税　ISBN:9784775971291

エンターテインメント性を備えたトレード文学の金字塔！ 自制心の鬼となれ！ 技術的な要素と啓発的な要素を合わせ持ち、ほかに類を見ないFXトレードの手引書。この分野で成功するための確かな足がかりを読者に提供。

ウィザードブックシリーズ148

FXの小鬼たち

著者：キャシー・リーエン　ボリス・シュロスバーグ

定価 本体 2,800円+税　ISBN:9784775971154

本書を参考にすれば、成功したトレーダーたちの経験から、普通の人が現在の金融市場で成功し、初期資金を6桁や7桁のひと財産にするためのさまざまな戦略や心構えを学ぶことができるだろう。

ウィザードブックシリーズ108

高勝率トレード学のススメ

著者：マーセル・リンク

定価 本体 5,800円+税　ISBN:9784775970744

トレーディングの現実を著者独自の観点からあぶり出し、短期トレーダーと長期トレーダーたちによる実際の成功例や失敗例をチャートとケーススタディを通じて検証する本書は、まさにトレーディングの生きたガイドブック。

ウィザードブックシリーズ119

フルタイムトレーダー完全マニュアル

著者：ジョン・F・カーター

定価 本体 5,800円+税　ISBN:9784775970850

知識、市場の仕組み、トレーディング戦略と概念、チャートの作成、トレーディング手法、マネーマネジメント、心理、ハードウエアとソフトウエアなど、確実に抑えておくべき項目すべてについて詳しく解説。

トレーダーのバイブル

ウィザードブックシリーズ19

マーケットの魔術師

著者：ジャック・D・シュワッガー

オーディオブックも絶賛発売中!!

定価 本体2,800円＋税　ISBN:9784939103407

【いつ読んでも発見がある】
トレーダー・投資家は、そのとき、その成長過程で、さまざまな悩みや問題意識を抱えているもの。本書はその答えの糸口を「常に」提示してくれる「トレーダーのバイブル」だ。「本書を読まずして、投資をすることなかれ」とは世界的トレーダーたちが口をそろえて言う「投資業界の常識」だ！

ウィザードブックシリーズ13

新マーケットの魔術師

著者：ジャック・D・シュワッガー

オーディオブックも絶賛発売中!!

定価 本体2,800円＋税　ISBN:9784939103346

【世にこれほどすごいヤツらがいるのか!!】
株式、先物、為替、オプション、それぞれの市場で勝ち続けている魔術師たちが、成功の秘訣を語る。またトレード・投資の本質である「心理」をはじめ、勝者の条件について鋭い分析がなされている。関心のあるトレーダー・投資家から読み始めてかまわない。自分のスタイルづくりに役立ててほしい。

ウィザードブックシリーズ 14

マーケットの魔術師
株式編《増補版》

著者：ジャック・D・シュワッガー
定価 本体2,800円＋税　ISBN:9784775970232

投資家待望のシリーズ第三弾、フォローアップインタビューを加えて新登場!!　90年代の米株の上げ相場でとてつもないリターンをたたき出した新世代の「魔術師＝ウィザード」たち。彼らは、その後の下落局面でも、その称号にふさわしい成果を残しているのだろうか？

◎アート・コリンズ著 マーケットの魔術師シリーズ

ウィザードブックシリーズ 90

マーケットの魔術師
システムトレーダー編

オーディオブックも絶賛発売中!!

著者：アート・コリンズ
定価 本体2,800円＋税　ISBN:9784775970522

システムトレードで市場に勝っている職人たちが明かす機械的売買のすべて。相場分析から発見した優位性を最大限に発揮するため、どのようなシステムを構築しているのだろうか？　14人の傑出したトレーダーたちから、システムトレードに対する正しい姿勢を学ぼう！

ウィザードブックシリーズ 111

マーケットの魔術師 大損失編

著者：アート・コリンズ
定価 本体2,800円＋税　ISBN:9784775970775

オーディオブックも絶賛発売中!!

スーパートレーダーたちはいかにして危機を脱したか？　局地的な損失はトレーダーならだれでも経験する不可避なもの。また人間のすることである以上、ミスはつきものだ。35人のスーパートレーダーたちは、窮地に立ったときどのように取り組み、対処したのだろうか？

読みやすいが内容の非常に濃い専門書

ウィザードブックシリーズ90
マーケットの魔術師 システムトレーダー編
著者：アート・コリンズ

定価 本体2,800円+税　ISBN:9784775970522

本書に登場した14人の傑出したトレーダーたちのインタビューによって、読者のトレードが正しい方向に進む手助けになるだろう！

ウィザードブックシリーズ134
新版 魔術師たちの心理学
著者：バン・K・タープ

定価 本体2,800円+税　ISBN:9784775971000

儲かる手法(聖杯)はあなたの中にあった!!あなただけの戦術・戦略の編み出し方がわかるプロの教科書！「勝つための考え方」「期待値でトレードする方法」「ポジションサイジング」の奥義が明らかになる！

ウィザードブックシリーズ51・52
バーンスタインのデイトレード入門・実践
著者：ジェイク・バーンスタイン

入門 定価 本体7,800円+税　ISBN:9784775970126
実践 定価 本体7,800円+税　ISBN:9784775970133

ストキャスティックスの新たな売買法を提示。RSI、日中のモメンタム、ギャップなど重要なデイトレーディングのツールについて実用的な使用法を紹介。

ウィザードブックシリーズ103
アペル流テクニカル売買のコツ
著者：ジェラルド・アペル

定価 本体5,800円+税　ISBN:9784775970690

『マーケットのテクニカル秘録』169ページで紹介のMACDの本。トレンド、モメンタム、出来高シグナルなどを用いて相場の動向を予測する手法を明らかにした。

Audio Book

Pan Rolling　オーディオブックシリーズ

規律とトレーダー

マーク・ダグラス，関本博英
パンローリング　約 440 分
DL 版 3,990 円 (税込)
CD-R 版 5,040 円（税込）

常識を捨てろ！　手法や戦略よりも規律と心を磨け！　相場の世界での一般常識は百害あって一利なし！　ロングセラー『ゾーン』の著者の名著がついにオーディオ化!!

バビロンの大富豪

「繁栄と富と幸福」はいかにして築かれるのか

ジョージ・S・クレイソン
パンローリング　約 400 分
DL 版 2,200 円 (税込)
CD 版 2,940 円（税込）

不滅の名著！　人生の指針と勇気を与えてくれる「黄金の知恵」と感動のストーリー！　読了後のあなたは、すでに資産家への第一歩を踏み出し、幸福を共有するための知恵を確実にみにつけていることだろう。

その他の売れ筋

マーケットの魔術師

ジャック・D・シュワッガー
パンローリング　約 1075 分
各章 2,800 円 (税込)

――米トップトレーダーが語る成功の秘訣――
世界中から絶賛されたあの名著がオーディオブックで登場！

マーケットの魔術師 システムトレーダー編

アート・コリンズ
パンローリング約 760 分
DL 版 5,000 円 (税込)
CD-R 版 6,090 円（税込）

市場に勝った男たちが明かすメカニカルトレーディングのすべて

私は株で 200 万ドル儲けた

ニコラス・ダーバス
パンローリング約 306 分
DL 版 1,200 円 (税込)
CD-R 版 2,415 円（税込）

営業マンの「うまい話」で損をしたトレーダーが、自らの意思とスタイルを貫いて巨万の富を築くまで――

孤高の相場師リバモア流投機術

ジェシー・ローリストン・リバモア
パンローリング約 161 分
DL 版 1,500 円 (税込)
CD-R 版 2,415 円（税込）

アメリカ屈指の投資家ウィリアム・オニールの教本！ 稀代の相場師が自ら書き残した投機の聖典がついに明らかに！

株で大儲けする 心理トレーニングブック

林康史
パンローリング約 382 分
DL 版 1,800 円 (税込)
CD-R 版 2,625 円（税込）

知る・知らないでは大違い！
投資家のための心理学
自分を読み、他人を読み、相場を読めば、投資での成功は間違いなし！

マーケットの魔術師 ～日出る国の勝者たち～ Vo.01

塩坂洋一，清水昭男
パンローリング 約100 分
DL 版 840 円(税込)
CD-R 版 1,260 円(税込)

勝ち組のディーリング

トレード選手権で優勝し、国内外の相場師たちとの交流を経て、プロの投機家として活躍している塩坂氏。「商品市場の勝ちパターン、個人投資家の強味、必要な分だけ勝つ」こととは！？

マーケットの魔術師～日出る国の勝者たち～

Vo.01 ～ Vo.36 続々発売中 !!　インタビュアー：清水昭男

- Vo.15 自立した投資家(相場の)未来を読む／福永博之
- Vo.16 IT時代だから占星術／山中康司
- Vo.17 投資に特別な才能はいらない！／内藤忍
- Vo.18 相場とは、勝ち負けではない！／成田博之
- Vo.19 平成のカリスマ相場師 真剣勝負！／高田智也
- Vo.20 意外とすごい サラリーマン投資家／Bart
- Vo.21 複利と時間を味方に付けろ:ハイブリッド社員が資産1億円を築く／中桐啓貴
- Vo.22 今からでも遅くない資産計画:品格ある投資家であるためのライフプラン／岡本和久
- Vo.23 ゴキゲンで買い向かう暴落相場:長期投資にある余裕のロジック／澤上篤人
- Vo.24 他人任せにしない私の資産形成: FXで開眼したトレーディングの極意／山根亜希子
- Vo.25 経済紙を読んでも勝てない相場:継続で勝利するシステム・トレーディング／岩本祐介
- Vo.26 生きるテーマと目標達成:昨日より成長した自分を積み重ねる日々／米田隆
- Vo.27 オプション取引:その極意と戦略のロジック／増田丞美
- Vo.28 ロハスな視点:人生の目標と投資が交差する場所／田中久美子
- Vo.29 過渡期相場の企業決算:生き残り銘柄の決算報告書／平林亮子
- Vo.30 投資戦略と相場の潮流:大口資金の潮流カレンダーを押さえろ／大岩川源太
- Vo.31 意外とすごい サラリーマン投資家／平田啓
- Vo.32 テクニカル＋α：相場心理を映すシステムトレードの極意／一角太郎
- Vo.33 底打ち宣言後の相場展開:国際的な視線で乗り越えろ！／不動修太郎
- Vo.34 主要戦略の交差点:トレンドを知り、タイミングを知る！／鈴木隆一
- Vo.35 月額5000円からの長期投資:複利と時間を味方に付けた資産構築／中野晴啓
- Vo.36 ワンランク上のFX:創成期の為替ディーリングと修羅場から体得したもの／三沢誠

オプション取引をチャートギャラリーで実践！

Chart Gallery Pro

パンローリングのチャートギャラリープロではオプション場帳、理論価格、IV を表示させることが出来ます。ここでは本書に掲載されているオプション場帳の表示の仕方、チャートの出し方を説明します。

STEP1 オプション理論価格とオプションIVの設定

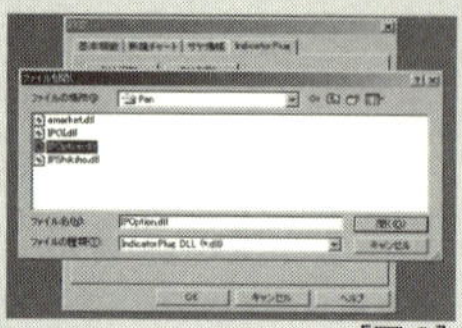

[図 1]

① チャートギャラリープロを起動し、「ツール」メニューの設定を実行し、「IndicatorPlug」タブをクリックします。「DLL追加…」ボタンを押して保存した IPOption.dll を選択して「開く」ボタンを押します。(図 1 参照)

② 指標の一番最後に「オプション理論価格」「オプションIV」が追加されたか確認します。

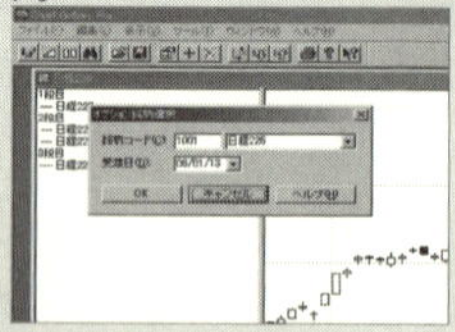

[図 2]

STEP2 オプション場帳の表示

③ チャートギャラリープロを起動し、メニューバーの「新規作成 - オプション場帳」を実行します。

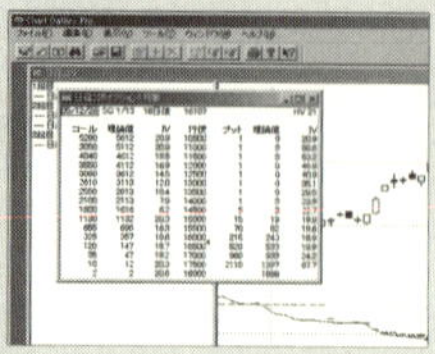

[図 3]

④ 銘柄コードに1001（日経225）受け渡し日を▼で一覧を表示させご希望の限月を選択してOKボタンを押します。(図2参照)

⑤ オプション場帳が表示されます。
キーボードの「Shift+上下矢印」キーで次々とご希望の日付のデータを表示し確認できます。(図3参照)

STEP3 チャートの表示

⑥ オプション場帳のご希望のプレミアムをダブルクリックしますと1段目に原資産、2段目にプレミアムのチャートが表示されます。

⑦ 理論価格を表示するには、例えば、チャート画面の左側の2段目の「日経225 06/01 P15000」を選択し、メニューバーの「編集 - 追加」を実行します。

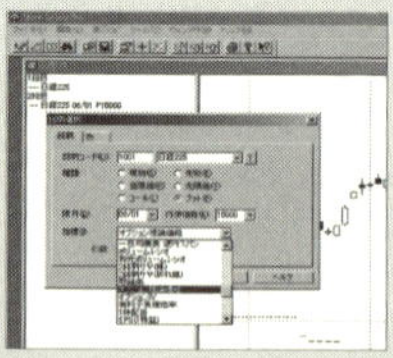

[図 4]

⑧ 銘柄選択ダイアログボックスの指標(I)欄の▼をクリックし「オプション理論価格」を選択しOKを押します。(図4・5参照)

⑨ 同じように「オプションIV」を表示させるには、チャート画面左側の２段目を選択し、メニューバーの「編集 - 追加」を実行します。(図６・７参照)

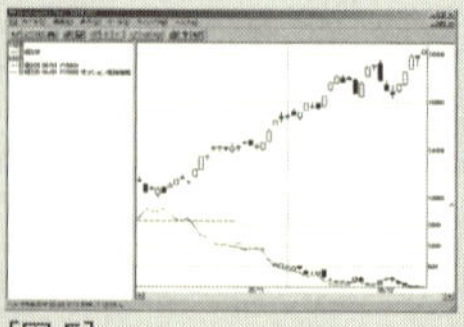

[図 5]

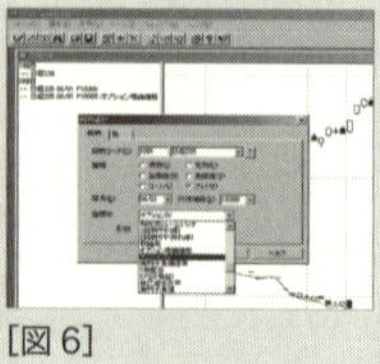

[図 6]

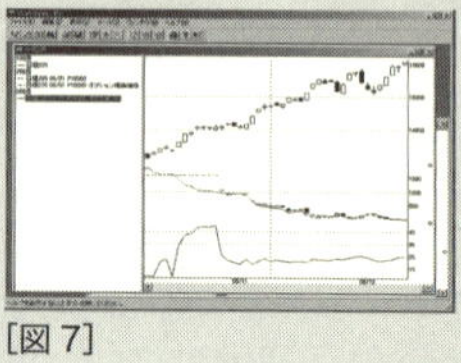

[図 7]

オプション場帳、IVの
チャートを表示して
明日の取引を考察